인종과 불평등

부산외국어대학교 중남미지역원 HK+ 연구총서

인종과 불평등

라틴아메리카 인종차별에 대한 역사구조적 고찰

조영현, 김영철, 김희순, 차경미 지음

알렙

책을 펴내며

라틴아메리카는 세계에서 가장 불평등이 만연한 대륙이라는 오명을 쓰고 있다. 불평등의 관점에서 보면 아프리카의 상황보다 더 심각한 지역이다. 라틴아메리카에서 불평등은 어제 오늘의 문제가 아니다. 이 문제는 매우 뿌리가 깊은 역사적이고 구조적인 문제와 연결되어 있다. 16세기부터 지배자 유럽인과 피지배자인 아메리카 원주민 사이에 불평등한 인종적 위계질서가 형성되었다. 스페인과 포르투갈 같은 식민 모국의 억압적인 정치 구조와 수탈 정책은 이 대륙에서 부와 권력이 평등하게 분배되는 것을 방해했다. 극소수의 백인과 메스티소가 비옥한 토지, 광산, 농장 등 생산수단을 독점하고 대대손손 부를 독점했다.

21세기에 들어서도 인종적 계층화와 피부색에 따른 지배라는 문제는 개선되지 않고 현재 진행 중이다. 전체 인구의 상위 20%의 소득이 하위 20%의 소득의 15배가 넘는다. 2010년부터 2013년간 연속적으로 세계 최고의 부호 자리에 올랐던 멕시코의 카를로스 슬림과 그 가족의 재산은 GDP의 5~6%를 차지할 정도로 엄청나다. 주로 백인이나 메스티소가 상류층을 형성하고 있다.

소득 불평등을 나타내는 지니계수를 보면, 경제개발기구(OECD) 국가의 2017년 평균은 0.310인 데 비해 온두라스는 0.505에 이른다. 지니계수가 0.5를 넘어서면 언제든 폭동이 일어날 수 있는 불평등이 심한 상황이다. 칠레, 볼리비아, 베네수엘라는 이미 이 경계선 근처에 위치하고 있다는 점에서 이 나라들의 사회는 '위험 사회'라고 할 수 있다. 멕시코 같은 나라는 폭력이 국가 주요 기능을 마비시키는 지경에 이르렀다. 마약 문제는 이미 치안 부재 상황을 만든 지 오래이다. '실패한 국가'라는 말이 나오는 이유이다.

한때 '분홍빛 물결(pink tide)'이 휩쓸던 2000년대 초반, 라틴아메리카 주요 국가들은 중국 특수와 원자재 가격 상승을 토대로 대중을 위한 직접적인 복지 지원 정책을 실행할 수 있었다. 그러나 원자재 가격 하락과 중국의 특수가 사라지자 다시 빈곤 지수가 상승했고, 불평등도 증가했다. 현재는 빈곤과 정치 불안, 사회 혼란의 악순환이 멕시코, 중미, 브라질, 칠레, 베네수엘라, 에콰도르, 볼리비아 등 대다수 나라를 휩쓸고 있다. 여기에 더하여 코로나 19가 라틴아메리카에 상륙하면서 상황을 더욱 비관적으로 만들고 있다. 원주민과 흑인 등 취약한 인종들이 더 큰 위험에 직면해 있기 때문이다. 아마존 원주민들 가운데 일부는 멸족 위기에 처해 있다. 이 감염병은 의료 보험이 없고 저임금에 시달리는 취약 계층인 원주민과 흑인에게 더 가혹한 고통을 가하고 있다.

다양한 불평등 상황과 양상을 두고 라틴아메리카 사회를 '다중 격차(multi-gap) 사회'라고 명명하도록 만들었다. 왜냐하면 불평등이 다양한 형태로 중첩되어 있으며, 그 작용이 다층위적이고 다면적이기 때문이다. 따라서 라틴아메리카의 불평등 문제는 쉽게 설명되거나 이해되지 않는 측면이 있다.

부산외국어대학교 중남미지역원은 지난 10년간 〈라틴아메리카 사회변동의 매트릭스〉라는 선도연구를 통해 '종속의 매트릭스', '라틴아메리카적 세계화'와 '라틴아메리카 세계화의 함의와 전망'을 연구하였다. 이를 통해 라틴아메리카 사회변동을 추동하는 근본적인 원인이 라틴아메리카 사회에 만연한 불평등이라는 것을 확인할 수 있었다. 또 라틴아메리카에서 반복적으로 발생하고 있는 다양한 현상들, 예컨대 마약, 치안 불안, 무장 투쟁, 빈곤, 불법 이민과 이주, 정치 혼란, 이념 대립, 신사회운동 등의 배경에도 불평등이 '연루'되어 있음을 확인할 수 있었다. 따라서 불평등은 이 지역 상황과 조건을 설명하는 핵심적인 상수라고 할 수 있다.

라틴아메리카 사회변혁을 위한 수많은 움직임과 노력들은 불평등을 극복하기 위한 시도들이었으며, 동시에 불평등은 그 모든 시도와 노력들을 무력화시키는 블랙홀이기도 했다. 이처럼 라틴아메리카의 불평등은 그 경계나 범위가 광범위하기 때문에 단선적인 접근으로는 전체적인 모습을 파악하는 데 한계가 있다. 특히, 불평등을 경제적 관점으로 접근하는 것은 매우 편협한 것이다. 불평등은 정치적, 사회적, 문화적, 심지어는 종교적 측면에서도 나타나기 때문에, 그 양상은 '천의 얼굴'을 하고 있다.

이런 문제를 인식한 중남미지역원은 〈라틴아메리카의 평등과 불평등의 변증법〉이라는 HK⁺ 사업의 선도연구를 통해 라틴아메리카의 불평등한 현실과 그것들을 극복해 보려는 시도를 종합적으로 분석하고자 한다. 따라서 앞으로 7년간의 연구는 통합적 시각에서 라틴아메리카 불평등의 조건, 양상, 현상, 그리고 그 역사적·구조적 원인을 파악하고, 불평등을 극복하려고 했던 노력을 재평가 한다. 우선 1단계 3년간은 라틴아메리카 사회 주체를 중심으로 인종, 이주 그리고 성과 관련된 불평등을 중범위로 하여 연차에 따라 살펴본다. 2단계 4년간은 라틴아메리카 사회 구조를 중심으로 종교, 환경과 생태, 그리고 법과 제도를 중심으로 라틴아메리카 역내·외에서 발생하는 불평등 현상을 연구한다. 우선 1단계 1년차 연구주제는 이 책이 다루고 있는 인종과 불평등 문제와 연결되어 있다. 연구의 성과 중 일부를 일반 독자와 공유하기 위해 쉽게 풀어 쓴 것이다.

이 책은 총 8장으로 구성되어 있지만 크게 두 부분으로 나눌 수 있다. 제1부에서는 라틴아메리카 인종과 공간에 반영되어 있는 불평등 문제를 다룬다. 주로 인종에 대한 인식 문제나 원주민들의 차별적 현실을 고찰하고, 그런 현실이 도시나 촌락이라고 하는 공간에 어떻게 투영되는지 보여준다.

조영현은 제1장 「라틴아메리카 원주민과 불평등 문제」라는 글에서 라틴아메리카 불평등의 현실을 원주민이란 대상을 통해 드러내고자 한다. 정복과 식민, 인종적 위계, 노동력 착취, 토지 문제를 통해 왜곡되어 온 역사적·구조적 문제를 다룬다. 그러나 단순히 원주민을 억압과 착취의 대상으로만 보는 것이 아니라 역사와 사회변혁의 주체라는 점을 강조한다.

김영철은 제2장 「다인종 사회, 브라질의 인종 인식」을 통해, 대표적인 다인종 사회인 브라질 내 인종에 대한 인식 문제를 인종주의, 혼혈,

인종적 지배를 위한 백인화, 인종 정책 등을 통해 접근한다. 특히 인종민주주의가 지배 이데올로기로 작동하는 현실과 흑인과 원주민의 권리로서 언급되는 인종 쿼터제를 고찰한다.

김희순은 제3장 「라틴아메리카 도시에 투영된 사회의 불평등」에서 라틴아메리카 도시의 불평등 원인을 엘리트의 시각과 소외된 이들의 시각에서 다룬다. 이 지역의 도시가 경제적 격차와 인종적 차이를 반영하는 공간이라는 점을 강조한다. 특히 유럽의 식민지배 기획과 산업화 시기 이촌향도 현상, 세계 경제 체제가 불평등한 도시 공간을 만드는 데 영향을 끼쳤다고 주장한다.

김희순은 제4장 「라틴아메리카 촌락의 불평등」에서 라틴아메리카 촌락민들이 겪는 가난, 불평등 문제의 구조적 측면을 고찰한다. 풍요로운 땅에 사는 가난해진 농민들의 문제를 다룬다. 왜 촌락민들이 코카인을 재배하고, 국경을 넘어 이주할 수밖에 없는지를 설명한다. 특히 치아파스 농민들과 사파티스타들의 투쟁 사례를 언급하고, 해외 이주자들이 보내는 송금이 촌락에 끼치는 영향에 대해 분석한다.

제2부에서는 라틴아메리카에서 인종적 불평등 문제를 다루는 담론과 노력들 가운데 일부를 소개한다.

조영현의 제5장 「라틴아메리카 원주민의 인종적 불평등 극보 문제를 다루는 두 가지 시각: 탈식민 이론과 수막 카우사이」라는 글은 탈식민 이론과 수막 카우사이 담론을 통해 라틴아메리카에 만연한 인종적 불평등 문제를 극복하기 위해 현지 이론가들이 어떤 부분을 강조하는지 잘 보여주고 있다. 탈식민 이론이 권력 문제를 통해 불평등 문제를 접근한다면, 원주민의 세계관을 이론화한 수막 카우사이는 전통 문화와 정체성에 대한 긍정에서 출발한다는 점에서 차이가 있다. 저자는 원주민이 생각하는 '충만한 삶'은 식민성의 극복과 다민족국가 건설 없이는 불가능하다는 점을 지적한다.

김영철은 제6장 「되살아나는 원주민과 권리」라는 글에서 브라질 역사의 단계마다 부상했던 다양한 원주민 정책을 소개하고, 원주민의 정치참여 문제와 차별 극복을 위한 노력들에 대해 고찰한다. 특히 기존의 동화주의 정책이나 관점이 내포한 한계를 지적하고 상호문화성에 토대를 둔 새로운 정책이 필요하다는 점을 강조한다.

차경미는 제7장 「강제 실향민의 불평등 개선을 위한 노력」이라는 글에서 라틴아메리카 지역에서 발생하는 강제 실향민과 인종적 불평등 문제를 연결하여 고찰한다. 강제 실향민은 주로 아프리카에 뿌리를 두고 있는 흑인이나 아메리카 원주민으로서 이 지역 사회의 구조적 불평등과 밀접한 관련이 있다. 저자는 〈카르타헤나 선언문〉을 시작으로 2014년 〈브라질 행동강령〉까지 지난 30년 동안 라틴아메리카 지역 국가들이 강제 실향민 문제를 둘러싸고 논의한 주요 쟁점들을 분석하고, 이를 바탕으로 강제 실향민의 불평등 완화를 위한 라틴아메리카 지역 국가들의 노력에 대해 재조명한다.

차경미의 제8장 「콜롬비아 정부의 평화협정 이행과 농촌 개발 정책」이라는 글은 빈곤 감소가 불평등 개선을 의미하지 않으며 불평등은 단순히 통계로 분석될 수 없다고 주장한다. 역사와 문화적으로 불평등과 폭력이 상호 연관 관계를 맺고 있는 콜롬비아의 사례를 통해 장기 내전의 최대 피해 지역인 농촌 경제 회복이 콜롬비아 평화 정착의 주요 과제임을 강조한다. 또한 평화협정 이행 과정에서 콜롬비아 정부가 추진하고 있는 농촌 개발 정책이 또 다른 갈등의 불씨가 될 수 있음을 지적한다.

끝으로 국내에서는 아직 본격적으로 다루지 않는 라틴아메리카 인종과 불평등 문제가 이 책의 출간을 계기로 더욱 활성화되기를 기대해 본다. 라틴아메리카에 대해 관심을 가진 독자들에게도 이 지역 원주민이나 흑인들이 겪고 있는 고난에 찬 역사와 문화, 그리고 현재의 상황을 이해할 수 있는 좋은 기회가 되었으면 한다.

2020년 6월 15일
저자들을 대표해서 조영현

제1부

라틴아메리카 인종과 공간에 투영된 불평등

제1장

라틴아메리카 원주민과 불평등 문제

조영현

:: 원주민의 얼굴: 피부색에 투영된 불평등

불평등 문제는 현대 사회가 마주한 가장 중요한 문제 가운데 하나이다. 불평등을 초래하는 원인이 너무 다양하고 그 영향이 미치는 분야가 광범위해서 불평등에 대한 개념적 정의조차 쉽지 않은 것이 사실이다. 그러나 단순히 분배 차원에서 봤을 때 라틴아메리카는 여전히 가장 불평등한 대륙이다. 오히려 아프리카보다 더 불평등하다. 2014년 기준 최상위 10%의 부유층이 이 지역의 부의 71%를 독차지하고 있다(옥스팜, 2010.01.19).

최근 발생한 코로나 19 바이러스도 유럽이나 미국을 다녀온 백인이나 메스티소 계열의 부자들에 의해서 라틴아메리카에 유입되었지만, 가장 많이 피해를 입는 층은 가난한 사람들이다. 발생 초기에는 멕시코,

칠레, 아르헨티나, 브라질 등 부촌을 중심으로 퍼졌지만 시간이 지남에 따라 가난한 사람들이 거주하는 지역에서 사망자가 증가하고 있다. 부자들은 보험이 있고, 의료 서비스에 접근이 용이한 데 비해 가난한 사람들은 보호막 없이 바이러스에 그대로 노출되기 때문이다. 게다가 평소 영양실조에 걸렸거나 만성질환이 있는 사람들에서 사망자가 급증하고 있다. 감염병도 취약한 사람들을 공격 대상으로 삼는 것이다. 특히 아마존 원주민들은 멸종의 위험에 직면하는 극단적 상황에 놓여 있다.

라틴아메리카에는 5500만 명 이상의 원주민들이 거주한다. 원주민은 다른 나머지 인구에 비해 빈곤율이 두 배에 이른다. 극빈층도 많고 메스티소에 비해서 차별받는 정도도 심하다. 양질의 일자리를 얻을 기회나 교육에 접근할 수 있는 기회도 백인이나 메스티소에 비해 상대적으로 적은 것이 현실이다. 많은 원주민들이 불안정 고용과 실업 상태에 빠져 있으며 저임금으로 고통받고 있다. 위의 감염병 사례처럼 의료나 복지 부분에서 소외되어 있어 점진적으로 한계 상황에 내몰리고 있다. 원주민 5명 중 1명은 이미 자신의 언어를 잃어버렸다. 따라서 세대에서 세대로 이어지는 문화적 전승이 중단되는 경우도 허다하다. 토착 언어가 사라진다는 것은 수천 년에 걸쳐 체계화된 환경, 기술, 사회, 경제, 문화적 지식이 소멸된다는 것을 의미한다.

라틴아메리카는 한마디로 '다중 격차 사회'이다. 불평등의 원인이 한두 가지 요인으로 설명되는 것이 아니라 중층적이고 복합적이기 때문이다. 불공정한 세금 체계, 부패, 공공 지출의 비효율, 토지의 불의한 분배, 지식과 기술, 그리고 교육에 대한 기회의 제한, 성 차별, 불의한 사법 체계 등이 이런 격차를 만들어 내는 것이다. 그러나 이것들이 모두 불평등한 현실을 양산하는 것이 사실이지만 이 대륙에서 가난과 불평등은 원주민의 얼굴에 투영되고, 집중적으로 드러난다.

불평등 문제를 거시경제 지표나 경제 문제로만 환원해서 보는 데서 벗어날 필요가 있다. 통계 지표에서는 잘 드러나지 않는 것들도 있다. 오히려 불평등한 현실의 민낯을 보는 데 역사적 접근이나 경험적 접근이 더 효과적인 경우도 있다. 라틴아메리카는 지역, 성에 따른 불평등의 격차도 크지만 무엇보다도 인종 격차가 큰 지역이다. 그래서 "불평등에도 색깔이 있다"라는 말이 유행하는 것이다. 라틴아메리카에서 빈곤, 소외, 차별, 불평등이란 용어는 백인이나 메스티소보다도 원주민과 흑인에게 해당되는 용어이다.

:: 원주민은 누구인가?

라틴아메리카 현지에 가면 도시나 시골, 관광지와 정글, 어디에서도 원주민을 만날 수 있다. 특히 볼리비아, 에콰도르, 페루, 콜롬비아 등 안데스 국가나 중미의 과테말라와 멕시코 등지에서 쉽게 발견된다. 어떻게, 혹은 무엇으로 원주민을 규정하는가라고 묻는다면 간단한 문제는 아니다. 그러나 라틴아메리카 현지에서 사람들에게 누가 원주민인가 혹은 원주민은 누구인가라고 묻는다면 대개 다음과 같은 답이 돌아온다. 첫째, 갈색 피부에 째진 눈을 가진 사람들을 지칭한다. 주로 피부색에 따른 구분을 가장 먼저 떠올릴 수밖에 없다.

둘째, 스페인어나 포르투갈어와는 구별되는 고유한 자신들만의 언어를 쓰는 사람들이다. 각각의 원주민 부족은 다른 부족과도 구별되는 언어를 가지고 있다. 셋째, 문화적 측면에서 볼 때, 다른 집단과 구별되는 고유한 의복을 입고 생활한다. 아마존 지역의 원주민들은 정글 지역의 고유한 기후로 인해 거의 옷을 입지 않지만, 그럼에도 다른 부족과 구별되는 장식을 하고 있다. 보통 안데스 지역이나 중미 지역의 원주민들은 고유한 모자, 치마 등 의복과 치장의 형태로 구분이 가능하다. 이 경우 여성들의 옷들은 남성들의 옷보다 더 화려하고 다양한 문양을 가지고 있다. 색깔도 흰색이거나 밝은 원색인 경우들이 대부분이다. 넷째, 사는 지역에 따라서 구분되는 경우가 있다. 도시 내부의 빈민촌, 도시 외곽, 시골 혹은 산간 오지, 정글 등지에서 집단으로 거주하는 사람들이다. 도시 내부에서는 주로 동냥을 하거나 가정부, 일일 노동자로 생계를 유지하는 경우가 많지만, 도시 밖에서는 주로 농사를 지으며 집단생활을 영위한다.

페루와 같은 나라에서 원주민은 농민과 거의 동의어다. 벨라스코 알바라도(Velasco Albarado) 군사정권 시기 원주민을 가리키는 인디오라는 표현이 경멸적 의미를 담고 있다고 해서 대신 농민이라고 불렀기 때문이다. 그러나 무엇보다도 원주민을 규정하는 가장 중요한 요소는 자기 정체성이다. 즉 본인 스스로 자신을 누구라고 규정하는지가 가장 중요한 척도가 되는 것이다. 특히 혼혈인인 메스티소 가운데 원주민 언어를 알고, 외형적으로 원주민과 유사한 피부색을 지닌 사람들이 많기 때문에 명확하게 구분하기 어려운 경우도 있다. 이때 스스로 자신을 누구라고 생각하는지가 중요한 기준이 된다. 즉 자기 정체성이 가장 중요한 척도가 되는 것이다.

나라마다 인구조사를 할 때 원주민을 나누는 기준이 다르고, 또 같은 국가 내에서도 기관마다 원주민을 규정하는 기준이 다른 경우가 있다. 예를 들어, 멕시코의 국립지리통계청(INEGI)은 원주민 언어를 구사할 줄 아는 사람을 원주민이라고 정의하고 통계를 작성했다. 반면, 국립원주민개발위원회(CDI)는 언어 외에도, 출생지, 자기 정체성을 기준으로 삼았다(정경원 외, 2009, 198). 따라서 단순히 언어만을 기준으로 삼았을 때보다 원주민 인구 숫자가 증가하는 경향을 보인다. 원주민을 무시하고 차별하는 사회에서 스스로 원주민이라고 하는 굴레를 씌우고 싶어 하는 사람은 많지 않을 것이다. 따라서 원주민이면서도 통계에 안 잡히기도 한다. 이런 이유로 라틴아메리카에는 원주민 인구 통계가 부정확한 경우가 많다. 멕시코의 경우도 순수 원주민 비율이 통계에 따라 6%에서 14%까지 왔다 갔다 한다(Ibid.). 에콰도르의 경우 원주민 인구를 5%로 잡는 기관이 있는가 하면 35%라고 하는 기관도 있다. 원주민 출신 대통령이 지배하던 볼리비아에서는 에보 모랄레스 집권기 동안 통계상 원주민 비율이 증가하기도 했다. 정부가 원주민들에게 많은 혜택을 제공하고 자긍심을 심어 주는 정책을 펴자 통계에서 원주민 비율이 증가하는 현상이 나타났다. 에콰도르원주민민족연맹(CONAIE)에 따르면 자국 인구의 33%가 원주민이다.

　원주민 인구가 사회 내에서 다수건 소수이건 상관없이 원주민에 대한 차별은 항상 존재한다. 원주민의 갈색 피부는 경멸과 촌스러움을 상징하기 때문이다. 자신들의 땅에서 온전한 시민으로 살아가지 못하고 이방인으로 살아가는 모습을 볼 수 있다. 오랫동안 축적된 차별은 이제 숙명이 되어 버렸다. 비록 미국의 경우처럼 노골적인 차별이나 남아프리카공화국처럼 제도적 차별은 없지만 인종차별이 존재한다. 단지 문화적으로 저변에 깔려 있고 미묘하게 작동하는 것이라서 며칠 정도 라틴아메리카를 방문하는 관광객들에게는 잘 드러나지 않을 뿐이다.

'인디오(Indio)'라는 용어는 경멸적 의미를 담고 있는 용어일 뿐 아니라 시작부터 잘못 표기된 용어이다. 콜롬버스가 아메리카 대륙에 도착했을 때 자신이 인도에 도착한 것으로 착각하면서 붙여진 이름이 '인도사람', 즉 인디오라는 명칭이다. 따라서 라틴아메리카 여러 국가에서는 인디오라는 용어 대신, 보다 학술적이고 중립적인 인디헤나(Indígena)라는 단어를 사용한다. 그러나 원주민의 존재 자체가 차별을 받는 것이라 용어를 바꾼다고 편견이 사라지는 것은 아니다.

:: 원주민에 대한 이미지

인디오는 라틴아메리카 원주민을 가리키는 용어이다. 원주민에 대한 이미지는 왜곡되거나 부정적으로 형성되어 있다. 특히 백인 혹은 메스티소 등 라틴아메리카 주류 사회에서 볼 때 그렇다. 무엇보다 국가 체제에 온전하게 통합되지 못한 종족이라는 이미지가 강하다. 도시에 함께 살더라도 현대 문명에 동화되지 못하고 겉도는 사람들이거나 주변부에서 스스로 고립되어 살아가는 사람들로 취급된다. 안데스의 산간 오지나 아마존 정글에 사는 원주민의 경우는 더욱 그런 이미지가 강하다. 특히 독특한 의복이나 전통 복식은 그들을 더욱 구분 짓게 하는 요소로 작용한다.

대부분의 원주민들은 다수를 차지하는 메스티소에 비해 소수이고, 볼리비아나 과테말라의 경우처럼 원주민 인구 비율이 상대적으로 높더라도 권력이나 경제력 등에서 미미한 존재감을 보이기 때문에 소수로 취급된다. 멕시코의 경우 백인 인구가 12% 정도인데 그들은 나머지 인종들을 압도하는 정치력과 경제력을 가지고 있다. 인구 비율상 소수지만 결코 사회 내 권력으로 볼 때 소수가 아니다. 오히려 사회 내 패권을 장악하고 있다.

라틴아메리카의 주류 사회에서는 원주민을 열등한 존재, 무지하고 가난한 존재로 치부한다. 무지하다는 것은 스페인어를 모른다는 의미도 있고, 근대 문명과 지식, 과학기술 면에서 결여되어 있다는 의미도 함축하고 있다. 전근대적인 생활을 하며 세상을 이해하는 세계관도 미신이나 신화, 전설 등에 영향을 받는 존재들이라는 뜻도 포함하고 있다. 자연에 의존하고 종속된 삶을 사는 사람들이라는 인식도 지배적이다. 즉 생활양식이나 문화가 낙후되고 후진된 상태에 머물러 있다는 의미도 된다. 이것은 진보나 근대성과 거리가 멀다는 뜻이다.

"인디오는 가난하다"라는 말은 현재 원주민들의 상태를 가장 잘 표현하는 말이다.[1] 라틴아메리카에서 가난한 사람들은 흑인이나 원주민의 얼굴을 하고 있다. 멕시코시티나 주요 관광지에서 쉽게 볼 수 있는 풍경 중 하나가 동냥하거나 구걸하는 원주민들의 모습이다. 동냥을 하기

---

1 물론 모든 원주민이 가난한 것은 아니다. 예를 들어, 에콰도르 오타발로 시의 원주민들처럼 전통 공예품을 만들고, 그것들을 거래하면서 부를 축적하는 경우도 있다. 상업에 종사하는 원주민 가운데는 좋은 차를 소유하고 큰 집에서 사는 경우가 많다. 그러나 이런 사례는 전체 원주민들을 놓고 볼 때 소수에 해당한다.

위해 일부러 더 불쌍한 얼굴 표정을 짓고 남루한 옷을 입는 경우도 있다. 멕시코의 경우 "사장님, 배고파요. 1페소만 주세요. 타코 좀 먹게요"라고 말하는 사람들을 볼 수 있다. 또 부모가 여러 명의 아이들을 데리고 다니면서 껌이나 사탕 등을 팔도록 앵벌이를 시키는 경우도 쉽게 목격할 수 있다. 따라서 원주민은 외부로부터의 지원이 필요한 존재라는 인식이 있으며, 때로는 온정주의의 대상이 되기도 한다. 국가 발전을 위해 없어졌으면 하는 존재, 부정하고 싶은 존재들인 것이다. 야만과 저발전 상태에 머물러 있으면서 국가에 제대로 통합도 안 된 원주민이 많으면 많을수록 국가 발전의 길은 요원하다고 보는 것이다.

원주민의 용모를 하면 모자란 존재, 바보로 취급받으며 모욕의 대상이 되기도 한다. 원주민은 메스티소나 백인에 비해 발전을 위한 기회가 부족하며, 일자리, 서비스 면에서 열악한 상태에 놓여 있다. TV에서도 이들의 이미지는 부정적으로 소비된다. 백인이 선한 사람으로 나오면 원주민은 도둑질을 하거나 거짓말 하는 존재로 묘사되는 경우가 많다. 원주민이나 그들의 문명을 긍정적으로 묘사하는 경우도 있지만 그것은 현재가 아닌 과거의 문명에 대해 이야기할 때뿐이다. 마야, 아스테카, 잉카 등 기념비적인 문명을 이야기할 때만 '영예로운 선조'로 미화된다. 그러나 이것은 지나간 과거를 칭송할 때지 현재의 문화와 전통을 말하는 것이 아니다. 살아 있는 원주민을 원하는 것이 아니라 박물관의 원주민, 관광 자원으로 소비되는 원주민만을 원하는 것이다. 따라서 "선한 원주민은 죽은 원주민이다"라는 말이 회자된다.

라틴아메리카에서 원주민들이 변호사, 의사, 회계사, 국회의원, 기업의 대표 등 수입이 좋은 직종에 근무하는 경우는 매우 드물다. 대부분의 원주민들이 좋은 교육을 받을 수 없는 환경에 있기 때문이다. 정글이나 산간 오지에 사는 경우 교육에서 배제되는 경우가 허다하다. 성공이 보장되는 명문 사립학교들에서는 원주민의 입학이 학교의 평판을 떨어뜨린다고 보고 제한한다. 원주민은 메스티소나 백인과 비교해 교육, 서비스, 일자리 등에서 기회 자체가 제한적이다. 따라서 자기 실현이나 개인적 발전을 꿈꾸기가 쉽지 않다. 정치, 경제, 사회, 문화적 측면에서 볼 때 원주민은 여전히 인종차별주의, 배제, 소외의 대상으로 남아 있다. 이런 배제와 소외, 불평등, 착취와 차별은 1492년 이후 정복, 식민 등을 거치면서 지속된 역사적 과정의 결과물이다.

:: **불평등한 현실과 역사 구조적 문제**

1 불평등의 기원: 발견, 정복, 식민화 그리고 자본주의

유럽에서 1492년 10월 12일은 '아메리카 대륙 발견일'로 기념되지만 아메리카 토착 원주민들에게는 서구의 정복자들에 의해 압야 얄라(Abya-Yala)²가 유린당한 시점을 의미할 뿐이다. 안데스 지역의 경우 그 시기가 1532년으로 좀 더 늦지만 정복과 식민 과정이 야기한 '식민적 상

---

2 현재의 파나마에 거주하던 쿠나(Kuna)족은 그들이 아는 땅 전부를 압야 얄라라고 불렀다. 라틴아메리카 원주민들 사이에서 이 용어는 오늘날 아메리카 대륙을 가리킨다. 메소아메리카의 아나왁(Anahuac), 잉카 제국의 타완틴수요(Tahuantinsuyo)와 유사한 용어이다.

처'는 동일했다. 포르투갈인들에 의해 정복된 브라질도 예외는 아니었다. 아메리카 대륙에서 주인으로 살던 그들은 1492년이라는 역사적 시점을 기준으로 종의 신분으로 전락했다. 유럽인들로 인해 아메리카 사회와 자연환경은 재구성되기 시작했다. 풍요로운 자원과 넓은 영토에도 불구하고 원주민들은 억압을 당하거나 착취를 당해 강제로 '가난해진 사람'이 되었다.

유럽인들이 아메리카 대륙에 발을 들이기 전 이곳의 주민들은 각각의 지역에서 마야, 아스테카, 잉카와 같은 찬란한 문명을 건설했다. 아마존 지역처럼 씨족이나 부족 형태로 살아가는 원주민이 있는가 하면 도시국가나 제국을 형성하며 거대한 지역을 통치하던 원주민도 있었다. 주변 환경에 적응하며 나름의 문화와 세계관에 근거해 생활하던 그들은 자신들만의 논리와 합리성이 있었다. 그러나 그런 것들은 유럽의 것과 다르다는 이유로, 비과학적이라는 이유로 무시되었다. 원주민들의 문명과 문화는 은폐의 대상이 되었다. 유럽의 것들을 '문명'으로 아메리카 대륙의 것들을 '야만'으로 이분화하면서 원주민의 언어, 문화, 문명은 파괴되거나 은폐되었다.

현재의 스페인어권 아메리카에서는 '스페인 공화국(La República de Españoles)'과 '원주민 공화국(La República de Indios)'이라는 거주지가 있었다. 이 스페인 공화국은 오늘날의 공동체를 의미하는 것으로 스페인 사람들의 도시였다. 원주민 공화국은 원주민들의 공동체, 마을을 의미했다. 스페인 사람들은 원주민들과 한 공간에 있기를 원하지 않았다. 두 개의 공동체는 공존이 아니라 분리를 의미했다. 이러한 공간들은 지배자와 피지배자가 누구인지 분명히 보여 주었고, 공간에도 인종적 불평등이 투영되어 있었다.

선교 과정도 로베르 리카르(Robert Ricard)에 의하면 다름 아닌 "영혼의 정복(La conquista espiritual)" 과정의 일환일 뿐이었다. 이 용어는 원주민에 대한 정신적, 문화적, 종교적 식민화 과정을 일컫는다(조영현, 2014, 55-56). 반 강제적으로 원주민 문명을 파괴하고 원주민을 기독교인으로 개종시키는 것을 의미한다. 야만인들에게 문명을 전파하고 이교도들에게 그리스도교를 전파하는 것이 구원해 주는 것이라고 생각한 유럽 정복자들은 정복 전쟁을 '성전'으로 인식했다. 우월한 문화가 하위문화에게 문명의 정수를 전하는 것을 당연한 것으로 여겼다. 이런 인식은 유럽 중심주의, 즉 서구 유럽 문명의 우월성을 전제할 때만 성립하는 것이었다.

16세기 스페인 바야돌리드에서 일어났던 유명한 논쟁에서 히네스 데 세풀베다(Ginés de Sepúlveda)는 아메리카 원주민을 이성과 자연 법칙에 위배되는 행동을 하는 인간으로 단정했다. 낯선 언어, 그리고 문헌학적 교육을 받지 못한 동물처럼 살아가는 야만인으로 여겼다. 그는 인간의 목숨을 제물로 바치고, 선교사들을 살해하는 원주민들과의 전쟁이나 정복은 정당하다고 주장했다(박설호, 2008, 80-81).

16세기 라틴아메리카 정복과 선교 과정에 대한 유럽 성직자의 양심선언에 해당하는 바르톨로메 데 라스 카사스(Bartolome de las Casas)의 보고서는 선교가 정복 과정의 일환이었음을 잘 보여 준다. 유럽인들이 신앙 전파와 선교라는 명목하에 행한 활동이 원주민들에게 어떻게 비췄는지 잘 설명하고 있다.

　　사실 호전적인 인디오들을 평화롭게 만들고, 평화로운 인디오들을 우리의 신앙을 알게 하기 위해 가장 부적절한 것은 평화로운 인디오들이 기독교인들로부터 받는 거칠고 잔혹한 대우입니다. 이 때문에 인디오들에게 기독교인이란 명칭보다 더 증오스럽고 혐오스러운 것이 없습니다. 이 모든 지역에서 인디오들은 기독교인들을 악마를 의미하는 야레스(yares)라고 부릅니다. 이는 의심할 바 없이 그들이 옳은 것입니다. 왜냐하면 이곳에서 기독교인들이 저지르는 일들은 기독교인들의 그리고 이성을 가진 사람들의 행위가 아니라 악마의 짓이기 때문입니다(라스 카사스, 2007, 89).

라틴아메리카 철학자인 엔리케 두셀(Enrique Dussel)은 원주민이 받은 차별과 불평등의 기원과 근대성, 자본주의가 연결되어 있다고 주장했다(2011, 93-110). 1492년은 '유럽의 팽창'과 대항해 시대의 서막을 알리는 분기점이다. 유럽인들의 삶뿐 아니라 유럽 밖 외부세계 모두를 송두리째 바꾸어 놓았다. 그러면서 유럽은 세계사의 주역이자 중심으로 등극했다. 이때부터 유럽 밖의 역사는 지역의 역사로 축소되었다. 사실상 중국을 비롯한 동양이나 인도, 이슬람 세계와 비교했을 때 주변부였던 유럽이 세계 문명의 척도로 부상했다. 과학과 기술을 이용해 군사력을 키운 유럽은 다른 지역들을 정복하고 식민화해 나갔다. 유럽은 자신을 세계의 중심이라고 인식하고 주변부 지역에 대한 지배를 정당화하는 논리를 전파했다. 이런 의미에서 두셀은 1492년이 근대의 서막을 열어젖혔다고 본 것이다.

1492년은 근대성이 '탄생한' 해이다. 이것이 우리의 핵심 명제이다. 물론 이때 근대성이 잉태되었다고 하더라도 태아와 마찬가지로 자궁에서 성장하는 데는 시간이 필요했다. 근대성은 자유롭고 창조성이 넘쳐나던, 중세 유럽의 여러 도시에서 연원했다. 그러나 근대성이 '탄생한' 때는 유럽이 타자를 마주하고, 타자를 통제하고, 타자를 굴복시키고, 타자에게 폭력을 행사할 때였다. 또 근대성을 구성하는 타자성을 발견하고, 정복하고, 식민화하는 자아로 자신을 정의할 수 있던 때였다. 어쨌거나 저 타자는 타자로 '발견'된 것이 아니라 '동일자'(항상 유럽이다)로 '은폐'되었다. 따라서 1492년은 개념으로서 근대성이 탄생한 순간이자 특유의 희생 '신화', 폭력 '신화'가 '기원'한 순간이며, 동시에 비유럽적인 것을 '은폐'한 과정이다(2011, 5).

유럽인들의 정복은 군사적 정복이나 영혼의 정복에서 끝난 것이 아니라 자연스레 원주민 노동력 착취로까지 이어졌다. 사실상 현대 중남미 국가들이 겪고 있는 저발전, 불평등, 가난, 배제 등 고질적 문제의 역사적 뿌리는 원주민 착취를 정당화해온 식민 통치 제도들과 무관하지 않다. 특히 이슬람 세력을 몰아내기 위해 이베리아 반도 내에서 진행된 재정복(Reconquista) 과정은 중앙집권적 봉건 체제를 강화시켰다. 그리고 이베리아 반도에서 국토 회복 운동 성격의 재정복 과정과 아메리카에서 정복 과정은 약탈을 정당화해 주고 있었다. 스페인 왕실은 원정대와 계약을 맺고 새로 발견한 영토의 지배권을 갖는 대신 총독과 그의 수하들에게 충분한 보상을 약속했다. 정복자들과 유럽에서 이주한 사람들은 아메리카 대륙에서 지배자가 되었고, 경제적으로는 대지주의 반열에 올랐다. 원주민은 단순 노동력을 제공하는 신분으로 전락했다. 인종에 따라 지배자와 피지배자가 분명한 이중 구조가 자연스레 형성되기 시작했고, 이것은 시간이 지남에 따라 견고해졌다. 비록 스페인 왕실이 원주민을 신민으로 받아들이고 노예화를 금지시켰지만 원주민들은 충분히 보호받지 못했다. 왕실과 라틴아메리카는 공간적으로 너무나 멀리 떨어져 있었다.

대항해시대를 개막한 포르투갈과 스페인뿐 아니라 영국, 네덜란드, 프랑스 등 대부분의 유럽 국가들은 자본주의 확산 과정에서 정치적으로는 제국주의의 형태를 띠어 갔다. 금과 은 등 귀금속을 손에 쥐려 했고, 향신료, 비단, 도자기 등 무역을 통해 끊임없이 부와 자본을 축적하려는 욕망은 군사력을 강화시켰다. 그 힘을 바탕으로 새로운 식민지 개척에 뛰어들면서 제국의 면모를 갖추어 갔다. 16세기 이후 과학과 기술을 바탕으로 군사력, 경제력을 강화하면서 자본주의는 제국주의와 손을 잡으면서 확산된 것이다. 서구가 공유하던 근대라는 역사 인식도 위의 이념들과 뒤섞이면서 상호 결속을 공고하게 하는 데 기여했다.

2 인종적 위계성과 불평등

에콰도르 전 경제부 차관 파블로 다발로스(Pablo Davalos)는 인종주의와 불평등, 그리고 권력 문제가 불가분의 관계임을 다음과 같이 밝히고 있다.

> 원주민들은 전적으로 배제되었고 차별받았습니다. 교육도 받지 못했고, 정치 체제 밖으로 쫓겨나 있었습니다. 당시 유럽인들이 아메리카에 도착해서 건설한 정치 체제는 인종주의에 기초한 체제였습니다. 인종을 우등 인종과 열등 인종으로 나누었습니다. 원주민들을 열등한 존재로 낙인찍어 차별했습니다.

존재론적, 인식론적으로 원주민을 '비존재'로 만든 것입니다. 그들의 문화, 기억, 전통, 인식적 틀이 전적으로 지워진 것입니다. 말하자면, 문화, 지식 등 인식적 틀에 대한 대학살이 자행된 것입니다. 이것은 다른 사회와 달리 권력 구조가 인종주의에 기초했음을 의미하는 것입니다(조영현, 2019).

역사적으로 말하면 불평등과 인종 사이의 관계는 식민 시대부터 존재했던 인종차별주의에 기초해 있다. 16세기 아메리카 대륙의 "발견"은 인종적 불평등의 시원이었다. 인종 개념은 새로운 사회적 권력 구조에 포함된 주민을 분류하고, 생산을 통제하고, 노동을 분화하는 표준이 되었다(Quijano, 2000). 인종의 위계화와 차별주의는 부와 권력, 사회적 위신과 명예, 그리고 사회적 편견까지 위계적으로 배분했다. 정복자인 백인은 지배자가 되었고, 원주민과 흑인은 피지배자가 되었다. 피부색에 따른 신분 사회가 형성되기 시작한 것이다. 식민 체제는 백인을 최상위층으로 하고, 중간층을 메스티소와 같은 혼혈인이 차지하는 구조를 만들었다. 원주민은 흑인과 함께 피라미드 신분 구조의 바닥층을 형성했다.

아메리카 대륙에 독립의 바람이 일었던 19세기 초반을 지나도 이 인종차별적 구조는 깨지지 않았다. 백인 크리오요가 주도해서 획득한 독립은 식민적 신분 구조와 토지 불평등 문제를 문제 삼지 못했고, 그 모순을 타파하지 못했다. 1830년 에콰도르 최초의 헌법은 시민권을 가질 권리를 가진 사람을 아래와 같이 규정했다.

다음의 조건을 충족시키는 남성일 것: 300페소 이상의 재산을 가지고 있을 것; 남에게 종속되지 않고 독립적으로 활동하는 전문직 종사자일 것; 글을 읽고 쓸 줄 알며, 22세 이상의 기혼자일 것(CODENPE, 2011, 14).

따라서 충분한 재산을 소유하지 못하고 스페인어를 읽고 쓸 줄 몰랐던 원주민은 시민권을 가질 수 없었다. 위의 모든 조건을 다 충족하는 원주민은 찾기 힘들었다. 이것은 사실상 지배계급인 백인의 입장에서는 '인종관리'를 위한 통제 체제로 작용했다. 19세기 중반 원주민들에게도 정치적 권리를 부여하고 시민권을 주려는 움직임이 있었으나 백인과 메스티소들이 반대해서 좌절되었다. 원주민들 중에는 세금을 납부하는 사람들이 있었지만 시민으로서의 충분한 권리는 보장받지 못했다. 국민을 백인과 혼혈인, 그리고 기타로 분류하면서 원주민을 국민에서 배제시킨 것이다. 원주민을 제도적으로 배제시키고 백인과 혼혈인 중심의 국가 체제를 수립한 것이다.

1857년 에콰도르 의회는 원주민들에게 형식적 평등권을 부여했다. 진일보한 조치였지만 통제 자체가 사라진 것은 아니었다. 국가 차원의 통제는 이제 민간 차원의 통제를 통해 지속되었다. 사적 영역에서의 통제는 주로 아시엔다, 교회, 지방 관리 등을 통해 구현되었다. 결국 1978년에 와서야 문맹 조항이 완화되면서 원주민에게도 선거권이 부여되었다. 그러나 선거인 명부에 등록하기 위해서는 일정 정도의 금액이 있어야 했다. 산간 오지에 사는 원주민들이 투표소로 가는 것도 힘들고, 노동으로 인해 시간적 제약을 받던 원주민들은 충분한 권리를 행사하지 못하는 경우가 많았다. 피부색에 따른 인종 집단의 구분과 차별은 사회 내에서 다른 위상을 반영하고 있었던 것이다.

인종적 카스트 제도는 그대로 부의 불평등 구조와 일치한다. 라틴아메리카에서는 이런 인종적 위계성을 당연시하고 받아들이면서 불평등, 차별, 배제가 일상화되었다. 이런 식민적 사유가 유산으로 세대와 세대를 거쳐 수백 년간 전승되면서 '불평등의 문화(cultura de las desigualdad)'가 형성된 것이다. 라틴아메리카에서 유럽계 백인이 막노동 인부의 모습을 하고 있는 것을 상상하기 어려운 만큼 원주민이 대기업 임원이나 국회의원으로 일하는 것이 낯설게 여겨지는 이유가 이런 문화 때문이다.

3 원주민 육체의 통제: 노동력 착취

식민지 라틴아메리카에서는 다양한 형태의 노동력 착취 제도들이 존재했다. 엔코미엔다(Encomienda), 레파르티미엔토(Repartimiento), 미타(Mita) 등이 강제적인 노동 제도라고 할 수 있다. 엔코미엔다는 '위탁하다', '위임하다'라는 뜻의 스페인어 encomender에서 파생된 용어이다. 신대륙에서 새로운 지역을 발견하거나 정복한 사람, 그리고 도시를 설립한 사람에게 그 공로를 인정하여 왕실이 수여한 토지를 의미했다. 토지를 수여받은 영주를 엔코멘데로라고 불렀다. 부왕, 고위 관료, 수도원, 여성, 외국인은 에코멘데로가 될 수 없도록 제한했다.

엔코멘데로는 자신이 하사받은 토지에 속한 원주민들에 대한 보호와 교리 교육의 의무를 지고 있었다. 이것은 원주민을 신실한 가톨릭 신도로 개종시키라는 왕실의 명령이었다. 동시에 엔코멘데로들은 원주민들의 노동력을 어느 정도 임의로 사용할 수 있는 권리를 가지고 있었다. 이 권리는 보통 두 세대까지 세습되었다. 엔코멘데로의 허가 없이 원주민들은 거주지를 이탈할 수 없었다. 지역에 따라서는 세금을 내기도 했고, 군사적 의무가 추가되기도 했다. 원주민들이 그리스도교로 개종하는 특권을 향유하는 대신 노동력을 제공하는 것은 당연시되었다. 이 제도는 유럽인, 구체적으로는 스페인 사람들이 신대륙에 잘 정착하고 뿌리내릴 수 있도록 지원하는 제도였다. 그러나 스페인 사람들은 원주민을 노예처럼 부렸다. 원주민들의 육체를 착취할수록 경제적 부가 빠르게 축적되었기 때문이다. 금광이나 은광이 없는 지역에서는 토지와 노동만이 부를 축적할 수 있는 유일한 수단이었다. 게다가 식민 초기 신대륙에는 향료, 도자기, 비단과 같은 값나가는 무역을 위한 상품이 결여되어 있었다.

1530년 스페인 왕실은 가혹한 노동력 착취로 인해 많은 원주민들이 죽거나 병들자, 칙령을 선포해서 원주민의 노예화를 금지시켰다. 그러나 이 법은 왕이 직접 통치하지 않는 신대륙에서 큰 영향력을 발휘하지 못했다. 정복자들은 원주민을 마치 자신의 자산처럼 여겼다. 원주민은 처음부터 보호와 착취라는 이중적 현실에 처해 있었다.

레파르티미엔토도 원주민 노동력을 강제로 통제하는 수단으로 작용했다. 14세 이상의 원주민들은 농산물, 직물, 면화, 귀금속, 금과 은 등으로 일정한 세금을 내야 했는데 식민 당국에서 정한 양을 채우지 못한 경우 개인적 노동으로 보전해야 했다. 이것은 스페인 당국이 광산, 농업, 수공업 등 다양한 분야에서 필요한 원주민 노동력을 충당하고 노동력을 분배하기 위한 제도였다. 원주민들의 몸은 식민 시대 내내 스페인과 유럽에게 바쳐진 공물과 같은 것이었다. 유럽의 자본 축적과 자본주의 발전을 위해 원주민 노동력은 소진되고 있었다. 레파르티미엔토와 엔코미엔다의 차이는 전자가 원주민 수와 노동 시간을 제한하는 식민 당국의 임의적 노동 분배 권리였다면, 후자는 상속권이 보장된 공식적, 사법적 제도라는 점에서 차이가 있었다(김달관, 2013, 36). 상속권을 가진 엔코멘데로들은 보다 안정적으로 원주민 노동력을 착취할 수 있었고, 부가 축적됨에 따라 신대륙에서 귀족화되었다. 엔코미엔다는 지방 행정 체계가 미약한 식민 초창기 교회와 함께 지방 행정을 보완하는 역할을 했고, 식민 시기 경제와 행정 체계를 구성하는 데 결정적으로 기여했다.

미타는 원주민들의 노동력 동원 체계를 스페인 사람들이 그대로 계승한 측면이 있다. 잉카 제국 때부터 활용되어온 이 제도는 케추아와 아이마라 원주민을 비롯한 안데스 지역 원주민들에게 거부감 없이 받아들여졌다. 사실상 잉카 제국이 다스리던 지역은 안데스 산맥을 끼고 길게 펼쳐져 있었고, 해발 수천 미터의 고원 지역이거나 험준한 산악 지형으로 인해 물자가 풍요롭지 못했다. 따라서 노동력은 이런 단점을 보완하고 필요한 자원을 확보하기 위해 가장 효과적인 수단일 수밖에 없었다. 원주민들은 열악한 환경에서 공존하기 위해 상호부조와 협력이 필수적이라고 여겼기 때문에 이 제도에 대해 불만이 별로 없었다. 이 노동력은 대부분 다리, 도로, 수원지 관리 등 공동체를 위해 제공되는 공적 노동의 형태를 띠고 있었기 때문이었다. 따라서 잉카시대의 미타 제도는 폭압적인 강제 노동은 아니었다. 오히려 원주민 언어로 '순번' 혹은 '교대'를 의미하는 미타는 공동체를 위해 돌아가면서 해야 하는 노동의 성격을 지니고 있었다. 그러나 스페인 사람들이 이 제도를 악용하면서 착취적 성격이 강화되었다. 주로 18세에서 50세까지의 청장년층의 사람들이 동원되었다. 안데스 지역의 광산을 위해 징집되는 경우는 길게는

10개월가량 동원되기도 했다. 지역에 따라 미타가 면제되는 곳도 있었다. 원주민들의 노동력은 식민 당국의 필요에 따라 분배되었고, 지역, 원주민 수, 토지의 비옥도, 광산의 유무 등도 노동 강도, 기간 등에 영향을 미쳤다.

4 불평등의 뿌리: 토지 문제

에콰도르의 산간 오지에 있는 하단(Jadan)이라는 마을의 이장인 레오나르도 티그레(Leonardo Tigre)는 아래와 같이 원주민들에게 땅, 혹은 토지가 가지는 의미가 무엇인지 밝히고 있다.

> 지금 사회는 경제가 모든 것을 대표하는 사회입니다. 그러나 우리는 가난하지 않습니다. 우리가 땅을 가지고 있다면, 그 안에 우리가 산다면, 그리고 그 땅을 위해 우리가 살고 있다면, 우리는 모든 것을 가지고 있는 것입니다(조영현, 2019).

원주민들에게 땅은 자신들의 터전이자 생명의 토대이다. 그리고 공동체가 거주하며 구성원 간 상호작용을 통해 정체성을 형성하는 공간이다. 동시에 아메리카 대륙 "발견" 이후 현재까지 이 지역 정치적 불안, 경제적 불평등, 사회적 갈등의 뿌리이기도 하다.

원주민들은 토지를 개인이 소유할 수 있는 것으로 여기지 않았다. 원주민들은 유럽인들이 가지고 있는 토지 개념과 다른 인식을 가지고 있었다. 특히 아마존의 원주민들은 물과 공기, 하늘을 소유할 수 없는 것처럼 토지도 개인적으로 소유할 수 없는 것으로 여겼다. 단지 공존하기 위한 필수적인 공공재로 보았고, 사회 전체가 공유하는 것으로 인식했다. 잉카나 아스테카 제국에서 토지는 국유지, 공유지, 개인 소유지로 구분할 수 있었으나 기본적으로 토지를 공공재로 보는 것은 공통적인 시각이었다. 이 중에서 공유지는 매매와 권리 이양 자체가 금지된 토지였다. 이 토지를 이용하는 사람은 가족 수에 따라 토지를 분배받았고, 경작권과 소출에 대한 처분권만을 가지고 있었다. 잉카 제국에서도 일정한 연령이 된 성인 남성이 결혼을 하면 당연히 공동체 원로회는 경작지를 분배해 주어 가족이 생활을 영위할 수 있도록 보장했다. 그러나 상속을 하거나 개인 소유권이 부여된 것은 아니었다. 토지를 이용하여 생계를 유지하던 사람이 사망하면 그 토지는 자연스레 공동체의 토지로 다시 귀속되었다. 따라서 토지가 개인에게 집중되거나 불평등이 원인이 될 수 없었다.

　초기 정복자들은 토지에 대해 별로 관심을 갖지 않았다. 그들이 관심을 가진 것은 금과 은 등 귀금속이었다. 어디서나 통용되는 가볍고 가치가 있는 물건들에 대해 관심을 가진 이유는 이것들을 손쉽게 스페인이나 유럽으로 가져갈 수 있었기 때문이다. 그러나 귀금속을 채굴할 수 있는 광산을 찾는 것은 매우 어렵고 운이 따라야 하는 일이었다.

　정복 전쟁이 어느 정도 마무리되고 식민화 과정이 본격적으로 시작되자 유럽인들은 자연스럽게 귀금속 다음으로 부를 축적할 수 있는 토지에 관심을 보이기 시작했다. 원주민들이 득실대고 기후와 환경이 다른 지역에서 수고롭게 땀을 흘리려고 하지 않았던 유럽인들도 토지에 대한 인식을 바꾸기 시작했다. 이때부터 토지는 부를 보장하는 가장 효과적인 수단으로 부상했다.

스페인 왕실은 기본적으로 신대륙의 모든 땅을 국왕 소유로 선언했다. 그러나 기존의 원주민 공동체의 토지들은 인정하고 보호하려 했다. 주인 없는 토지를 중심으로 스페인 사람들에게 분배하려고 했다. 그러나 토지의 사적 소유 자체가 부라고 인식한 스페인 사람들이 토지 소유에 혈안이 되면서 점점 토지가 스페인 사람들의 손에 집중되는 현상이 나타났다. 왕실이 정복자나 식민자들에게 일정 토지를 양도하고 엔코미엔다와 같은 제도를 도입하자 원주민들은 토지를 지켜낼 수 없었다.

스페인이나 포르투갈 엘리트들이 아시엔다(Hacienda)라는 대농장 체제를 선호하면서 토지의 집중은 심화되었다. 특히 가장 비옥한 땅 중 하나였던 원주민 공동체 토지들이 수탈의 대상이 되었다. 원주민들은 점차 토지를 상실하고 척박한 땅이나 산간 오지로 밀려나기 시작했다. 수탈한 원주민 공동체의 토지나 미개척지를 독점적으로 소유하고 관리하면서 아시엔다 체제는 전 대륙으로 확산되었다. 원주민들은 자신들의 공유지를 잃고 아시엔다의 날품팔이 일꾼인 부채 노동자로 전락했다. 피지배자였던 원주민들은 빼앗긴 토지를 되찾지 못했다. 문맹이기도 했지만 법률 운영에 미숙했기 때문에 속수무책이었다. 힘과 권력, 여기에 무력까지 사용하는 유럽인들을 상대할 수 없었다. 유럽인들은 왕실에서 하사받은 토지뿐 아니라 원주민들로부터 강탈한 토지도 합법적으로 자신의 소유물로 전환시켜 나갔다. 유럽인들의 정복과 식민 이후 토지는 불평등의 중요한 원인이 되었다.

16세기부터 축적되기 시작한 토지 문제의 폐단은 수직적 사회 구조를 만드는 데 기여했다. 토지 독점은 부의 독점을 공고히 만들었고, 정치 체제 내에서도 권력의 독점을 강화시켰다. 원주민들의 유일한 생산 수단인 토지의 상실은 소득 분배와 불평등 문제를 심화시켰다. 이때부터 토지 문제, 특히 토지 정의와 토지개혁을 요구하는 목소리는 원주민들의 요구 사항에서 가장 중요한 자리를 차지하게 되었다.

20세기 최초의 사회 혁명인 멕시코혁명은 정치적으로는 민주화의 열망 때문에 일어났지만, 경제적 또는 사회적 차원에서는 누적된 토지 불평등 문제가 원인이었다. 문남권은 혁명 전 멕시코의 토지 불평등 상황을 다음과 같이 강조했다.

> 1881~1889년 사이에 3224만 393헥타르의 토지가 황무지로 측량되었고 그 결과 29개 개인이나 회사에게 멕시코 전체 국토의 14%가 넘어가서 극도의 토지 집중 현상이 발생했다. 이후 5년 동안 또 다른 수개의 회사가 전체 국토 6%를 더 점유해서 전 국토의 5분의 1이 50명이 안 되는 개인의 손에 독점되는 경향이 발생했다. 또 다른 통계를 보면 혁명 발발 전인 1910년 전 국민의 1%가 전체 멕시코 토지의 97%를 차지했다(문남권, 2006, 144).

20세기 후반 과테말라와 볼리비아의 진보 정권과 페루의 벨라스코 알바라도 정권에서도 토지개혁 시도가 있었으나 모두 농민들을 만족시키는 데까지 나가지는 못했다. 1959년 쿠바혁명 이후 들어선 혁명 정권이 급격한 토지개혁을 실시했으나 이것은 사회주의 체제에서 가능한 것으로 다른 나라에 적용하기는 어려운 방식이었다.

1980년대 이후 소수에게 집중된 토지 소유 문제를 해결하기 위해 공유지 제도를 도입하거나 원주민 공동체와 농민에게 토지를 분배하려는 노력은 신자유주의의 도입으로 후퇴하는 양상을 보였다. 원주민 공동체가 가지고 있던 공동 소유권 조항과 토지 양도 불가 조항이 1992년 헌법 개정으로 완화되거나 사라졌다. 결국 외국 투자 자본에게 매매가 허용되면서 기존 토지의 3분의 2가량이 사적 부분에 매각되었다. 멕시코에서는 1917년 혁명의 상징이던 공유 토지 제도인 에히도(ejido) 제도가 붕괴하기 시작하면서 원주민들은 사지로 내몰리게 되었다. 1994년 원주민과 농민 봉기의 성격을 지닌 사파티스타원주민운동의 원인도 토지 불평등 문제와 연결되어 있었다.

사파티스타 반란의 기원을 찾아보면, 그것은 토지의 불평등한 분배에 뿌리를 두고 있다. 다른 주요 요인으로는 줄곧 원주민 농민과 원주민 조직을 무자비하게 탄압한 것과 지난 10년 동안의 경제 정책으로 원주민 공동체의 경제가 붕괴된 것도 들 수 있다. 그러나 무엇보다 사파티스타 반란을 일으킨 주요 원인은 멕시코 헌법 제27조에 명시된 대로 원주민에게 토지를 주지 않으려는 국가 정책에 있었다. 라칸돈 정글의 파괴와 같은 그 밖의 병폐는 모두 이런 국가의 부패하고 차별적인 토지 분배 정책에서 비롯되었다(부사령관 마르코스, 2002, 705).

토지 불평등 문제의 해소를 위한 원주민들과 농민들의 요구들은 브라질의 무토지농민운동(MST)과 멕시코의 비아캄페시노(Via campesino) 등의 투쟁에서 볼 수 있듯이 21세기까지 현재 진행형이다.

:: 불평등 극복을 위한 원주민의 저항과 투쟁

우루과이 작가인 에두아르도 갈레아노(Eduardo Galeano)는 스페인과 포르투갈을 시작으로 끊임없이 제국의 수탈을 받아온 이 대륙의 역사를 수탈당한 대지의 역사라는 의미로 "파헤쳐진 혈맥"의 역사로 묘사했다. 그는 포토시, 사카테카스, 오루로뿐 아니라 대륙 전체에서 이루어진 금과 은, 동, 주석, 석유, 귀금속 등의 채굴과 고무 채취 등 자원 약탈이 할퀴고 간 상처를 잘 표현했다. 원주민들에게는 인격성이 부여된 '어머니이신 자연'과 '대지'가 서구인에 의해 유린당한 것이다.

식민화는 단지 정치, 경제적 차원만을 포함하는 것이 아닌 생활 세계 전반에 걸친 것으로 원주민들의 삶의 질서를 왜곡시키는 것이었다. 인디오뿐 아니라 뒤이어 잡혀온 아프리카 노예들도 광범위하게 진행된 일상생활의 '식민화' 과정을 통해 서구 유럽이 말하는 '문명화', 혹은 '근대화' 과정에 편입되었다. 유럽 사람들은 라틴아메리카를 유럽화하는 과정에서 원주민과 흑인을 체제의 변두리로 몰아냈다. 위계화된 질서의 가장 밑바닥에 위치한 그들의 삶은 식민 체제가 남긴 견고한 구조와 그 문화적 결과에 종속되었고, 수백 년이 흐르는 동안 식민적 유산은 고착화되었다(두셀, 2011, 66-67). 식민 구조가 원주민에게 남긴 유산은 가난과 경제적 불평등만이 아니었다. 식민 구조가 새겨 놓은 낙인 중 가장 지독한 것이 인종차별주의였다. 페루의 사회학자인 아니발 키하노는 라틴아메리카에서 인종 문제는 가난, 불평등, 차별, 사회 지배와 인간에 대한 서열화의 뿌리임을 강조했다. 아니발 키하노는 라틴아메리카 저발전의 뿌리를 다음의 네 가지로 제시했다. 1) 사회 지배와 기초적 사회 분류의 보편적 원형의 토대로서 인종과 관련된 '권력의 식민성', 2) 사회 착취의 보편적 원형으로서 자본주의, 3) 헤게모니 변화 형태로서 국민국가와 집단적 권위로서 통제의 핵심을 수행하는 국가, 4) 특히 지식 생산 모델이자, 주체성과 상호주체성의 핵심으로서 '유럽중심주의' 등이 저발전의 원인이다(Acosta, 2010, 12).

수세기 동안 에콰도르 원주민들은 끊임없이 정치 · 사회 · 사법 · 교육 · 경제적 불평등에 저항했고 투쟁했지만 주로 산발적이고 즉흥적인 대응에 그쳤다. 그러나 1970년대 들어서면서 원주민들의 투쟁이 보다 의식적이고 조직적인 양상을 보이기 시작했다. 가톨릭의 '해방신학', 파블로 프레이리의 『페다고지』 등 진보적 비판 사상이 원주민들에게 인권과 권리에 대한 의식을 함양시켰다. 동시에 진보적 좌파들도 원주민 저항의 조직화와 정치적 투쟁을 지원했다. 초기에는 토지를 지키거나 잃어버린 토지를 찾으려는 투쟁에 집중되었다.

에콰도르에서 1964년과 1973년 두 차례 실시된 농지 개혁은 토지 분배에서 배제된 원주민의 항의를 촉발시켰다. 아시엔다들이 해체된 후 도시로 이주한 원주민들이 도시 빈민층으로 전락하자 원주민들의 투쟁이 가속화되었다. 산악 고지대 지역, 동부 아마존 지역, 태평양 연안 지역 등 지역별로 활동하던 ECUARUNARI, CONFENIAE, COICE 등 원주민 단체들 간에 통합의 필요성을 느끼기 시작했다. 1986년 전국 단위의 단일 원주민 운동 조직 '에콰도르원주민민족연맹'이 창설되면서 원주민 운동의 새로운 전기가 마련되었다. 에콰도르원주민민족연맹이 조직된 후 에콰도르 원주민 운동의 역사는 곧 이 조직의 역사라 할 만큼 정치, 사회적으로 주목할 만한 활동을 해왔다. 이 연맹은 토지의 반환,

이중언어 교육, 원주민 토지에 대한 합법화, 원주민 공동체의 부채 탕감, 원주민 공동체 자치, 자기 결정권과 집단적 권리를 요구했다. 이 단체는 후일 '상호문화성(Interculturalidad)'과 '다민족성(Plurinacionalidad)' 등의 입법화도 추진했다.

에콰도르원주민민족연맹이 주도한 1990년 봉기는 원주민 운동에서 하나의 이정표였다. 최초의 전국적 단위의 봉기였고, 원주민 이외의 다른 사회 세력들이 연대하면서 그 힘이 증폭되었다. 이 봉기는 지방 원주민들의 토지 갈등이 심화되면서 발생했다. 정부는 16개 항의 요구 사항을 들고 나온 원주민들과 대화할 수밖에 없었고, 그들의 핵심 요구 사항인 토지 문제 해결에 정부가 적극적인 태도를 보임으로써 갈등은 봉합되었다. 토지 문제는 단순히 경제적인 문제뿐 아니라, 문화, 정치 등 원주민들의 삶과 직결된 문제였다.

1990년 봉기의 성공 이후 원주민이 대규모로 동원되는 횟수가 증가했다. 1992-1993년 동원화는 신자유주의 정책과 구조조정이 확대되는 과정에서 나타났다는 점에서 반신자유주의 운동으로 파악할 수 있다(김달관, 2010, 40-45). 세계 자본주의 체제의 주변부인 에콰도르 내에서도 가장 가난한 변두리, 하층민의 입장에 처한 원주민들은 대다수가 가난한 농민이었고 신자유주의 정책 때문에 직격탄을 맞은 부류였다. 신자유주의의 최대 피해자 그룹인 원주민들은 생존을 위해 조직화되었고 정치화되었다. 원주민 운동은 차츰 문화 회복, 정체성 회복 투쟁, 자신들의 뿌리 찾기 투쟁으로까지 확산되었다.

1999-2000년 동원화는 경제 위기가 심화되면서 정치 위기로 확대되는 과정에서 발생했다. 1999년 3월의 은행 예금 동결과 연료 가격 인상

이 직접적 원인이 되어 발생했는데 독특한 점은 원주민뿐 아니라 시민 사회, 군인들도 동참했다는 점이다. 결국 하밀 마우앗(Jamil Mahuad) 대통령이 하야하고, 2002년 군인 출신 루시오 구티에레스(Lucio Gutiérrez)가 원주민 운동 세력을 비롯한 파차쿠틱 정당의 지원을 받아 대통령에 당선되었다. 그는 원주민들을 고위직에 앉히는 등 변화를 시도했지만, 곧바로 구태의연한 정치적 성향을 보이기 시작했다. 친인척과 친구를 내각 등 정부의 핵심 요직에 앉혔다. 권위주의적인 정치 성향을 보였으며, 군 정보부를 정치 공작에 이용했다. 경제 정책도 신자유주의 노선을 벗어나지 못했으며 구조조정을 강화해 오히려 신자유주의의 폐해를 확대시켰다. 결국 대법원 판사 임명과 관련해 위헌성 논란을 야기해 시민사회와 중산층의 시위를 촉발시켰다. 그는 2005년 시민사회 운동의 저항에 직면해 대통령직을 사임했다. 구티에레스의 실정과 사임은 원주민 운동과 농민연맹이 주도해 설립한 파차쿠틱당의 약화와 분열을 초래했다.

원주민들의 점진적 동원화는 결국 그들의 영향력 확대로 나타났고, 정당 조직화나 의회 입성을 통해 정치 무대에 진입하는 결과를 낳았다. 조직화된 원주민들은 국내 정치 문제에 적극적으로 개입하며 사회적·정치적 주체로서 그 이미지를 각인시켰다.

멕시코의 사파티스타 운동은 에콰도르원주민민족연맹의 투쟁과 쌍벽을 이루는 원주민, 농민 운동의 대표 주자였다. 흥미로운 것은 좌파와 원주민 세력이 결합된 이 운동은 세계 사회운동사에 획을 그은 운동이었다. 이 운동의 대변인인 부사령관 마르코스는 원주민들의 저항과 투쟁이 단순한 불만에서 촉발한 것이 아니라 1492년 유럽인들의 정복에서 시작해서 지금까지 계속되어 온 지배와 관련되어 있음을 강조했다.

그가 발표한 〈라칸돈 정글 선언〉에는 아래의 내용이 포함되어 있었다.

우리는 500년 투쟁의 산물이다. 처음에는 노예제에 맞서 싸웠고, 독립전쟁 중에는 스페인에 맞서 싸웠으며, 그다음에는 북아메리카 제국주의에 흡수되지 않으려고 싸웠고, 또 그다음에는 우리의 헌법을 선포하고 우리 땅에서 프랑스 제국을 쫓아내기 위해 싸웠다. 그 후에 개혁법의 정당한 적용을 거부하는 포르피리오 디아스의 독재 정권에 맞서서 싸웠으며, 여기서 우리는 우리처럼 가난한 사람인 비야와 사파타 같은 지도자를 탄생시켰다. 우리는 지금껏 우리를 총알받이로 사용해 우리 나라의 부를 약탈해 가려는 세력에 의해 가장 기초적인 것조차 거부당했다. 그들은 우리가 아무것도, 정말 아무것도 가진 것이 없어도 아랑곳하지 않았다. 우리에겐 교육은커녕 우리 머리를 가릴 만한 지붕도, 갈아 먹을 땅도, 일자리도, 의료 시설도, 식량도 없을 뿐 아니라, 우리의 정치적 대표자를 민주적으로 자유롭게 선출할 수 있는 권리도 없고, 외국인으로부터 자유로운 독립도 없고, 우리 자신과 우리 아이들을 위한 평화와 정의도 없다(미뇰로, 2010, 52, 재인용).

사파티스타 운동의 직접적인 원인은 신자유주의 정책과 제도혁명당의 독재, 그리고 원주민 동화 정책 등과 연관이 있지만, 원주민과 농민에 대한 착취와 인종차별, 원주민 권리와 문화에 대한 문제 같은 식민적·역사적 문제가 깔려 있다고 볼 수 있다. 서구 중심의 근대화 정책은 원주민을 경제 발전과 산업화의 장애물로 여겼다. 게다가 산업화를 위해 농촌을 희생하는 정책을 구사했다. 앞서 이야기한 에히도 체제의 해체는 농촌 경제의 붕괴를 초래했고, 원주민들은 생존을 위해 도시로, 해외로 대거 이주해야만 했다. 정치적 역량이나 경제적 경쟁력이 없었던 원주민들은 신자유주의 체제에서 희생자가 되었다.

사무엘 루이스 주교와 같이 진보 진영의 성직자들은 '가난한 사람 중에 가장 가난한 사람'인 원주민의 조직화를 지원했다. 좌파 세력도 원주민들의 의식화를 위해 치아파스로 몰려갔다. 1994년 1월 1일 북미자유무역협정이 발효되는 날 원주민들은 봉기했고, 산크리스토발뿐 아니라 오코싱고와 남동부 5개 군을 점령했다. 세디요 대통령이 군대를 파견하여 진압하려 하자 시민사회 단체와 비정부기구들이 멕시코 정부를 압박했다. 사파티스타들은 국제 여론을 자신들의 편으로 돌리기 위해 사이버 무대로 전선을 확대했다. 국제적으로 연대 세력이 형성되면서 사파티스타는 인터넷상에서 게릴라 전사가 되었다. 결국 멕시코 정부는 진압 대신 포위망을 유지하고 저강도 전략을 구사하는 쪽으로 전략을 바꿀 수밖에 없었다.

사파티스타 운동의 지도자들은 원주민들의 권리 회복과 존엄성을 인정할 것을 요구했다. 원주민 공동체의 관습과 전통, 문화, 영토와 관련해서 자치와 자기 결정권을 보장할 것을 정부에 요구했다. 원주민들은 멕시코에서 독립해서 원주민 공화국을 건설하려는 것이 아니라 기존 국가 내에서 포괄적 자치를 요구한 것이다. 여기에는 자신들의 영토 내에 매장된 천연자원 개발과 운영권까지 포함되어 있었다. 2000년 정권을 잡은 국민행동당(PAN) 출신 비센테 폭스(Vicente Fox) 대통령은 원주민들의 핵심적인 요구 사항을 빼버린 껍데기만 남은 수정 법안에 서명했다. 원주민 언어에 대한 인정과 같은 일부 문화적 측면의 요구만 수용하고 실질적으로 원주민들의 삶을 개선시킬 수 있는 조치들은 무시했던 것이다. 사파티스타 운동은 정부와의 대화를 중단하고 자신들이 점령한 지역 내 자치를 강화하면서 시민사회와 민중계급에 접근하는 전략을 구사했다. 정치 사회와 국가 권력에 대해 거리를 두는 대신 사회를 밑에서부터 조직화하려는 전략을 택한 것이다.

멕시코와 에콰도르 원주민 운동의 정치력 확장뿐 아니라, 우리가 주목해야 할 요소는 원주민 문화에 대한 자긍심과 인간으로서의 존엄성에 대한 새로운 인식이 나타났다는 점이다. 원주민 인권 향상과 권리 회복의 확대는 원주민들의 노력만으로 이루어진 것은 아니다. 인권의 차원에서 원주민들의 권리를 강화하는 국제적 연대도 중요한 역할을 했다.

1948년 유엔의 〈세계인권선언〉은 인권 의식의 함양에 결정적 영향을 미쳤다. 그 이후 1989년 6월 7일 국제노동기구 총회에서 승인된 〈원주민과 부족민들에 대한 국제노동기구 협약 169호〉와 2007년 9월 개최된 유엔총회의 〈유엔 원주민권리선언〉은 중요한 의미가 있다. 유엔과 국제노동기구의 인디오 권리 선언은 원주민 권리 투쟁의 정당성을 보증해 주었고 원주민들의 권리를 확대시키는 데 기여했다. 식민이 남긴 상처와 부정적 유산에서 탈피하려는 시도, 원주민들의 권리 회복을 위한 운동의 확산은 원주민 존재와 문화에 대한 자긍심을 높여주었다. 단순히 정치적 권리뿐 아니라, 경제, 사회, 문화, 생태와 관련된 권리들로 그 영역이 확대되었다.

사파티스타 운동과 에콰도르원주민민족연맹의 활동은 인종차별주의와 같은 식민적 유산이 남긴 상처에 저항하는 운동이었다. 원주민들은 종속적 상황과 배제의 체제에 대항하는 사회적·정치적 주체가 되려고 애쓰고 있다. 이것은 가난, 저발전, 차별, 소외와 불평등 상황을 극복해 보려는 몸부림에서 나온 결과물이다.

:: 저항에서 대안 제시로

라틴아메리카의 원주민들은 오랫동안 자신들의 처지를 비관해 온 것이 사실이다. 수백 년간 배제의 체제에서 신음하며 착취당했기 때문이다. '자원의 저주'나 '풍요로운 빈곤'이라는 말처럼 이 대륙은 역설의 땅이 되어 버렸다. 풍요롭고 가치 있는 무언가를 가졌기에 약탈당할 수밖에 없는 운명에 놓였던 것이다. 갈레아노의 묘사처럼 라틴아메리카는 "수탈된 대지"였고, 원주민은 그 수탈의 제단에 바쳐진 제물이었다. 정복과 식민화 과정은 정치적 억압과 경제적 차원의 수탈만을 야기한 것이 아니다. 원주민들의 생활 세계 전반에 걸쳐 삶의 질서를 왜곡시켰다. 식민 체계가 남긴 견고한 구조와 그 문화적 결과는 식민적 유산으로 고착화되었다.

그러나 원주민들은 점진적으로 조직화되고 있다. 정치권력을 장악하거나 적어도 의회에서 자신을 대표할 수 있는 인물들의 숫자를 높이기 위해 정치 사회에 뛰어들었다. 정당을 결성하고 노조를 조직하는 일에도 앞장서고 있다. 사파티스타 운동과 에콰도르원주민민족연맹처럼 원주민들이 주도하는 운동들은 노동 운동과 시민사회 운동을 선도하고 있다. 이제 '원주민적인 것'들이 수치심을 촉발하는 것이 아니라 자긍심으로 바뀌는 과정에 들어선 것이다.

한동안 라틴아메리카 원주민들은 지배층으로부터 왜 비판만 하고 대안을 제시하지 못하는가라는 비난을 받아왔다. 이 지역 엘리트들에게 원주민들은 세계에 의미 있는 창조적 기여를 하지 못하는 집단으로 무시당했다. 하지만 오늘날의 원주민들은 사회 변혁의 주체로 거듭나고 있다. 정치적·사회적 무대에서 대안 세력임을 자임하고 있다. 불평등한 사회구조와 문화적 유산을 청산하거나 전환시키기 위해 대안 세계를 상상하거나 꿈꾸는 데 적극적이다. 멕시코에서는 사파티스타 운동이 강조했던 '모든 사람들이 포함되는 새로운 세계'를 지향하고 있고, 안데스 원주민들은 자신들의 세계관과 삶의 경험에 기초해서 라틴아메리카 고유의 사유인 수막 카우사이(Sumak Kawsay)와 같은 새로운 이론을 발전시키고 있다.[3] 수막 카우사이는 단순한 이론을 넘어서서 에콰도르와 볼리비아에서 실험되고 있는 대안적 프로젝트이다. 착취와 배제의 체제를 극복하기 위해 공동체적 사유에서 발전시킨 철학이자 자연과 인간, 인간과 인간 사이에 조화와 균형, 공생을 지향하는 문명 전환의 패러다임임을 선전하고 있다. 토착 원주민들이 인종차별과 같은 식민 유산을 탈피하고 자신들의 권리 회복을 위해 투쟁하는 과정 속에서 발굴해 낸 프로젝트인 것이다. 불평등과 저발전의 상황을 탈피하고 산업 문명에서 인류가 벗어나 생태문명으로 전환할 수 있도록 전망과 비전을 제시하려는 것이다. 아직 시작 단계지만 스스로 사유하고 주체적으로 활동하려는 원주민들의 노력이 가난, 불평등, 소외와 배제의 체제를 극복할 수 있는 그 출발점이 될 것이라는 점은 분명하다.

---

3 수막 카우사이와 이 용어의 스페인어 번역어인 el buen vivir 개념에 대한 자세한 설명은 제5장 참조.

제2장

다인종 사회, 브라질의 인종 인식

김영철

:: 브라질의 인류의 기원과 인종

인종의 역사가 곧 인류사이다. 60만 년 전에 현생 인류가 아프리카에서 발생하면서부터 다양한 인류가 태어나고 사라졌으나 얼마나 많은 인간의 종(Species)이 있었는지 정확히 알 수 없다. 아프리카 남부의 오스트랄로피테쿠스에서 시작된 인류는 지구의 역사와 환경에 적응하며 다른 지역으로 이동하기도 하고, 또 특정한 지역에서 독립적으로 발생하기도 했다. 이런 역사적 추론들은 현생 인류가 교류하지 않고 독자적인 생활을 영위했다는 전제에서 출발했다. 그러나 최근 연구에 따르면 유럽, 중동, 중국, 폴리네시아와 멕시코 등지에서 인류의 흔적들이 발견되면서 고립된 생활을 했을 수도 있고, 시대의 흐름에 따라 교류하면서 다양한 형태의 인간 종이 만들어졌을 것으로 추정된다. 어쨌든 현생 인류는 아프리카 남부에서 시작해서 아프리카 대륙을 벗어나 유럽에서는 네안데르탈인, 아시아에서는 북경원인, 동남아시아에서는 자바원인으로 분화되었다. 아직 이들의 이동 통로와 기원에 대해서는 많은 연구가 필요하지만 인류가 탄생하던 때부터 끊임없이 분화해 왔다는 점은 분명한 것 같다. 최근에는 이 시기에 이미 이종교배가 시작되었다는 주장이 등장하기도 했다. 이처럼 자연환경에 따라 나누어진 인간의 종이 인류사의 흐름에 따라 철학적인 논의와 정치적인 선택 과정을 통해 특별한 의미를 지닌 인종으로 발전했다. 이렇듯 인종은 인류 역사에서 항상 존재해 왔고, 변화에 적응해 왔다. 이렇게 유사 이전까지 인간의 종에 대해 언급하는 것은 현재 사용하고 있는 인종 개념이 정치 · 사회적인 개념을 포함한 자연환경에서 결정되고 역사적인 경험들을 통해서 발전했기 때문이다.

인류 전체 역사에서 인간의 종이 이와 같은 경로를 통해서 형성되었다면, 브라질을 포함한 라틴아메리카 지역에서는 어떤 경로를 통해 초기 인류가 들어왔을까? 아메리카 대륙에 인류가 유입된 경로에 대해서는 크게 세 가지로 이야기된다. 첫째는 인류가 3만 년 전에 아메리카 대륙에 들어왔으나 남미에는 1만 2000년 이후에 나타났다. 즉 아시아인들이 베링해를 통해 이주해 정착하면서 시작되었다는 것이다. 둘째는 7000~8000년 사이에 호주에 살고 있던 현생 인류가 폴리네시아 섬을 따라 이주하여 이동했다는 것이다. 셋째는 아메리카 대륙에서 독립적으로 현생 인류가 나타나서 성장했다는 것이다. 브라질도 피아우이(Piauí)에서 현생 인류가 살았던 곳에서 십이지장충(Ancilostoma duodenalis)이 발견되었다. 7750년경에 사람들이 살았던 것으로 추정되는데, 만약 이들이 다른 지역에서 왔다면 최소한 약 9000-10000년 전일 것으로 보인다. 바이아 중앙부의 마리아 벨트라웅(Maria C. M.C. Beltrão)에서는 약 30만 년 전에 살았을 것으로 추정되는 거대 생물의 화석이 발견되었다. 미나스 제라이스(Minas Gerais)에서는 홍적세에 인류가 출현한 흔적이 있다. 1971-1976년에 아네트 라밍 엠페라이리(Annette Laming-Emperaire)[1]는 미나스 제라이스 라고아산타(Lagoa Santa)에서 기원전 2만 5000년에서 기원전 1만 2000년의 것으로 추정되는 유적을 발굴했다. 또한, 상파울루 히우클라루(Rio Claro) 인근의 알리시보에르(Alice Boër) 유적지에서 기원전 1만 4200년경으로 추정되는 외날 긁개, 석기, 두 점의 화경이 함께 있는 것이 발견되었다. 홍적세 말기 유적은 카피바라(Capivara) 산맥의 페드라푸라다에 있는 토카도보케이라웅(Toca do Boqueirão)이라는 암각화로 남아 있다.[2] 사암의 급경사면 끝에 위치한 암각화인데, 캄브리아기 이전의 평원에 면해 있다. 이 경사면의 끝부분 벽에 많은 채색 암각화가 그려져 있다.

또 하나는 미국 및 멕시코 지역에서 발견되는 유적들을 통칭하는 클로비스(Clovis) 유적들이 발견되어 기원전 1만 1000년경부터 정착해서 살았고, 아주 짧은 기간에 남미 대륙 전체로 확산되었다. 브라질의 페드

---

1 아네트 라밍 엠페라이리는 프랑스의 고고학자로, 전문 분야가 암각화이며 1970년대에 브라질에서 60개 유적지를 발굴했다.

2 프랑스와 브라질 공동 발굴팀이 1973년부터 사웅하이문두노나투(São Raimundo Nonato) 지방에서 발굴하기 시작해서 1978년에 완료되었다. 19미터 지층에서 발견되었으며 6만 년에서 1만 년 전의 것으로 추정된다. André Nogueira(2019), 'Toca do Boqueirão da Pedra Furada: uma chave para o passado do Brasil", https://aventurasnahistoria.uol.com.br/noticias/reportagem/toca-do-boqueirao-da-pedra-furada-uma-chave-para-passado-do-brasil.phtml(검색일, 2020.02.24)

[그림] 보케이라웅 암각화

라푸라다(Pedra Furada) 석굴에서 고고학자들은 틀림없이 인간들이 그려놓은 동굴 벽화들을 발견했다. 그곳 절벽 아래 쌓여 있는 돌무더기에서 조잡하게나마 도구일 수도 있는 여러 형태의 돌을 찾아냈고, 화덕도 함께 발견했는데, 약 3만 5000년 전의 것으로 추정된다(재러드 다이아몬드, 2013, 60-66). 이런 발굴로 현생 인류가 알래스카를 통해서 아메리카 대륙에 정착했다는 단기론(short chronology theory)을 대신해 2만 1000년~4만 년 전에 최초 인류가 아메리카 대륙에 들어왔다는 장기론(long chronology theory)이 대두되었다. 물론 여전히 학계에서는 단기론이 우세한 주장이기는 하지만, 장기론의 가능성이 있다는 것 역시 매우 의미 있다. 그렇지만 기본적으로 최초 인류가 아프리카에서 출발해 아시아 대륙을 거쳐 아메리카 대륙으로 이동했다는 주장은 여전히 유효하다.

브라질을 비롯한 남미에서 최초 인류의 발견은 남미 대륙에 대한 인식론적인 변화를 가져올 수 있다는 점에서 의미있다.

이와 같이 자신의 뿌리를 찾는 연구들은 브라질 인간 종의 관점을 변화시킬 수 있다는 점에서 현재적 의미가 있다. 포르투갈인들이 브라질에 도착했을 때 이미 많은 원주민들이 살고 있었다. 원주민들은 집단 생활을 통해 자신들만의 독특한 문화를 이루고 있었으며, 그 관계 속에 형성된 인식에도 인종적인 개념이 포함되어 있었다.

:: 브라질인의 인종 의식

어원을 거슬러 올라 생각하면, raza, race 같은 말은 원래 아랍 말의 raz(머리, 지도자, 기원) 또는 라틴어의 radix(뿌리)에서 나온 말이다. 15세기에 이 말은 잘 나가는 집안이나 말을 기르는 집을 가리키는 말이었다고 한다. 그러나 18세기경부터는 여러 인간 집단의 외모에 나타나는 차이점 가운데 특정 차이점을 강조하는 말로만 쓰이기 시작했다. 따라서 인종은 특정한 씨족에서 시작되었으나, 민족을 뛰어넘는 포괄적인 개념으로 확대되었다.

브라질에서도 인종은 생물학적이거나 신체와 외형과 관련된 것이다. 18세기 인종에 대한 개념은 다른 집단과 구분되는 외형적인 특징에 따라 나눈 것이었다. 종족은 이데올로기적인 특성이라 인종과 구분된다. 종족(Etnia)은 동일한 계보와 역사적 기원을 기반으로 하지만 유사한 민족 출신의 집단을 나타내는 용어이다. 예를 들어, 포르투갈 백인 어런이가 부모와 떨어져서 마나오(Manaó)[3] 원주민과 함께 살아간다면 백인의 피부색은 변함이 없지만, 포르투갈인이 될 수도 있고 마나오 원주민이 될 수도 있다. 따라서 인종은 기원과 관련되어 있지만, 종족은 집단으로서의 정체성과 관련되어 있다. 또한, 인종은 혼혈성과 관련되어 있지만, 종족은 민족화와 관련되어 있다. 민족화는 종족을 형성해 가는 과정이거나 다른 종족과 구분되는 정체화된 집단(um grupo identitário)의 형성 과정이라고 할 수 있다.[4]

브라질의 민족 정체성은 원주민, 포르투갈 백인과 아프리카 흑인의 만남과 혼혈에서 시작되었다. 브라질 민족은 브라질 국가와 구분된다. 브라질의 민족 정체성은 1815년 12월 16일에 포르투갈, 알가르브와 함께 연합 왕국을 세우면서 형성되었고, 1822년 9월 7일에 브라질이 독립하면서 독자적인 정체성을 가질 수 있었다. 민족 정체성과 혼혈 정체성은 공통적으로 혼혈성을 지니고 있기 때문에 동일한 것이 되었다. 결국 브라질 민족 정체성은 혼혈 정체성의 모든 과정이면서 동시에 그 결과를 포함한다.

---

3 혹은 마나우스(Manaus) 원주민은 아마존주의 주도인 마나우스시 근처에 살던 원주민이며, '신들의 어머니(Mãe de Deus)'라는 의미를 지니고 있으며 마나우스 도시의 어원이기도 하다. 아부리카바(Ajuricaba)가 18세기에 노예 취급을 하는 포르투갈 왕정에 저항하면서 저항과 자유의 상징이 되었다. 마나우스를 중심으로 메스티소 민족운동이 전개되고 있다. 마나우스에서는 2012년부터 6월 24일을 카보클루의 날(Dia do Caboclo), 6월 27일을 메스티소의 날(Dia do Mestiço)로 지정하여 기념하고 있다 (Movimento Pardo-Mestiço Brasileiro, 2018, 37).

4 Movimento Pardo-Mestiço Brasileiro(2018), "O Livro do Mestiço – Mestiço Brasileiro, Nosso Povo, Nossa Etnia"(http://nacaomestica.org/blog4/wp-content/uploads/2010/02/o_livro_do_mestico_ATUALIZADO_20180816.pdf

:: 브라질 최초의 혼혈, 메스티소 혹은 마메루쿠

브라질 최초의 혼혈은 포르투갈 백인 남성과 원주민 여성의 결합이었다. 포르투갈인들이 이들의 자녀를 마멜루쿠라고 불렀고, 원주민들은 투피어에 기원을 둔 카보쿠스 혹은 카보클루(Caboclo)라고 불렀다. 식민 기간 이런 결합이 빈번하게 발생했고 많은 경우 공식적으로 인정되었다. 포르투갈의 귀족(fidalgo)인 디오구 알바레스 코헤이아(Diogo Álvares Correia)는 투피남바 부족의 여인인 파라구아수(Paraguaçu)와 결혼했는데, 디오구는 원주민 이름인 카라무루(Caramuru)라고 불렸고, 파라구아수는 포르투갈어 이름인 카타리나(Catarina)로 불렸다. 또한 포르투갈 식민자 주앙 하말류(João Ramalho)는 투피남바 원주민인 바르치라(Bartira)와 결혼했다. 이처럼 기록에 남아 있는 혼혈도 있었지만, 기록되지 않은 혼인 관계도 많았을 것으로 보인다. 여기에는 식민 초기에 포르투갈 남자만 주로 브라질로 이주했던 인구·사회적인 특성이 작용했을 것이다.

이러한 결합으로 메스티소 가족이 탄생했고 이후 원주민, 백인, 흑인과 메스티소들 간의 또 다른 형태의 가족들이 생겨났다. 식민 기간 대다수의 가정이 이렇게 이루어졌다. 종족, 민족과 동포는 이런 가족들이 성장해서 형성되었다. 후이 바르보자는 "동포는 확대된 가족(A pátria é a família amplificada)"이라고 주장했는데, 그 논리적 근거를 여기에서 찾을 수 있다.

[표 1] 브라질의 혼혈

구분	구성
마멜루쿠,[5] 카보클로, 카이카라	원주민과 백인의 혼혈
쿠리보카	마멜루쿠 여성과 원주민의 자녀
물라토[6]	백인 남성과 흑인 여성의 자녀
파르도	백인 남성과 물라토 여성의 자녀
카푸조 혹은 카라푸조	원주민과 흑인의 자녀
카브라	물라토 여성과 흑인 남성의 자녀
크리오울로	브라질 태생의 흑인 부모의 자녀
마좀보스	유럽 백인 부모의 후손

인종은 골격, 피부색, 모발, 혈액 등 신체적인 형질에 따라 구분되는 것이고, 민족은 전통적으로 연결되어 있는 사람들의 집단이기 때문에 공통의 언어, 관습, 역사, 문화, 인종, 종교 및 기원을 공유하는 집단이다. 인종은 외형적 특성에 따라 구분되기 때문에 다른 인종 집단과의 혼혈로 연결되기도 한다. 반면 민족은 특정한 집단이 민족화(Etnificação)되고 잡혼(Mestiçagem)으로 이루어지기도 한다. 민족화는 다른 민족과 구분되는 민족 정체성을 형성하는 과정이기 때문에 민족 혼혈 형성에 따라 다른 인종과의 잡혼이 발생할 수 있다.

혼혈은 원주민, 백인, 황인종과 다른 집단 간의 다양한 혼혈로 파생

---

5 원래 '노예'를 의미했으나 브라질 발견 시기에 다양한 의미를 지니게 된다.
6 유럽인과 아프리카인들의 혼혈 · 식민 기간에는 거의 항상 백인과 흑인의 혼혈이었다.

된 사람들에 대한 개념이다. 잡혼(Mestiçagem)은 메스티소(Mestiços)를 형성하는 것을 의미한다.

혼혈은 혼혈된 개개인을 만들고, 잡혼은 인종적으로 메스티소를 만든다. 잡혼은 혼혈로 이어진다. 이미 혼합된 조상으로부터 피를 물려받았기 때문이다. 결국, 어떤 특정한 민족이 형성되는 과정에 혼혈이 발생했다면 민족 전체가 혼혈된 특성을 지니게 된다. 브라질은 식민 초기에 원주민과 혼혈을 통해 메스티소가 출현하면서 민족적 특성으로 자리 잡았다.

::동화, 혼합주의 그리고 민족화

브라질은 혼혈로 다양한 인종을 구성하고 있는데다 외부 유입을 통해 인종적 다양성이 더욱 풍부해졌다. 일반적으로 동일한 공간에 다양한 인종이 공존하면서 서로 경쟁하기도 하고 화합하기도 하는데, 그 과정을 이끄는 것은 그 사회의 주류 계층이 주도하게 된다. 그 과정에서 권력 관계에 따라 동화주의적인 관점으로 발전할 수도 있으며, 여러 민족이 다양한 형태로 혼재된 혼합주의로, 혹은 특정한 사회 집단이 다시 민족화하는 경우도 발생한다.

동화(Assimilação)는 어떤 특정한 집단이 다른 집단에 자신의 민족적 정체성을 버리고 흡수되는 것을 의미한다. 이 경우에는 주류 집단이 지배 집단으로 성장하거나 정치·경제적 권력이 상위에 있을 경우 혹은 문화적으로 지배적인 위치에 있는 경우에 발생한다. 그 과정은 강제적으로 진행될 수도 있고, 자발적인 선택으로 이루어질 수도 있다. 혼합주의(Sincretismo)는 서로 다른 문화를 가진 둘 혹은 그 이상의 민족이 새로운 것을 기원 문화에 혼합시키는 것이다. 혼합주의는 새로운 민족을 생성할 수 있도록 확대될 수 있다. 인종적인 혼혈은 문화적인 혼종성과 종교적인 혼합주의를 동반할 수 있다. 이런 과정 때문에 혼혈과 혼합은 가끔 동일한 의미로 사용되기도 한다. 민족화(Etnificação)는 자신의 정체성을 가지고 있는 새로운 집단이나 민족이 형성되는 과정이다. 혼합주의는 민족화와 함께 진행되기에 동질성을 강화시킨다. 종종 잡혼이 발생하지만, 혼합주의를 요구하지 않는다. 혼합의 대상인 두 민족은 기본적으로 동일한 문화를 가질 수도 있고, 독특한 역사적인 특성으로 구분될 수도 있다(Movimento Pardo-Mestiço Brasileiro, 2018, 19-21).

따라서 메스티소는 인종이 아니라 민족(Étnia)이며, 단순하게 생물학적인 특성만을 말하는 것이 아니다. 민족(Étnia)은 단순한 족보의 관계를 뛰어넘는 가계에 가까운 개념이다. 갈색 혼혈인(Pardo)이란 말은 역사적으로 메스티소와 관련 있다. 모든 메스티소들의 피부색이 갈색은 아니지만, 그 속에는 인종적인 특성을 반영한 의미가 포함되어 있다. 따라서 메스티소의 정체성은 외형적인 것이 아니라 출신과 관련 있다. 메스티소가 메스티소를 낳을 수 있지만, 비메스티소(Não-mestiço)도 메스티소를 낳을 수도 있고 그렇지 않을 수도 있다. 메스티소 인종(Raça mestiça)은 정사각형인 삼각형처럼, 백인인 흑인처럼 잘못된 개념이다.

따라서 브라질 메스티소는 투피남바 원주민도 아니고, 포르투갈 백인도 아니고, 요루바 흑인도 아니고, 일본 황인종도 아니다. 브라질 메스티소 민족은 자신의 집단을 특징짓고 구분할 수 있는 기본적인 특성을 지니고 있다. 혼혈이 민족을 통합하고, 민족이 혼혈을 통합하면서 민족화된다.

:: 토착민: 원주민과 메스티소

토착민(Nativos)은 특정한 지역에서 태어나서 속하고 거주하는 것을 의미한다. Nativos는 라틴어의 nativus 혹은 de natus에 어원을 두고 있다. 따라서 15세기 유럽인들이 아메리카에 도착했을 때는 토착민과 원주민(Indio)은 다르지 않았다. 유럽인들이 도착하기 이전 대륙에 살던 토착민이 곧 원주민이었다. 유럽인들이 도착한 이후 메스티소가 나타나면서 토착민은 원주민과 메스티소를 포함하게 되었다. 15세기 말까지는 토착민과 원주민은 같은 의미였다. 브라질에서 최초 혼혈이 기록된 것은 1510년경이었다. 브라질에서 인디오는 포르투갈과 포르투갈어 사용 국가의 의미와 동의어인데. 인디헤나(Indígena)는 Indio와 구분되는 의미와 어원을 두고 있다. 인디헤나는 '내생의(endógeno)'를 뜻하는 라틴어에서 왔다. 이와 다르게 Indio는 인도어인 산스크리트(Sânscrito)에 어원을 두고 있다. 크리스토퍼 콜럼버스가 아메리카에서 만난 원주민을 부르기 위해 채용한 것이다.

메스티소(Mestiços)는 육체적인 외형이 아니라 유전적인 것과 정체성에 따라 결정된다. 메스티소의 외형은 원주민, 백인, 흑인, 황인종 혹은 갈색일 수도 있다. 외형적인 기준은 인종적 구분에 사용되는데 메스티소는 인종이 아니라 혼합 형태이기 때문에 외형적인 기준이 있을 수 없다. 따라서 메스티소는 "원주민 메스티소(Indiomestiço)", "백인 메스티소(Brancomestiço)", "흑인 메스티소(Negromestiço)", "황인종 메스티소(Amarelomestiço)"가 아니라, 원주민 후손 메스티소, 백인 후손 메스티소, 흑인 후손 메스티소, 황인종 후손 메스티소라고 해야 한다.

혼혈병(Mestiçofilia)은 질베르투 프레이리(Gilberto Freyre)가 주장하는 것처럼 메스티소와 혼혈(Mestiçagem)이 브라질 인종 형성에 긍정적이었다는 인식으로 전환되었다. 프레이리는 브라질 민족은 혼혈로 탄생한 독자적인 민족이라고 주장했다. 반면, 메스티소 혐오증(Mestiçofobia)은 메스티소와 혼혈에 인종주의적 적대감을 지니고 있었던 나치즘에서 찾아볼 수 있다. 두 경우 모두 정치적으로 자신들을 표현할 수 있다. 혼혈병은 혼혈적인 정체성에 가치를 부여하고 공식적으로 인정받기를 바라고, 메스티소 혐오증은 반대로 혼혈적인 정체성을 공식적으로 지워 버리거나 인정하지 않는다. 예를 들어 미국의 반혼혈법(As leis anti-miscigenaçao)과 같이 차별적인 도구와 형태를 띠는 경우가 많다.

따라서 메스티소 혐오증은 메스티소에 적용되는 인종차별주의이다. 인종차별주의는 메스티소와 관련해서 두 가지 입장을 가지고 있는데, 하나는 메스티소를 우월한 인종과 열등한 인종 사이의 중간자로 보는 것이다. 메스티소는 우월한 인종보다는 열등하고 열등한 인종보다는 우월하다는 입장을 취하고 있다. 둘째는 메스티소가 열등한 인종보다 열등하다는 것인데, 메스티소가 인종이 아니고 신체적, 정신적으로 아픈 사람들이기 때문에 어떠한 환경에도 적응할 수 없다고 본다. 브라질 식민사에 보면 이런 유형의 인종주의가 다수 기록된 것을 확인할 수 있다.

:: 인종 간 통혼

브라질 민족 형성을 가능하게 한 사회적 제도는 이방인을 자신의 공동체에 편입시키는 원주민의 오래된 풍습인 쿤냐디즈무(Cunhadismo)였다. 포르투갈어인 Cunhado는 동서, 매부, 처남을 뜻하는 말의 명사형으로 동서지간, 인종(종족) 간 통혼을 의미한다. 그러나 투피어는 파트너, 동반자나 아내를 의미하는 'Cunha'에서 유래되었다. 이것은 이방인들에게 원주민 처녀를 아내로 주는 것으로, 이방인이 그녀를 아내로 맞아들이면 이때부터 자동으로 그 부족의 모든 구성원과 다양한 인적 관계가 형성되는 것이다. 이는 모든 구성원과 서로 관계를 맺는 원주민들의 계층별 인척 관계에서 나오는 결과로, 원주민 처녀를 받아들이는 이방인은 그녀에게서 자신의 인척 관계를 갖게 되며, 양친 세대의 모든 친척에게서 또 다른 양친과 장인 장모와 시부모들을 그리고 그 하부 세대에게서는 자식들과 사위들을 갖게 되는 것이다. 이와 같이 인종 간 통혼이라는 관습 없이는 브라질의 탄생은 있을 수 없었다. 브라질에 건너온 유럽인들은 자국의 함대에서 버려진 난파 선원과 추방자이거나 원주민 마을에서 새로운 삶을 찾고자 도망친 선원들이었다(이광윤, 2016, 77-79). 따라서 브라질에 정착해서 살아남기 위해서는 원주민들의 삶의 방식을 따르는 것이 매우 유용한 방법이었을 것이다. 해안의 모든 유럽인들이 이와 같은 결혼 생활을 할 수 있었다. 이 제도는 브라질 염료 나무의 절단, 운반, 선박 적재와 사냥 등과 같은 고된 노동을 위한 노동력을 확보하는 데 방대하고 효과적인 방법이었다. 이후에는 식인 축제에서 종교 제례로 바쳐지는 제물로 활용하는 대신에 상품과 교환할 수 있도록 전쟁 포로를 잡기 위해서도 활용되었다.

새로운 문명에 편입되는 과정에서 쿤냐디즈무는 효과적으로 브라질을 점령하는 수많은 메스티소들을 낳았다. 쿤냐디즈무에 기초해서 난파 선원과 추방자들이 정착한 곳에서 혼혈이 발생했다. 우선, 원주민 마을에서 함께 살고, 그들의 관습을 익히고, 그들과 살면서 입술과 귀를 뚫기도 하고 사람을 먹는 식인 의식에 참여했다. 그렇게 하면서 원주민의 말을 배우고 원주민 문화에 익숙해졌다. 상파울루에는 알바레스 카브랄(Alvares Cabral)이 도착하기 전에 주앙 하말류(João Ramalho)와 안토니오 호드리게스(Antônio Rodrigues)가 이미 그 과정을 밟고 있었다. 두 번째는 바이아에서 전략의 아버지였던 디오구 알바레스(Diogo Álvares)였다. 그는 1510년에 많은 원주민 가족이 있는 바이아에 정착했다. 세 번째는 페르남부쿠(Pernambuco)인데 많은 포르투갈인들이 타바자라(Tabajara) 원주민들과 함께 살면서 많은 마메루쿠들을 낳았다. 마라냐웅(Maranhão) 정복 전쟁에서 큰 전과를 올린 제로니무 지 알부케르케(Jerônimo de Albuquerque)가 대표적인 사람이었다.

조르지 칼데이라(Jorge Caldeira)는 포르투갈인들이 자신들의 이익을 챙기기 위해 쿤냐디즈무를 이용하여 원주민 문화를 파괴했다고 주장했다. 즉, 포르투갈인들이 원주민 친척들(Cunhados)의 무임 노동력을 사익을 추구하는 데 활용했다는 것이다. 다른 한편으로는 투피 어족 원주민들이 식민자들과 섞이면서 자신들의 문화가 완전히 붕괴되는 것을 막는 방법으로 보기도 한다. 페르난데스는 포르투갈 식민지에 대한 원주민 저항 투쟁을 강조하며 훨씬 더 치열하고 의식적인 것으로 보았다. 모든 투피 과라니 원주민들의 저항과 투쟁으로 쿤냐디즈무를 보았다. 그는 원주민들이 포르투갈 침입자들에 비해 열등하고, 수동적이며 약하고 연약한 것으로 묘사되지만 그렇지 않았다고 주장했다.

투피 과라니의 모든 사회 조직과 관련되어 있는 쿤냐두는 권력의 불평등과 불균형을 피하는 강력한 평등주의 정치 문화를 만들어 냈다. 사실, 투피 과라니어에서도 다른 사람에 대한 우월감은 피해야 하는 악이며 나쁜 것이라고 표현하는 단어가 있다. 투피 과라니인들은 자랑스럽게 스스로를 "우리는 동등해"로 묘사했다. 원주민들은 힘의 균형과 평등한 문화를 지니고 있었다. 쿤냐디즈무가 투피 과라니의 사회 조직의 근간이었기 때문에 원주민 사회는 불평등이 없는 사회를 지향했다고 볼 수 있다.

:: 인종적 지배를 위한 백인화

혼혈이 계속되면 브라질 국민이 백인으로 모두 바뀔 것이라는 주장이 백인화의 출발이다. 백인화 논리는 열등한 인종 집단이 혼혈을 통해서 점차 소멸되고 우성 유전자인 백인 집단이 전체를 차지하게 된다는 주장이다. 개인적 수준에서는 피부색, 머리 색깔, 눈 등의 외형적인 특성을 점차 백인으로 바꾸는 것을 의미하며, 백인의 문화 즉 유럽 문화를 체득하는 것을 말한다.

1889년에서 1914년까지 브라질은 흑인 문제를 해결하기 위해 인종적 백인화를 추진했다. 백인화 이데올로기는 혼혈을 통해 흑인들이 몇 세대 안에 문화적으로나 유전학적으로 진보하거나 소멸될 것이라는 믿음에서 출발한다. 이러한 논의는 사회적 다윈주의와 적자생존론의 과학적 인종주의에서 비롯되었다. 또한, 백인 아리안족이 모든 문화보다 우수하다는 아리안주의의 영향을 받은 것이었다. 그리고 백인화는 유럽 단일 문화주의와 동화주의 이데올로기에서 비롯되었다. 브라질 엘리트들은 여전히 동화주의적인 관점을 유지하고 있는데 이들에게 브라질의 유럽화는 포기할 수 없는 과제이다. 이 때문에 브라질인들은 미국과 같은 인종 문제가 없다고 주장하면서 인종차별주의로부터 벗어나 있다(Skimore, 1992, 6). 하나의 집단으로 흑인이 포함된 민족 프로젝트는 백인 엘리트들이 주장하는 근대성과 문명의 이상형을 달성하는 데 장애였다. 이에 공화국은 백인화 이데올로기에 따라 인종적·문화적 정체성을 형성했다. 이런 입장은 브라질인들의 외형이 유럽인들과 더 유사하게 변한다면 브라질은 문명화된 국가의 지위를 획득할 수 있을 것이라는 유럽 지향적인 근대화 모델이 만들어 낸 것이었다.

1920년대 인종 관계를 다루는 브라질 사회학자들은 백인화의 특성을 모두 언급했다. 과학 분야에서도 백인화 사상은 혼혈적인 특성을 지니고 있는 국가의 문제를 해결하는 방안으로 제시되었다. 그 당시의 텍스트에서 백인화는 은유적인 특성을 상실했으며 글자 그대로의 특성만을 지니게 되었다. 흑인들의 육체적 백인화는 다양한 텍스트에서 재생산되었다. 흑인의 몸에 백인의 정신과 문화를 체득하게 하는 것도 백인화의 한 유형이었다. 때문에 1920년대 발표된 많은 아동 문학에서도 백인화에 대한 긍정적인 묘사가 이루어진 것들을 발견할 수 있다(DE Gouvêa, 2005, 89). 아동 문학을 읽은 많은 독자들이 흑인의 문화와 미적 감각을 낮게 평가하고 백인의 문화와 미적 감각을 자신과 동일화했다.

이에 따라 흑인이든 백인이든 자신을 우월해 보이는 백인으로 표현하기 위해 백인화하는 경향이 나타났다. 대표적인 작가인 몬데이루 로바투(Monteiro Lobato)[7]의 작품에서도 브라질 사회를 백인과 흑인으로 나누어 낙후되고 저급한 문화로 흑인과 흑인 문화를 묘사하고, 우수한 문화로 백인 문화를 형상화하고 있다. 아동문학 작품에 등장하는 흑인들은 백인화해야 하는 대상으로 분석되면서 이데올로기로 전승되었다.

1950년대 게헤이루 하무스(Guerreiro Ramos)는 이미 브라질의 정신 세계와 과학의 탈식민화가 필요하다고 주장한 바 있다. 그에게 백인화는 병리학적인 것이었고 백인들에게 병리학적인 효과를 낳는 것이었다. 따라서 식민주의는 인식론적 문제이고, 인종주의 사회는 지배자뿐만 아니라 피지배자들에 의해 만들어진다. 이런 논의들로 인해 백인화 이데올로기와 정책은 1950년대에 끝났지만, 브라질 사회에 백인 우월주의는 더 강화되었다. 집단적 차원에서의 백인화는 중단되었지만, 개인적 수준에서의 백인화 현상은 여전히 유지되고 있을 뿐 아니라 미의 기준으로 혹은 선의 기준으로 체화되어 있다. 체화 과정은 역시 다양한 형태의 교육을 통해 이루어지고 있는데, 교육 과정의 유럽 중심주의는 역사, 언어와 예술 교육을 통해 나타나고 있다.

인종 민주주의(Racial democracy)와 백인화는 제도화되어 있진 않지만, 브라질인들에게 체득된 인종적 취향으로 정착되었다. 백인화를 통해 브라질 국민을 재생산하려는 지식층의 노력들은 개인 수준에서 새

---

7 20세기 초반 브라질 문학에 많은 영향을 미친 작가로, 특히 아동문학의 선구자로 평가받고 있다.

로운 유기적인 기억을 만들었다. 즉 혼혈인은 백인보다는 인종적 서열이 낮지만, 흑인과 원주민보다는 우월하다는 인식이다(Fitzgibon, 2006, 4). 백인화 이데올로기는 백인의 미학적 가치를 높여 주는 반면, 흑인들의 자긍심을 심각하게 손상시켰다. 이러한 요인들은 비백인들의 내부적 분화를 촉진시켰으며, 흑인이 처한 사회적 상황을 흑인의 책임으로 전가시켰다. 이런 과정을 통해 르상티망(ressentiment)[8]과 같은 자기 체념적 인정 단계로 진입하게 되었다. 르상티망은 계급적 열등성에 동의하는 하나의 형태이며, 선과 악의 경계를 모호하게 했다. 브라질의 피지배 인종 집단은 인종적 분류에 따른 차별이나 폭력에 대해서 르상티망을 느끼고 있다. 결국, 다양한 유무형의 상징적 폭력을 통해서 인종 아비투스가 유지되고 재생산되고 있으며, 르상티망을 경험함에 따라 구조 변화에 대한 어떤 시도도 하기 힘든 것이다. 이는 끊임없이 유지되는 상징적 폭력이 의식적·무의식적 인식의 틀로 작용하고 있기 때문이다.

:: 탈식민적 공간으로서 킬롬비즘

1930년대 흑인 운동은 킬롬부를 노예제 폐지 이후 흑인 정체성을 확인하는 기제로, 결속력을 높여주는 요소로, 표현 능력과 변화를 유도하는 지표로 여겼다(Leite, 2000, 340). 또한, 킬롬비즘은 현재와 미래를 찾는

---

8 니체는 권력의지에 의해 촉발된 강자의 공격욕에 대한 약자의 격정을 르상티망이라고 표현하였다. 니체의 르상티망은 사전적으로는 '강자에 대한 약자의 원한·분노·질투 따위의 감정이 되풀이되어 마음속에 쌓인 상태'를 말한다.

것이며 아메리카 대륙의 흑인들이 더 나은 세상을 추구하는 것이었다. 이 투쟁은 비인간적인 파괴와 인종주의의 희생자인 원주민들의 해방과 분리될 수 없다. 흑인 사회 전체를 대변하지는 않지만, 다수가 동의하는 흑인 운동은 여전히 킬롬부를 통해 흑인들의 정체성과 결속력을 형성하려 한다.

킬롬비즘은 디우프(Cheik Anta Diop)와 윌리엄스(Chancellor Williams)의 내용과 유사하다. 이 접근 방법은 브라질 흑인의 현재 상황을 체계적으로 해석하려고 시도하고 이러한 조건을 변화시키기 위한 정치 활동 계획을 제공하려고 한다. 나스시멩투는 과학, 기술, 문화에서 흑인의 성취들을 강조함으로써 아프리카 흑인 공동체의 집단적 기억을 통제하려는 백인으로부터 억압적 기억을 탈환하려고 한다. 더욱이 나스시멩투는 서구인의 충격과 그들의 비서구 세계의 식민화가 만든 흑인의 황폐화를 설명하려고 한다. 이런 측면에서 킬롬비즘은 여전히 명확하지는 않지만, 흑인 운동을 위한 지식적 도구라는 것을 알 수 있다(Nascimento, 1980, 92).

또한, 킬롬비즘은 반제국주의이며 범아프리카주의와 연결되어 있다. 착취, 억압과 가난뿐 아니라 인종, 피부색, 종교와 이데올로기에 대항하여 투쟁하고 있는 세계 모든 사람들과 급진적인 연대를 이루고 있다. 사실 흑인 민족주의(black nationalism)는 그 자체로 세계주의이고 국제주의일 수밖에 없다. 기본적 제도에 대한 백인의 통제로부터 흑인이 독립해야 할 필요성을 강조하는 사회적 운동이며, '범아프리카주의', '문화적 민족주의', '혁명적 민족주의'를 포함하여 변형된 형태 혹은 지역적·역사적 특성에 따라 변화되었다. 민족주의 운동으로서의 킬롬비즘은 해방을 위해 투쟁하는 모든 사람들이 자신의 문화 정체성과 역사적 경험을 토대로 한다.

킬롬비즘은 범아프리카주의에 사상적 토대를 두고 있다. 아프리카의 문명을 재해석한 디우프(Diop)[9]는 흑인들이 이집트 문명을 만들었다고 주장했다. 그러면서 그는 브라질 흑인 문화에 많은 영향을 미친 요루바족과 이집트 문명이 같은 원시적인 서식지를 공유했다는 역사적 사실에 비추어 이 둘의 관계가 아주 긴밀했을 것이라고 주장했다. 오시리스(Osiris)와 이시스(Isis)의 아들인 호루스(Horus)의 라틴아메리카화된 이름이 오릭사(Orisha)임을 그 예로 들었다. 나이지리아의 루카스(Lucas)는 『요루바의 종교』(1948)에서 이집트와 요루바의 관계를 설명하는데, 우선 언어적인 유사성과 동질성, 종교적 믿음의 유사성과 동질성, 종교적인 생각과 제례의 유사성과 동질성, 관습, 지명과 인명의 유사성을 들고 있다(Nascimento, 1980, 146).

킬롬비즘은 아메리카에서 아프리카인들에게 가장 좋은 세계를 추구하는 것이며, 유럽의 식민주의와 상속자들이 들여오고 강요하는 인종주의와 방자한 파괴자들에게 희생된 원주민 해방과 동일한 것이다(Nascimento, 1980, 148). 킬롬비즘은 다양한 역사적 시간과 지리적인 환경의 필요성을 충족하기 위해 끊임없이 재생되고 재근대화되는 중이다. 베아트리스 나스시멘토(Beatriz Nascimento)는 킬롬비즘을 "해방이 이루어지는 곳", "종족적 · 선대적 관계가 회복되는 곳"으로 정의했다.

---

9 세네갈의 디우프는 이집트 문명은 서구 세계가 주장하는 것처럼 백인이나 백인에 가까운 인종이 만든 것이 아니라 흑인들이 만든 것이라 주장하고, 아프리카의 거의 모든 문명은 이집트 문명과 긴밀한 관계를 형성하고 있다고 본다.

따라서 그것은 모든 수준의 흑인 생활이 녹아 있는 브라질 흑인의 특성이며, 전통을 중시 여기는 민족주의적인 특성을 지니고 있다. 그렇지만 자민족 중심주의에서 나타나는 외국인 혐오증을 포함하지는 않는다.

나스시멘토는 킬롬부를 노예화된 아프리카인들의 생명을 위협한 결과물이며, 억압된 상태에서 도망을 통해 자신들의 자유와 인간적 존엄성을 회복하기 위해 만든 생존 가능한 자유 사회라고 정의했다. 킬롬부가 시간적·공간적 다양성이 높은 것은 진정한 영속적인 사회·정치적 운동이라는 것을 보여 준다. 그래서 킬롬부는 초기 단계를 지나면 즉흥적인 조직에서 조직적이고 지속적인 생활 형태로 변화했다. 또한 자신들을 방어하고 경제, 사회, 정치 조직을 보호하기에 유리하고 접근이 불가능한 깊은 숲속이나 정글에 완전히 독립적인 공동체로서 연합적인 형태를 갖추었다. 이와 같이 아프리카인의 사회적 현상들의 복잡성, 혹은 브라질 흑인의 프락시스를 킬롬비즘이라고 정의한다(Nascimento, 1980, 151).

:: **가슴에 새기는 문학적 인종주의**

문학적 인종주의는 먼저 성경을 근거로 하여 흑인의 열등론을 개념화하고 강화했다. 버크너 페인(Buckner Payne)은 아담의 자식들이 열등한 인종과 결혼하였기 때문에 홍수로 벌을 내린 것이라고 주장하며 흑백의 평등을 주장하는 것은 인종과 국가, 나아가 신에 대한 반역이라고까지 했다. 또한, 윌리엄&메리(William and Marry) 대학 교수였던 듀이

(Thomas R. Dew)의『친노예제론(The Pro-Slavery Arguement)』은 아프리카 출신의 흑인은 열등하고 야만적인 존재로 자유와는 거리가 먼 인종이기 때문에 교화를 위해 노예제가 반드시 필요하다고 주장했다. 말하자면 그는 피부색이 검기 때문에 흑인이 노예가 된 것이 아니라 흑인이 노예이고 피부가 검기 때문에 검은 피부색이 중요해졌다고 주장하며 백인의 우월성과 흑인의 열등성 및 흑인의 종속성을 강조하는 신화를 만들어 냈다.

흑인에 대한 문학적 인종주의는 흑인을 외부에서 바라보고 표현하고 묘사한 백인들의 산물이다. 백인 작가들은 자신들의 잃어버린 전통을 찬양하고 전쟁의 패배 혹은 미국 남부의 열등감을 완화시키기 위해 끊임없이 흑인을 경멸적이고 복종적인 존재로 만들었다. 그들은 그런 식으로 미국 사회에서 흑인을 영원한 노예로 만들었고, 남북전쟁 후 신남부 사회에서는 노예와 다름없는 소작농으로 전락하게 만들었다(김혜명, 2018, 313-314). 이러한 현상은 비단 미국뿐 아니라 서양 문화 전반에서 찾아볼 수 있는 일반적인 경향이었다. 서구 문학사는 항상 비유럽인들이 역사 발전 과정에서 남긴 업적을 보이지 않게 가리려고 했다.

브라질에서도 식민 기간 바로크 시대의 대표적인 작가였던 그레고리우 지 마투스(Gregório de Matos)는 바이아에 살고 있는 흑인 여성에 대한 고정관념, 육체적 성상품화(hipersexualização)와 흑인 남성들의 열등성을 강조했다. 그의 주요 작품에서 아름다움(Belo)은 항상 유럽인들의 것이었고, 아프리카인과 원주민들은 인종적 추함(Feio)으로 묘사되었다. 산문은 자유를 찾아 끊임없이 탈출하는 흑인들을 주인공으로 하는 클로비스 모우라(Clóvis Moura)의『노예들의 반란(Rebeliões das

Senzalas)』을 언급하지 않았다. 노예들은 가장 효과적인 저항 형태로 킬롬부를 선택했다. 몬테이루 로바투(Monteiro Lobato)에 따르면 식민자들에게 가장 큰 위협이 된 킬롬부는 산문에서 지옥으로 표현되고, 흑인의 머리는 쇠갈퀴를 가지고 다니기에 좋은 것으로 정형화되었다. 이러한 현상은 노예 해방이 이루어지던 시기에도 나타났는데, 노예의 가짜 해방인 벤트리법(Lei do Ventre Livre)도 이런 논의들이 반영된 것이었다. 노예제 때부터 시작된 폭력을 재생산하는 문화는 오늘날까지 이어지고 있다. 브라질 문학은 흑인 문학을 주변화시키고, 드러내려고 하지 않았고, 가치를 낮잡아 왔다. 때문에 흑인 문학은 게토, 파벨라와 사회운동에서만 즐기는 것으로 배제되었다.

[표 2] 브라질 현대 소설의 주인공 피부색(Personagem)

	빈도수	비율
백인	994	79.8%
흑인	98	7.9%
메스티소	76	6.1%
원주민	15	1.2%
동양인	8	0.6%
확인 불가	44	3.5%
관계없음	10	0.8%
총계	1245	100%

출처: Dalcastagnè, 2008, 90, 재인용.

앞의 표에서 보는 바와 같이 현대 브라질 소설의 주인공은 백인이다. 백인들이 전체 소설의 5분의 1이고, 흑인보다는 약 10배 많으며, 소설 중 56.5%에서는 비백인 주인공이 등장하지 않는다. 백인이 등장하지 않는 경우는 1.6%였다. 여전히 문학적 인종주의가 작동하고 있다는 것을 알 수 있다. 브라질 문학뿐 아니라 어린이와 청소년의 이야기, 교과서, 텔레비전 프로그램, 스탠드업 코미디와 저명한 작가들의 수많은 책에서 문학적 인종주의가 나타난다.

:: 백인 중심적인 인종 질서를 만든 과학적 인종주의

아르투르 드 고비노(Arthur de Gobineau)가 「인종 불평등에 관한 에세이(Ensaios sobre a Desigualdade das Raças Humanas)」를 발표하면서 인종 간 차이에 대한 논의들이 확대되었는데, 이는 19세기 중반 이후 유럽 인종주의의 기본적인 이론이었다.

과학적 인종주의는 18세기 중반 유럽에서 과학기술이 발전하면서 백인과 비백인의 인종적 차별을 정당화하기 위해 만들어진 것으로, 인류다원설(Poligenismo), 골상학(Frenologia)과 우생학(Eugenics) 등으로 구성되었다. 또한, 인체 각 부위의 치수에 대한 연구를 주로 하는 인체 측정학(Antropometria)이 등장하여 형질학으로 발전했다. 과학적 인종주의의 핵심은 유전학적인 특성에 따라 인종을 분류하고, 각각의 인종을 외형적인 특성에 따라 서열화시킨 것이다. 백인이 가장 상위에 있고, 흑인과 원주민이 가장 하위에 위치함으로써 백인 중심의 인식론이 일반화되었다.

　인류다원설은 18세기부터 해부학적 연구를 근거로 의사와 과학자들에 의해 만들어졌다. 흑인은 백인과는 다른 인종이라는 인류다원설을 옹호하고 과학적인 주장으로 발전시킨 사람은 영국의 저명한 내·외과 의사 찰스 화이트(Charles White)였다. 그는 『인류의 규칙적인 단계에 관한 설명(An Account of the Regular Gradation in Man)』(1799)에서 생명은 아주 작은 파충류에서 인간까지 계서제적 존재의 사슬로 배열되어 그 위치에 맞는 지능과 능력을 부여받았는데, 흑인은 백인과 유인원 가운데에 위치한다고 주장했다. 그에 따르면, 흑인이 유인원에 가까운 것은 평평한 발과 긴 손톱과 발톱, 거친 머리카락과 긴 팔과 뒤로 들어간 턱, 적은 뇌용량과 작은 두뇌, 그리고 역한 몸 냄새 때문이었다. 또한, 그는 유인원이 몸에 비해 큰 생식기를 가진 것처럼, 백인보다 큰 흑인의 생식기 그리고 백인 여성에 비해 쉽게 아이를 분만하는 흑인 여성들과 유방을 등 뒤로 넘겨 수유하는 모습은 영락없는 유인원이라고 말했다. 하지만 흑인이 유인원에 가깝다는 이런 주장은 해부학적 근거라기보다 때로는 여행자의 말을 차용하여 흑인의 열등성을 주장한 것이다(김혜명, 2018, 316). 그는 큰 눈을 가진 사람들이 뛰어난 기억력을 가졌다는 사실을 밝혀내고 인간의 기억 기관이 안구 뒷부분에 있다는 강한 믿음을 갖게 되었다. 1800년경 갈은 인간의 마음에 대한 이론을 개발해 마음에는 37개의 기능이 있고 경험이 풍부한 분석가는 두개골의 다양한 부위와 크기와 형태로 성격 파악이 가능하며, 그 성격의 예시로 '탐욕스러움', '전투성', '혼수상태'나 '숭고성', '자긍심' 등을 제시하였다(김혜명, 2018,). 우생학(Eugenics)은 다윈의 이론을 동물계의 열등한 종들 간의 관계를 인간관계로 유추하면서 인종 이론에 영향을 끼쳤고 자연도태는 한 사회의 구성원 간의 투쟁이며 인종과 국가를 만들기 위한 불가피한 수단이라는 사회진화론으로 발전되었다. 허버트 스펜서(Herbert Spencer)는 이런 사회진화론의 형식과 틀을 만들었고 '생존 투쟁'과 '적자생존'이라는 용어를 만들었다. 이와 같은 유럽의 과학적 인종주의는 전 세계로 확산되었고, 노예 해방을 준비하고 있던 브라질 사회에도 큰 영향을 미쳤다.

브라질에서는 주앙 바치스타 라세르다(João Batista Lacerda), 시비우 호메루(Silvio Romero), 니나 호드리게스(Nina Rodrigues)와 올리베이라 비아나(Oliveira Vianna)와 같은 과학 인간(Homens de Ciência)들이 등장했다. 고비뉴(Gobineau)의 영향이 가장 강했는데, 그는 앞에서 살펴본 바와 같이 노예 노동력에 의존하고 있던 미국 남부 백인 엘리트들에게 많은 영향을 미쳤다. 그의 인종주의 이론은 봉건적 지배를 정당화했으며, 아프리카, 아시아와 라틴아메리카의 국가들을 자본주의 중심 국가들이 지배하는 것과 독점 엘리트들이 노동자를 지배하는 것도 정당화시켰다. 고비뉴의 관점에서 보면 브라질은 혼혈 인종으로 낙후된 국가로, 자연스럽게 혼혈에 대해 부정적일 수밖에 없었다.

1870년대부터 실증주의, 진화론과 다윈주의가 본격적으로 소개되었다. 1871년에는 브라질에서 태어나는 모든 노예들의 자녀들을 해방시켜주는 벤트리 법(Lei do Ventre Livre)이 발표되었다. 벤트리 법에 따르면 태어난 노예 자녀는 8세까지 주인이 양육하고, 그 이후 노예 주인이 600밀레이스 가치로 정부의 배상을 받거나 21세까지 노동을 이용하는 것 중에 선택할 수 있었다. 이 때문에 벤트리 법은 자유노동 시장을 형성하는 데 중요한 역할을 했다. 1885년에는 65세 이상의 노예들을 해방시키는 사라이바 지 코테지피법(Lei Saraiva de Cotegipe)으로 알려진 섹사 제나리우 법(Lei dos Sexagenários)이 공표되었다. 그리고 1888년 5월 13일 이사벨(Isabel) 공주가 황금법(Lei Áurea)에 서명하면서 노예제가 종말을 맞았다. 이후 브라질 사회에는 유럽의 인종주의에 대한 논의가 확대되었다.

　과학적 인종주의를 수용한 올리베이라 비아나는 가부장제와 인종 형성에 집중했는데, 브라질 민족의 문명화 수준을 더 높이기 위해서 국 민들의 백인화가 필요하다고 주장했다. 주앙 바치스타 지 라세르다는 처음으로 자신의 박물관에서 보토쿠두스(Botocudos) 부족의 11개의 뇌 를 연구한 「브라질 원주민 인종의 인류학(Anthropologia das raças indígenas no Brasil)」을 발표했다. 그에 따르면 연구에 필요한 자료를 구하기 위해 원주민의 미신과 싸워야 했고, 선교사들과도 싸워야 했다. 바스치스타 라세르다는 인류학은 사회학과 철학과는 달리 생물학의 한 분류라고 이해했다. 따라서 그는 보토쿠두스 부족은 인류의 가장 열등한 사례였 고, 백인화가 인종 정화 현상이라고 믿었으며, 점진적으로 백인화되면 브라질의 인종 정화가 이루어진다고 주장했다. 그는 백인화가 이루어 지는 데 100년이 걸릴 것으로 보았고, 흑인은 인종적 혼혈을 통해서 사 라질 것이라고 예견했다. 시비우 호메루는 혼혈을 국민의 동질성을 위 한 출구로 보았다. 호메루는 흑인들은 백인 문명에 나쁜 것으로 보았기 때문에 브라질 국민의 열등성을 나타내는 요인이라고 생각했다. 또한, 그는 진화론과 완전성을 결부시켰는데 인류일원설과 복수인종론 간의 대립적인 관계를 설명했다. 인류일원설은 진화는 원시적인 형태에서 일어났고 최종 진화 형태가 백인 문명이라는 것이다. 때문에 인류일원설은 인종의 혼혈을 비판한다. 반면 인류다원설은 인류가 다양한 인종으로 분화되었고 그들의 외형적인 모습은 서로 다르게 형성되었다는 것이다. 그는 백인은 우월하고 혼혈 혹은 인종적 혼혈은 퇴보한 것이고 흑인과 원주민은 열등한 인종이며 유아적인 정신력을 지닌 메스티소는 백인들과 같은 형법에 따른 형벌을 받을 수 없다고 주장했다. 이와 같은 과학적 인종주의의 결과 흑인, 노예와 아프리카인들은 과학적인 대상이 되었고 위험한 계층으로 분류되었다.

:: 지배 이데올로기로서 인종민주주의

이와 같은 인종 논쟁 속에서 인종민주주의 개념의 등장은 그동안 체계 없이 전개되어 온 논쟁을 체계적으로 정의하고 있을 뿐 아니라 브라질의 사회문화를 선진적인 것으로 포장하기에 적절해 보였다.[10] 인종민주주의가 진정한 민주주의로서의 가치를 지니기 위해서는 억압과 속박을 받고 있는 흑인, 원주민뿐 아니라 다른 소수민족들이 동등한 권리와 의무를 공유해야 한다. 그마저도 흑인들이 겪고 있는 폭력적 상황을 완전히 설명하지 않기 때문에 흑인들의 종족적 영토성의 필요성이 끊임없이 제기되었다.

---

10 인종민주주의는 질베르투 프레이리가 1944년 강의에서 "인디언들의 교육에서 지나치게 가부장적이고 권위주의적인 방법이 브라질의 사회적·종족적 민주주의를 위한 첫 번째 스케치에 반하는 발전이다"라고 언급한 것에서 시작되었다. 여기서 민주주의 개념을 설명할 때는 정치 제도보다는 형제애나 유동적인 사회관계를 설명하는 스페인적인 개념을 채용한다(Telles, 2004, 33).

제2차 세계대전 이후 인종주의를 주장하던 독일이 패망하고, 군대, 공공 서비스와 공립학교에서 분리 정책을 유지해 오던 미국이 이를 폐지하면서 브라질은 그동안 인종 문제만큼은 미국보다 선진적인 형태를 이루고 있다는 자긍심을 잃게 되어 어떻게든 미국의 인종 관계와 다른 형태를 이루고 있는가를 설명하기 위해 많은 논의들을 진행시켰다.[11] 이 과정에서 브라질의 인종 관계가 더 인도적인 시스템을 유지하고 있다는 것을 강조한다.

인종민주주의는 백인들이 권력을 장악하지 못하고, 인종적 자의식이 거의 없다는 것에서 출발해서, 식민 기간부터 혼혈성이 지속적으로 일어나는 곳, 메스티소들이 교육을 잘 받는다면 엘리트 집단에 들어갈 수 있는 곳, 인종적 편견이 없는 곳으로 믿고 있는 일종의 신화이다. 인종차별이 없기 때문에 노예들에게 가해진 억압과 착취도 인도적이고 견딜 수 있는 수준이었다고 주장한다. 이처럼 인종민주주의는 이베리아의 인종 예외주의론에 근거하고 있다.

질베르투 프레이리는 브라질이 완전히 인종적 편견을 드러내지 않는 것은 아니지만 사회적 격차가 인종과 피부색보다는 계급적인 차이의 결과에서 비롯된 것이라고 주장했다. 그것은 브라질 흑인들이 사회적 이동성과 문화적 표현의 기회를 제공받고 있었기 때문에 흑인들이 자의식을 발전시키지 않는다는 설명으로 이어졌다. 또한, 브라질에서

---

11 미국은 전후 20년간 차별 없는 고용, 연방정부의 개방, 소수 민족 고용 등 많은 인종차별 철폐 법안과 정책들을 시행했다. 차별 철폐를 위한 제도들이 마련되어 외형적인 측면에서는 많은 진전을 보였다고 할 수 있다. 물론 그 정책이 구체적으로 실행되는 단계에서는 많은 사회적 논란이 있던 것도 사실이다.

는 명백하게 흑인이 아니라면 백인으로 간주되고 있어, 흑인들이 빠르게 사라지거나 백인 집단으로 병합될 것이라고 주장했다(Costa, 2000, 234). 표면적으로는 브라질의 흑인성을 인정하면서도 여전히 지배 엘리트들의 인종적 유토피아인 백인화를 옹호하고 있었다. 반인종주의자로 여겨지던 그의 주장은 결국 평범한 흑인이 빈곤을 탈피할 수 있는 가장 좋은 기회로 백인이나 밝은 피부의 물라토와 결혼하는 것이라는 믿음을 심어 주었다.[12] 이런 측면에서 볼 때 인종민주주의도 백인들의 지배 이데올로기라고 할 수 있다.

이를 보여주는 또 다른 예는 인종민주주의가 대두되는 당시의 브라질 상황이 뒷받침해 준다. 질베르투 프레이리는 포르투갈 리스본에서 개최된 '포르투갈인과 포르투갈인 후손들 간의 사회적·문화적 관계에서 인종 혼혈이 미친 영향들'이라는 강연에서 휴머니티에 미친 포르투갈-브라질 문명의 가장 중요한 요소로 '사회민주주의'라고 언급했다 (Guimarães, 2006, 4). 이베리아의 예외론에 영향을 받은 그는 영국의 정치민주주의와 사회민주주의를 대비시켰다.[13] 이런 논쟁은 브라질 민주주의에서 사회적인 내용을 강조하는 민주주의와 파시즘의 대립, 북부의

---

12 흑인 운동은 백인화와 혼혈과 인종민주주의의 통합을 주장하던 질베르투 프레이리가 흑인과 흑인문화를 말살하는 대량학살을 선동했다고 비판했다(Telles, 2004, 34).

13 이베리아인의 예외론적 인종관은 라틴아메리카 식민 본국인 포르투갈과 스페인은 가톨릭 국가이며, 이베리아 역사와 문화에 무어인이 녹아 있고, 아프리카 흑인 노예들의 해방 비율이 상대적으로 높고, 노예들에 대한 가혹한 행위가 상대적으로 약했다는 주장으로 라틴아메리카 국가들이 미국이나 남아공 사회와 비교했을 때 상대적으로 인종차별이 적다고 주장하는 것으로, 인종민주주의의 출발적 논의라고 할 수 있다(Hanchard, 1994, 45).

포르투갈-브라질의 매트릭스와 남부의 다양한 유럽인들의 영향 간의 대립으로 더 설득력을 얻었다. 바르가스의 등장과 신국가 체제로의 전환이 이루어지던 시점에 등장한 인종민주주의는 정치적 상황과도 밀접한 관련성을 지니고 있었다.

이 점에서 인종민주주의는 신국가 체제 기간 정치적 '협력', '합의', '타협'에서 시작되었다. 즉 이데올로기일 뿐만 아니라 전후 브라질의 계급 사회에 흑인의 통합을 위한 전술로 고려되었다는 것이었다. 그것은 국가적 상징화뿐 아니라 정치, 경제, 사회적인 측면에서 필요했기 때문이었다. 이 때문에 사회적 관계인 인종 문제를 정치적 의미와 정부 형태와 관련 있는 민주주의라는 개념으로 설명했다. 특히, 인종민주주의는 독재 체제인 신국가 체제를 구축하고 있던 바르가스가 국가 통합 이데올로기로 활용하면서 브라질 사회를 바라보는 하나의 시각으로 고착되었다.

인종민주주의는 다양한 의미로 수용되기 때문에 '인종적 천국'이라는 유토피아로 받아들여졌다. 많은 백인들과 흑인들이 인종민주주의의 개념을 인정했다. 특히, 1930년에 조직된 브라질흑인전선(Frente Negra Basileira)[14]도 이 점에 대해서는 반박하지 않았다. 이런 입장은 1945년 민중주의적 민주주의가 구현되어 흑인실험극단(Teatro Experimental do Negro)이 결성되면서 변화되었다. 또한 유네스코가 브라질의 인종민주주의에 대한 연구를 진행하면서 인종적 차별이 존재함이 드러났다. 연

---

14 민족주의와 반이민 입장을 표방하며 1930년에 정당이 되었다. 흑인은 사회이동성을 통해 브라질 사회에 통합된다고 보았다. 흑인전선 구성원들은 바르가스의 집권을 지지했으나, 1937년에 정당 활동이 금지되면서 해체되었다(Telles, 2004, 37).

구 결과 브라질에도 인종적 편견과 차별이 존재하지만, 이것은 산업화, 도시화, 자본주의 발전이 이루어지면서 사회적 대립과 경쟁이 증가했기 때문이라는 수정주의적 입장을 나타냈다. 반 덴 베허(Van den Bergh)는 인종 패턴이 온정주의적인 모델에서 경쟁적인 모델로 변모했다고 분석했다. 즉 브라질 인종 관계가 편견이 필요 없는 화해 중심의 인종 관계 시스템에서 편견이 필요한 경쟁 중심의 시스템으로 이동했다는 것이었다. 이런 주장은 인종 관계의 변화는 설명하지만, 보편적 가치가 시대적 상황에 따라 결정되고, 권리 박탈이 정당화되는 모순을 지니고 있었다. 경쟁적인 관계는 인종을 집단으로서 보기도 하지만 개인으로 보는 현상을 나타내기도 했다. 그래서 수정주의자들이 주장하는 인종민주주의는 백인과 일부 흑인들이 제한되고 상호 모순된 방법이기는 하지만 혜택을 입었다고 주장한다. 백인화 믿음에서 비롯된 편견의 부정, 인종 구분 범주로서 물라토의 인정, 백인 엘리트 집단에 개인적인 흑인의 수용 등이 흑인들이 인종민주주의로 얻은 것들이라면, 이런 것들로 인해 인종정체성을 형성하기 어려웠던 것은 분명 흑인들이 더 평등한 사회를 구성하기 위한 힘을 결집시키는 데 부정적으로 작용했다.[15] 자수성가한 흑인은 백인 엘리트 집단 내에서 미묘한 형태의 편견과 차별을 받지만, 겉으로 드러내지 않는다. 사실 이들은 인종민주주의로부터 가장 많은 혜택을 받은 수혜자로 보이기도 한다.

---

15 이 과정에서 백인 엘리트들은 엘리트 집단에 수용된 개인으로서 흑인을 '백인의 정신을 지닌 흑인'이라 불렀다. 대표적인 인물이 19세기 대표적인 브라질 소설가인 마샤두 아시스(Machado de Assis)와 1930년대 흑인의 열등성을 설파한 인류학자인 니나 로드리게스(Nina Rodrigues)이다(Costa, 2000, 240; Telles, 2004, 27).

인종 패턴과 신화 형성 과정은 후원주의(Clientele and Patronage)로 설명될 수 있다. 식민 기간 소수의 백인들의 생산 수단의 독점과 대중의 경제, 사회, 정치적 참여 기회의 제한이 후원주의의 토대가 되었다. 이러한 시스템에서 다수인 가난한 백인, 자유 흑인, 물라토들은 백인 엘리트의 수혜자일 수밖에 없다. 사회적 이동성은 시장의 직접적인 경쟁을 통해서 일어나는 것이 아니라 백인 엘리트에 소속되는 후원 제도를 통해 발생했다. 이 때문에 브라질에서 흑인들의 숫자가 증가하는 것이 문제가 되지 않았다. 흑인들이 사회 활동을 하기 위해서는 백인 엘리트들의 승인이 있어야 하기 때문이었다. 그러나 19세기 중반 대규모 이민으로 인구 성장이 급격하게 진행되고 국내 시장도 증가했으며 정치가 변화됨에 따라 백인 엘리트의 후원주의는 그 영향력이 점진적으로 약화되었다. 이런 관계가 유지되면서 편견과 차별적인 현상이 나타나기 시작했다. 수정주의자인 옥타비우 이아니(Octávio Ianni)는 인종민주주의가 완전하진 않지만, 브라질에서 민주주의 발전에 중요한 역할을 했다고 주장한다.

브라질에서 인종민주주의 신화는 완전히 사라지지 않았다. 도시 지역에서는 약화되었지만 농촌 지역에서는 토대가 되는 수혜-후원주의가 여전히 존재하고 있기 때문이다. 또한, 여전히 인종민주주의는 전통적인 브라질 사회를 설명해 주는 데 도움이 될 뿐 아니라 현재의 변화를 설명해 준다. 그러면서 인종민주주의는 과거의 진실에서 현재의 신화가 되고 있다.

:: 일상화된 인종 아비투스

아비투스는 인간의 육체에 각인된 기질(Bodily Disposition), 체화된 성향, 체질 같은 것을 의미한다. 따라서 객관적 사회 구조로서의 계급과 개인적 자율성이 고려된 집합적 무의식의 성향이다. 집합적 무의식의 성향인 아비투스는 구성원으로 하여금 세상을 유사하게 표상하게 만드는 인지적, 정서적, 방향타이며, 선택과 분류, 평가와 행위의 기준점을 제시한다(조종혁, 2007, 38). 때문에 아비투스는 실천과 실천의 지각을 조직하고 구조화하는 구조일 뿐 아니라 동시에 구조화된 구조이기도 하다. 사회체계의 논리적 계급 구분 원리는 자체가 사회 계급 구분이 체화된 결과들이다(최종철, 2006, 312).

이러한 아비투스는 다양한 계층에서 나타나기도 하지만 다른 한편으로는 특정한 사회에서 인종에 대한 개인적 취향과 집단적 취향으로 나타나기도 한다. 특히, 각각의 인종 집단이 특별한 공통 경험과 사회계급으로서의 동질성을 유지하고 있다면 특정한 집단에 대한 취향은 더욱 뚜렷하게 나타난다. 따라서 어떤 사회에서 인종에 대해 개인적으로나 집단적으로 지니고 있는 취향은 인종 아비투스(Habitus Racial)[16]라고 할 수 있다. 인종 아비투스는 인종주의라는 차별적인 개념이 오랫동안 인종 집단에 가해졌을 때 공식적 · 비공식적 교육과 직 · 간접적인 경험을 통해서 습득되고 발현된다. 따라서 사회가 어떤 인종주의적인 특성

---

16 콰그리누(Quaglino)가 브라질의 대표적인 작가인 몬테이루 로바투의 작품과 생애를 분석하면서 인종 아비투스를 정의했다.

을 지니고 있는가에 따라 인종 아비투스가 결정된다고 할 수 있다. 이렇게 정의할 수 있는 것은 인종주의가 지니고 있는 사회적 관계 때문이다. 인종주의는 권력 분배의 구조, 세계를 인식하는 형태, 모든 가치의 총합을 의미하기 때문에 인종이라는 개념에 기초하고 결정된 어떤 사회 집단의 일상생활과 제도가 특권화되어 있는 사회관계 시스템이다(De Lima, 2010, 2-3).

브라질에서 인종 분리는 흑인들에게는 배제라는 부정적인 과정으로 연결되고, 백인들은 특권적 통합에 기반한 권력을 능동적으로 발휘하는 것으로 연결된다. 따라서 백인들은 권력을 축적하고 흑인들은 점점 잃어 가는 과정으로 재생산된다(De Lima, 2010, 5-6). 이런 과정은 권력 관계의 움직임에 따라 역동적으로 변화하는 것 같지만 실상은 큰 변화 없이 유지된다. 즉 브라질의 인종 관계가 상징 자본, 경제 자본과 사회문화 자본의 소유와 권력 관계에 따라 결정되어 왔기 때문이다. 이런 관계에서 인종을 본다면 역시 변하지 않는 모습을 유지하고 있다. 즉 브라질의 인종 계층화 시스템은 역사적으로 결정된 것이며, 일상적으로 관계가 재생산된 결과물이다(Sansone, 1996, 166).

브라질의 인종주의는 두 가지에 뿌리를 두고 있기 때문에 인종주의가 모든 사회 관계에서 어떻게 독사(Doxa)로 작용하고 있는가를 알아야 한다.[17] 독사는 암묵적인 합의로 작동하는 인종차별의 일반화이다. 키아노(Quiano)가 말하는 것처럼 우리 사회와 제도는 식민주의적이고, 유럽

---

17 내면에 체화된 습관적 인식을 독사라고 한다. 부르디외는 믿음이나 신념을 의미하는 그리스어 독사(Doxa)를 차용하여 개인이나 사회가 가진 절대화된 인식이라는 뜻으로 사용했다.

중심주의적이며 인종주의적인 논리와 지배에 기초하고 있는데, 브라질도 이와 동일한 구조를 이루고 있다. 예를 들어 백인들은 스스로 인지하지는 못하는 경우가 많지만, 대부분 일상적으로 재생산되는 인종적 분리 현상을 재현하고 있다. 이렇게 일반화하고 분리시키는 인종주의는 각각의 행위자, 관계와 제도에 통합되어 하나의 독사가 된다. 따라서 백인들이 흑인들을 열등한 사람이라고 놀리는 것이 자연스러운 일이 되며, 백인들은 지배인, 교수와 학생이 되는 것이 당연하고 흑인들은 종업원이나 청소부인 것이 자연스럽게 받아들여지는 것이다. 거의 모든 브라질인들은 인종적 분리를 양산하는 진정한 아비투스로서 종족-인종적 관계의 식민주의 시각인 식민성을 지니고 있다(De Lima, 2010, 7). 또한, 브라질 사회가 구성하고 있는 권력 분배의 개념과 구조를 수용하는 것이 브라질 사회와 사회인의 필수조건이기 때문에 존재론적 합의를 형성하고 있다. 그래서 현존하는 문화와 제도들은 구조적으로 인종주의적이다. 이런 측면에서, 인종주의가 개인적인 의지의 문제만으로 이루어지는 것이 아니라는 것이다.

이처럼 인종주의가 어떤 사회에 각인되면 다양한 루트를 통해 교육이 이루어지고 재생산되기 때문에 아비투스로 발전할 가능성이 매우 높다. 즉 아비투스가 가정과 학교 교육을 통해서 사회화 과정에서 특정한 계급의 사고와 행동 및 성향 체계를 재생산하는 것과 마찬가지로 인종에 대해서도 동일한 과정을 통해서 인종 집단의 특성과 취향이 재생산된다. 이것이 곧 인종 아비투스의 전형이라 할 수 있다.

:: 흑인과 원주민의 권리, 인종 쿼터제

흑인과 원주민들이 상대적으로 취약한 분야는 교육과 보건 분야이다. 특히, 흑인과 관련된 보건 문제는 크게 세 가지로 요약할 수 있다. 첫째는 흑인과 여성의 사회 · 경제적 취약성을 함께 다루는 것이다. 인종과 경제 문제가 분리될 수 없는 하나의 문제이기 때문이다. 둘째는 흑인들이 유전학적으로 취약한 질병에 더 많이 걸림에도 보건 시스템에 접근할 수 있는 사회 · 경제적인 조건들이 뒷받침하지 못하는 것이다. 그 중에는 영양실조, 폭력 사망, 높은 유아사망률, 폐혈성 낙태, 철분 결핍 빈혈, 에이즈, 노동 질병과 정신장애가 인종주의에 노출되어 있고, 알코올 중독과 약물 중독도 여기에 포함된다. 셋째는 1960년대의 미국,[18] 1980년대의 영국과 같이 '제도적인 인종주의(Racismo Institucional)' 타파에 집중하고 있다. 사회 제도에 내재되어 있는 차별적인 메카니즘을 간접적인 차별 혹은 제도적인 인종주의라 한다(IIMA, 2010, 90; López, 2012, 127). 흑인 단체들은 스티븐 로런스(Stephen Lawrence)의 제도적 인종주의 개념을 수용한다.

제도적 인종주의는 종족적 혹은 인종적 기원, 문화와 피부색에 따라 사람들에게 적절하고 전문적인 서비스를 제공하는 기관이나 기구의 기능이 부족

---

18 Carmichael, Hamilton(1967)의 『흑인 파워(Poder Negro)』라는 저서에서 개념적 정의가 출발했는데, 백인 권력 구조를 비판하고 흑인 권력 구조를 위한 정치적인 조건을 만들 것을 주장하면서 공공 정책 결정 과정에서 인종적 편견이나 차별이 존재하기 때문에 그런 구조를 타파해야 한다고 주장했다.

한 것을 말한다. 이것은 무시나 관심 부족, 인종주의적 고정관념이 결합된 태도와 인종적 편견의 결과로 노동에서 적용되는 차별적인 규범, 관행과 행동으로 나타난다. 어쨌든 제도적 인종주의는 국가와 다른 기관과 조직이 만든 지원 제도에 접근할 수 없는 차별적인 종족이나 인종 집단의 구성원에게 항상 나타난다(López, 2012, 128 재인용; Kalckmann, 2007, 146).

또한 제도적 인종주의는 사법적 · 제도적 장치에 포함된 복잡한 편견의 형태로 나타날 수도 있다. 거시적 수준에서 제도적 인종주의는 브라질의 불평등이 확대 재생산되는 근본적인 원인이기도 하다(Da Fonseca 2015, 333, 재인용). 따라서 제도적 인종주의는 보건 분야의 경우 흑인들의 신체적 · 유전학적 특성을 고려한 정책이 시행되어야 극복될 수 있다.

1970년대 유엔 인권운동이 확대되고 브라질에서도 흑인과 원주민 인권에 대한 인식이 확산되었다. 흑인 운동 단체들은 1930년대부터 활동했지만, 바르가스 정부의 유화 정책으로 사라지고, 1970년대에 흑인 운동은 새롭게 출발했고, 원주민 운동은 처음으로 활성화되었다. 당연히 1964년에 들어선 권위주의 정권하에서 흑인과 원주민들의 권리를 보장받거나 철폐 정책을 추진하는 것은 불가능했다. 민주화 과정에 흑인과 원주민들의 참여가 확대되고 민주화 운동을 이끌었던 노동자당(PT)을 비롯한 야당이 새로운 헌법을 제정하는 과정에 인종차별을 범죄로 규정하고 차별을 철폐하는 정책을 추진할 수 있는 법적인 근거를 마련했다. 기본적으로 1988년 헌법은 다문화주의 관점에서 다양한 사회 구성원들의 권리를 인정해 주는 내용을 담고 있었고, 흑인과 원주민의 권리에 대해서도 명확하게 규정했다. 또한, 1989년 7716호법(lei 7716/1989)으로 피부색과 인종적인 편견에 기초한 인종주의를 범죄로 규정했다. 특히, 흑인과 원주민들이 브라질 역사 발전 과정에 이바지했던 공적을 인정하고 식민 기간 파우마리스(Palmares) 흑인 왕국을 이끌었던 줌비(Zumbi)를 브라질 민주주의를 이끈 지도자로 공식 인정하는 법안까지 마련되었다. 이와 더불어 도망 노예들이 정착하여 생활해 온 킬롬부 공동체의 토지 소유권을 인정하기도 했고, 흑인 문화유산을 보호하고 권리를 옹호하기 위한 파우마리스 문화 재단을 설립하기도 했다. 그리고 원주민 공동체의 공동 재산도 인정하고, 원주민 보호 구역을 지정해 원주민들의 생활권을 보장하기도 했다.

1990년대 중반부터 흑인 운동과 원주민 운동이 브라질 국가 정책 입안에 다가가면서 인종 문제에 대한 변화가 빠르게 진행되었다. 1996년에는 인권 계획을 발표하여 브라질의 인권 상황을 유엔에 보고함으로써 인종차별 극복을 위한 다양한 정책을 추진할 것을 약속했다. 인권보고서는 페르난두 엔히케 카르도주 대통령에게 "인종 불평등과 인종주의 극복 프로그램을 제안했다. 1996년 5월 13일에는 국가인권프로그램(PNDHI)이 발표되었다. 여기에는 정부가 흑인과 원주민들을 위한 특별한 정책을 통해 인종 불평등을 해소하는 방안들이 제시되었다.[19]

2001년에 남아공의 더반에서 개최된 "반인종주의 및 차별 철폐 세계대회"는 정부 아젠다에 인종 문제가 포함되는 결정적인 계기가 되었

---

19 국가인권프로그램은 기본적으로 평등권을 보장하는 것을 기본 원칙이고, 사회적 차별을 받고 집단을 대상으로 한다(Klein, Nigro and Galindo, 2017, 38).

다. 브라질은 많은 준비 회의에도 참석하고 회의도 개최했지만, 국외에서 보는 브라질은 인종문제에서 자유롭지 못한 국가였다. 이에 인종 문제를 변화시킬 수 있는 차별 철폐 정책들을 제시했다. 더불어 브라질은 더반선언(Declaração de Durban)의 제108조를 승인했다. "완전한 사회 통합을 위해 인종주의, 인종차별, 외국인 혐오증과 편협함의 피해자들을 위한 긍정적인 정책이나 특별한 정책을 채택할 필요가 있다는 것을 인정한다. 사회 정책을 포함한 효과적인 활동을 지원하기 위한 정책들은 모든 사회 분야에서 종교적, 언어적, 문화적 인종 집단에게 평등한 참여를 장려하는 특별한 정책을 실시하고 권리를 보장해야 한다." 이런 규정에 따라 브라질은 좀 더 구체적인 교육, 보건과 노동 분야 정책들을 마련했다.

2002년 5월 13일에는 인권프로그램 I이 완료되기도 전에 인권프로그램 II가 시행되었다. 정부가 노예제, 대서양 노예무역이 인간의 존엄을 위협하고 인권을 심각하게 침해했다는 것을 인정하고, 역시 노예제의 유산으로 인해 아프리카 후손들이 정치적, 사회적, 경제적으로 소외된 상황도 인정하고, 기회의 균등 프로그램과 차별 철폐 정책을 위한 사회 기금을 마련하는 등의 내용을 포함하고 있었다(Lima, 2010, 81). 사회 전반적으로 쿼터제에 대한 인식이 고조될 때, 지우마 정부가 2012년 8월에 1711호 법령을 통해 쿼터제를 제도화했다.

인종 쿼터제는 2014년에 본격적으로 시행되면서 브라질리아대학이 선구적인 모델이 되었다. 기관 평가, 예산 및 계획과(DPO)에 따르면, 2017년 스스로 흑인이라고 밝히는 신입생이 33.53%에 달한다. 신입생들 외에도 재학 중인 학생들도 정책 시행 이후에 흑인임을 밝히는 숫자가 증가했다. 인종 쿼터로 인정받을 수 있는 자격은 정해져 있었다. 공식적인 흑인이 되려면 피부색이 검은색이나 갈색 중에 하나여야 한다. 이런 구분은 브라질 지리통계청의 기준에 따라 이루어지는데 물라토, 백인과 원주민의 혼혈인 카보클루(Caboclo), 흑인과 원주민의 혼혈인 카푸주(Cafuzo), 백인과 흑인의 혼혈인 마멜루쿠(Mameluco)이거나 흑인의 혼혈인(Mestiça de preto)으로 인정받아야 한다. 스스로 선택하는 것이기 때문에 흑인이나 혼혈인이 아님에도 대학 진학을 위해 오용되기도 한다. 그래서 각 대학은 외형, 머리와 피부색을 다시 평가하기 위해 위원회를 운영한다. 이 때문에 외형적 특성에 따라 인종을 분류하는 자체가 인종차별적이라는 비판이 끊임없이 제기된다.

이런 논란에도 2018년은 공립대학의 인종 쿼터제가 시행된 지 15년이 되는 해였다. 2000년 흑인과 혼혈인의 대학 진학률은 2.2%였는데 2017년에는 9.3%로 증가했다. 절대적인 비율에서 보면 여전히 낮은 수준이지만 쿼터제를 실시한 기간을 고려하면 괄목할 만한 성과를 올렸다고 할 수 있다.[20] 원래 목표는 2016년까지 공립대학교의 50%를 달성하고, 2022년까지 정책을 유지할 계획이었다. 그러나 원래의 목표를 달성하지 못하고 우파 정권이 등장하면서 새로운 도전을 받고 있다. 인종쿼터제가 잘 유지되고 발전하여 브라질에서 인종차별이 사라져 진정한 의미의 인종민주주의가 달성될 수 있기를 기대한다.

---

20 Cotas foram revolução silenciosa no Brasil, afirma especialista, http://agenciabrasil.ebc.com.br/educacao/noticia/2018-05/cotas-foram-revolucao-silenciosa-no-brasil-afirma-especialista(검색일, 2019.09.02.)

제3장

라틴아메리카 도시에 투영된 사회의 불평등

김희순

:: 도시의 대륙, 라틴아메리카

라틴아메리카의 도시 문화는 매우 독특하다. 여행자로서 처음 라틴
아메리카 도시에 도착했을 때 소칼로(zocalo)에서 마주하는 풍경은 유럽
풍의 오래된 성당과 석조 건물들이다. 그러나 소칼로를 조금만 벗어나
면 조악한 불량 주택지구와 낡은 서민 주택지구를 만날 수 있고, 그곳에
서 얼마 떨어지지 않은 곳에서 다시 유럽의 거리나 미국의 교외 지구 같
은 고급 주택지구를 마주할 수 있다. 이렇듯 라틴아메리카 도시는 마치
제1세계와 제3세계가 한데 섞여 있는 듯한 느낌을 준다. 같은 도시에 속
한다고 보기 어려울 정도로 상이한 커뮤니티들이 하나의 도시 안에, 그
것도 매우 가까운 거리에 공존하고 있다. 물론 '공존'이라는 단어에 대
해 그 구성원들은 동의하지 않을 수도 있지만, 경관상으로 그들은 하나

의 도시 내에, 혹은 동일한 행정구역 내에 속해 있다. 경관상으로 라틴아메리카 도시는 분명 다른 지역의 도시들과는 다르다.

라틴아메리카의 도시들은 경제적 격차에 따라 분화되어 분리되고 있다. 보고타의 부유층은 도시의 북쪽에 거주하고, 빈곤층은 남쪽에 거주한다. 라파스에서 부자들은 저지대에 거주하고 가난한 이들은 고지대에 거주한다. 리우데자네이루에서는 잘사는 이들은 코파카바나(Copacabana)나 바하지치주카(Barra da Tijuca)같이 유명한 해변에 거주하는 한편 못 사는 사람들은 언덕을 따라 파벨라를 이루며 산다. 1980년대 이후 중산층의 비중이 급격히 줄어들고 빈곤층의 비중이 증가하면서 도시 공간에서의 경제적 격차와 격리는 더욱 심화되고 있으며, 불량 주택지구를 중심으로 일어나는 마약 관련 범죄는 빈곤층의 거주지와 부유층 거주지 간의 간격을 더욱 벌리고 있다.

물론, 경제적 격차에 의한 도시 내 주거지의 분화 현상은 단지 라틴아메리카만의 현상은 아니다. 도시 공간을 점유하는 데 있어서 사회 계층들은 서로 경쟁하고, 침입하며, 천이한다(Kaplan, et al., 2014). 오랜 기간 비교적 혼재되어 살아가던 다양한 사회 계층들은 산업화 이후 분화되었다. 자본가와 엘리트들은 산업화로 인해 더럽고 혼란해진 도시를 떠나 외곽으로 이주하였고, 저임금 노동자들은 공장 혹은 일자리 주변의 열악한 거주지로 몰려들었으며, 중간층 노동자들은 그들 사이의 공간을 차지하였다. 그 과정에서 계층들은 자신들의 경제적, 사회적, 민족적 특성에 따라 공간적으로 분화되었다. 21세기 들어 세계화가 심화되면서 도시 내의 사회적 분리는 더욱 심화되었다. 부유층들은 게이티드 커뮤니티(Gated community)를 통해 빈곤층과 격리되기 시작하였고, 최상위 부유층들만의 폐쇄된 거주지인 시타델(Citadel)이 등장하기도 하였다. 혼란하고 더러운 도심을 버리고 떠났던 부유층들은 젠트리피케이션을 통해 도심으로 돌아와 도시의 매력을 다시 누리고 있다. 한편 세계화 과정에서 이주해 온 외국인 노동자들이나 도시의 빈곤층들도 노후한 지구나 도시 외곽 등에 그들만의 커뮤니티를 형성하고 있다. 즉 도시 내에서 나타나는 사회, 경제, 민족적 계층 간의 분리는 라틴아메리카 사회만의 문제는 아니며, 대부분의 현대 도시에서 심화되고 있는 현상이다.

라틴아메리카는 매우 도시화된 지역이다. 20세기 초반 라틴아메리카의 도시화율은 10%가 채 되지 않았지만, 21세기 초반 라틴아메리카의 도시화율은 80%에 달하였다. 도시화율이 가장 높은 국가는 베네수엘라로 93.4%에 이르렀고, 칠레와 브라질의 도시화율도 90%에 가깝다. 따라서 라틴아메리카에는 다수의 대규모 도시들이 존재한다. 멕시코 연방구역을 중심으로 형성된 대도시 구역인 멕시코시티의 인구는 2170만 명(2019년 현재)에 달하는 것으로 알려져 있으며, 리우데자네이루 1340만 명, 상파울루 2180만 명, 부에노스아이레스 1500만 명, 보고타 1080만 명, 산티아고 670만 명 등의 도시도 거대한 대도시 구역을 이루고 있다.

한때 우리나라에서도 서울의 인구가 1000만 명이 넘는다며 자랑스러워했다. 그러나 어느 순간부터 이러한 말이 사라졌다. 과거 대도시는 유럽이나 북미 지역에서 주로 발달하였고, 도시화는 경제 발전의 척도로 여겨졌다. 그러나 1980년대 이후 라틴아메리카 및 아시아 지역 도시들의 인구가 급속히 늘어나면서 거대 도시는 더 이상 선진국의 척도가 아니게 되었다. 1986년 존 프리드먼(John Friedman)이 노동의 신국제 분업과 관련 세계 도시 가설을 내놓은 이후 도시는 더 이상 인구의 규모가 아니라, 그 도시가 세계 경제 체제 내에서 차지하는 역할, 세계 도시 네트워크에서의 연결도 등에 의해 평가되기 시작하였다. 프리드먼 이후 여러 학자들에 의해 발달한 여러 형태의 세계 도시 체제론에서는 아시아권 도시들의 비약적인 발전이 두드러졌지만 라틴아메리카 도시들은 초국적 기업의 입지나 세계 경제에서의 주요도 부문에서 두각을 나타내지 못했다. 세계 도시 체제론에서 라틴아메리카의 주요 도시들은 핵심 대 반주변에서는 반주변 도시, 세계 도시들의 연결도에서는 지역의 관문 중심지,[1] 네트워크상에서의 약한 연결을 갖는 도시 등으로 분류되었다(Kaplan, et al., 2014). 즉 라틴아메리카의 도시들은 인구만 많고 세계 경제 내에서의 역할이 발달하지 못하였으며, 국가 경제에서만 중요한 역할을 하는 도시들이라는 의미이다. 그럼에도 라틴아메리카 내에서는 그들 도시들을 보완하거나 대체할 만한 도시가 없다는 의미이기도 하다. 오늘날 라틴아메리카는 세계 경제의 주변부에 위치하고 있으며 산업 발전이 도시를 기반으로 이루어졌기 때문에 발전한 '중심부'와 발전 정도가 낮은 '주변부'의 특징이 도시 내에 공존한다.

라틴아메리카 도시는 단순한 주변부의 도시를 넘어 독특한 공간적 분리의 문제를 지니고 있으며 다른 지역의 도시에서 나타나는 일반적

---

1 피터 테일러(Peter Taylor)는 세계 도시 네트워크에서 해당 도시가 발휘하는 힘의 정도를 측정하였다. 이 힘이란 세계 도시의 네트워크에서 그 도시의 위상과 순위, 도시의 내부 특성에 의해 나타난다. 주요 세계 도시들은 잘 연결된 도시, 지배적 중심지, 통제 중심지, 관문도시 등으로 구분되었는데, 라틴아메리카의 주요 도시들인 멕시코시티, 상파울루, 부에노스아이레스 등은 관문도시로 분류되었다.

인 도시의 근대화 과정과는 다른 지역적 맥락을 지닌다. 라틴아메리카 도시의 불평등의 근본적인 원인은 스페인과 포르투갈을 중심으로 하는 유럽 식민 지배의 영향까지 거슬러 올라갈 수 있다. 도시를 식민 지배의 기본 수단으로 삼았던 스페인은 도시를 지배자의 공간으로 만들었다. 또한 20세기 현대 도시로의 성장 과정에서 라틴아메리카의 도시에는 산업화를 위한 자본과 이촌향도민이 몰려들었고, 그 과정에서 도시 내의 공간적 분화는 심화되었다. 게다가 불공정한 세계 경제 시스템은 라틴아메리카 도시의 불평등을 더욱 심화시켰다. 따라서 라틴아메리카의 도시화율은 북미 및 유럽의 도시화율에 가깝지만 라틴아메리카의 도시들은 북아메리카의 도시들에 비해 경제적으로는 덜 윤택하고 사회적으로는 더욱 계층화되었다(Hays-Mitchell and Godfrey, 2012).

이 글에서는 라틴아메리카의 형성 과정에서 부여된 불평등, 식민 지배 이후 부여된 불평등, 20세기 대규모 이촌향도 과정에서 부여된 불평등, 21세기 세계 도시 체제 내에서 라틴아메리카 도시의 불평등의 원인을 엘리트의 시각과 소외된 이들의 시각에서 다루어 보고자 한다.

:: 엘리트의 도시

1 도시 경관에 투영된 식민 지배의 역사

라틴아메리카 도시 경관은 과거의 세계가 겹겹이 겹쳐 있는 듯하다. 도시 중심지에는 식민 시절에 지은 건물들이 남아 있고, 1982년 이전 라틴아메리카 국가들의 전성기에 지은 듯한 고급스럽지만 낡은 아파트들은 도시의 주요 주거 지역을 형성하고 있으며, 동네 커피 집에서 커피와 케이크를 즐기는 할머니의 옷차림도 우리가 보기에는 유행에 한참 뒤처진 듯하다. 2018년 여러 국제영화제를 휩쓸었던 알폰소 쿠아렌 감독의 영화 「로마」를 보고 있노라면, 인물들의 옷차림을 제외하고는 오늘날의 멕시코시티와 크게 다르지 않다는 생각을 하게 된다. 더불어 쿠아렌 감독이 영화를 찍는 과정이 우리나라의 「응답하라 1988」을 찍는 과정보다는 훨씬 수월했을 것 같다는 생각도 든다. 몇 년 사이에 아파트가 올라가고 늘 변화하는 우리의 도시 경관에 비해 라틴아메리카의 도시 경관은 큰 변화가 없어 보이기 때문이다.

오래된 성당을 중심으로 고즈넉하게 꾸며진 소칼로를 갖고 있는 대부분의 라틴아메리카 도시들은 매우 역사적이고, 고풍스럽게 보인다. 라틴아메리카 도시의 상징이자 특징인 소칼로는 라틴아메리카 식민 지배의 가장 뚜렷한 증거이며, 목적을 지니고 도시를 건설한 스페인인들의 의도가 가장 잘 드러나는 장소이다. 라틴아메리카 도시가 지닌 근본적인 '불평등성'을 이해하기 위해서는 이 도시들이 건설된 목적을 먼저 알아야 한다.

본래 도시는 인류 역사의 발전 과정과 밀접한 관련을 지니고 발전해 왔다. 지금의 이란, 이라크 지역에서 형성된 고대 도시들을 비롯한 대부분의 도시는 지역 사회의 경제적, 문화적, 정치적 발전 과정에서 자연스럽게 형성되었다. 또한, 도시가 입지한 지역이 가진 특성에 따라 그 기능이 부여되었다. 국가의 법령, 행정, 제도 등도 도시의 성장과 쇠퇴에 매우 중요한 요인이 되었으며 과학과 기술의 발달 또한 도시의 성장에 영

[사진1] '세계로 가는 열쇠'의 입구, 하바나의 모로(el Morro)

향을 미쳤다. 따라서 대부분의 도시에 사는 사람들은 자신이 사는 도시
에 언제부터 사람이 살기 시작했는지, 도시로서의 성장은 언제부터였
는지 역사적 고증 자료를 통해 추측할 수 있다. 물론 일부 도시들 중에
는 그 설립자와 건설 시기가 분명한 도시들도 있다. 서울의 경우도 사
람이 살던 마을이었지만, 조선이 건국된 이후 수도로 계획되고 건설되
었다.

  라틴아메리카 도시들은 대부분 설립 연도와 설립자가 명확하며, 도시
형성의 목적 또한 뚜렷하다. 예를 들어 쿠바의 하바나는 지난 2019년 도시
설립 500주년을 기념하였다. 하바나는 1514년 판필로 나바에스(Pánfilo
Narváez)에 의해 쿠바섬의 남부에 설립되었고, 이후 다섯 번의 이사를
거쳐서 1519년 현재의 자리에 세워졌다. 하바나의 목적은 쿠바의 중심

지로서, 아메리카 식민지와 스페인을 잇는 중계지였으며 "세계로 가는 열쇠(La llave del mundo)"라는 별명을 갖고 있었다. 하바나의 북쪽 바다에는 멕시코만을 빠져나와 유럽까지 이르는 멕시코 만류가 시작된다. 유럽으로 가는 해상 고속도로가 시작되는 곳, 하바나는 식민 지배 기간 동안 유럽과 아메리카를 잇는 가장 중요한 항구 역할을 했다. 한편 에콰도르의 키토는 1534년 12월 6일, 세바스찬 데 베나카사르(Sebastián de Benalcázar)가 설립하였다. 키토는 아마존의 상류로 들어가는 "입구"의 역할을 부여받았다. 아마존으로의 입구라는 키토의 역할은 라 플라자 그란데(La Plaza Grande)에 위치한 성당의 벽면에 설립자들의 이름, 설립 연도와 함께 기록되어 있다. 멕시코의 베라크루스는 1519년 에르난 코르테스(Hernán Cortes)가 세웠다. 코르테스가 아스테카 제국에 처음 도착한 지점인 베라크루스는 이후 누에바에스파냐 지역과 아바나, 그리고 스페인 간의 관문으로서의 역할을 부여받았다.

라틴아메리카 도시의 이러한 특성은 그 상당수가 식민 지배를 위해 설립된 데서 유래한다. 스페인인들은 1492년 콜럼버스가 이스파니올라 섬과 쿠바에 도착한 순간부터 부지런히 도시를 건설했다. 스페인인들은 도시를 만드는 데 탁월했다. "신이 인간을 만들었다면, 스페인인들은 도시를 만들었다"는 말이 있을 정도로 스페인인들은 아무것도 존재하지 않는 황무지, 바닷가, 산속에 도시를 거침없이 만들었다. 스페인인들의 이러한 도시 '생산' 능력은 로마 제국의 비트리우스(Vitrius)의 영향을 받은 것으로 알려져 있지만, 로마 제국의 범위가 매우 넓었음에도 유독 스페인에서 도시 건설이 발달한 데에는 스페인의 독특한 역사에서 그 이유를 찾을 수 있다.

714년 이슬람 세력은 이베리아 반도의 상당 부분을 점거했다. 이후 이베리아 반도의 스페인인들은 여덟 세기에 걸쳐 이슬람 세력을 물리쳤고, 새로이 정복한 땅에 대한 점유를 공고히 하기 위해 그곳에 도시를 세웠다. 새로이 점유한 땅에 건설된 도시는 방어에 유리한 격자형 가로망을 지녔다. 스페인인들은 도시를 통해 국토를 조금씩 회복하며 1492년 레콩키스타를 완성하였다. 관광 산업의 측면에서 스페인은 세계에서 가장 재방문율이 높은 국가인데, 스페인 전역에 위치한 작은 도시들의 매력 때문에 한번 스페인을 방문한 사람들도 다시, 또다시 방문하게 된다고 한다. 관광객들에게 매력적인 그 도시들 중 상당수는 이슬람 세력으로부터 탈환한 국토를 공고히 지키기 위해 세운 것들이다.

1492년 콜럼버스가 처음 산살바도르에 도착하자마자 한 일도 예배를 드리고 그곳에 도시를 세운 일이었다. 물론, 정확하게 말해서 자신이 발을 디딘 그곳을 '도시'라 칭하는 일이었다. 도시라 칭한 이후 그곳은 법적으로 도시가 되고, 물리적으로도 도시가 되어 갔다. 도시의 설립자들은 도시 건설에 필요한 재원과 물리력을 동원하였고, 그에 따른 보상을 받았다. 스페인 왕은 이 도시에 대해 "Ciudad"이라는 칭호와 상징을 내려주었다, 마치 인간에게 작위를 내려 주듯이. 도시의 업적에 따라 도시는 "충성스러운(Leal)," "고귀한(Noble)" 등과 같은 칭호를 추가로 받았다. 외적의 침입을 많이 물리친 베라크루스의 정식 명칭은 "La cuatro veces heroica ciudad y puerto de Veracruz"이었으며 키토의 정식 명칭은 "Muy noble y muy leal ciudad de San Francisco de Quito"였다.

스페인인들에게 도시는 새로이 정복한 땅을 효율적으로 지배하는 수단이었다. 식민지의 도시에는 식민 지배를 위한 행정, 종교, 경제 등의 기능이 부여되었고, 주변의 배후지를 관할하는 중심지로서의 기능도 부여 받았다. 즉 드넓은 식민지를 적은 인력으로 효율적으로 지배하기 위해서 도시에 식민 지배의 주요 기능을 부여하고 그 배후지를 관할하도록 했다. 스페인인들은 주로 도시에 모여 살았고, 원주민들은 도시 주변이나 도시의 배후지, 즉 농촌 지역에 살았다. 대부분의 식민지 행정은 도시에 위치한 재판소나 시의회에서 이루어졌으며 재판소의 관할권(Audiencia)은 하나의 행정권이자 생활권이었다. 스페인으로부터의 독립 이후 아우디엔시아는 라틴아메리카의 개별 국가 영역의 기본이 되기도 했다.

도시를 통해 넓은 식민지를 효율적으로 다스렸던 스페인 왕실은 도시의 기능뿐 아니라 물리적 구조, 시설까지도 법령을 통해 지정하였다. 1567년 스페인 왕이 아메리카 식민지를 지배하기 위해 공표한 인디아스법(Leyes de Indias)의 도시편에서는 건설과 관련된 상세한 지침을 정해 주었다. 도시의 가로망은 격자형으로 구성해야 하며, 도시의 중앙에는 소칼로를 설치하고, 소칼로에는 교회, 정부 건물, 그리고 상점(시장)을 두어야 한다고 하였다. 도심부의 거리는 포장되어야 하고 가로등과 쓰레기통이 설치되어야 하며 한센병 환자촌이나 도살장 같은 혐오 시설은 도시 외곽의 바람이 불어 나가는 쪽에 설치되어야 했다. 소칼로를 중심으로 정치적 권위와 행정력, 그리고 경제가 모두 집결되는 구조였다. 물론 소칼로 근처에는 스페인인들의 주거지가 입지해야 했다. 도시의 중심부에는 식민지를 지배하기 위한 정치, 경제, 종교적 권력이 모두 집결되어 있었다.

이렇듯 도시에게 주어진 가장 큰 임무는 스페인의 효율적인 식민 지배였다. 따라서 스페인이 다스린 지역에서는 멕시코시티나 리마같이 광범위한 배후지를 갖는 중심도시, 베라크루스, 아카풀코, 카르타헤나, 하바나 등과 같이 유럽과 식민지를 잇는 항구도시, 금은을 비롯한 주요 귀금속이 생산되는 광산도시, 그리고 아메리카의 경쟁 세력으로부터 식민지를 방어하거나 전진 기지가 되는 프레시디오(Presidios) 등의 도시들이 존재했다. 그 이외의 도시는 스페인에게 큰 의미가 없었다.

스페인인들이 도시를 어떻게 이해하고 있었는지는 볼리비아의 포토시를 통해 이해할 수 있다. 포토시는 1545년 은 광산촌으로 개발된 이후 세계에서 가장 많은 은이 생산된 지역이다. 은이 세계 무역의 기본 화폐였던 시기, 포토시는 스페인 제국의 부의 중심축이자 세계에서 가장 부유한 지역으로 인구가 20만 명에 이르렀다. 라틴아메리카에서 가장 많은 인구가 거주하고 가장 많은 부가 집중되어 있었지만 포토시는 도시의 칭호를 받지 못한 촌락이었다. 단지, 수크레(Sucré)라는 작은 도시의 배후지일 뿐이었다. 지금의 볼리비아의 수크레라는 작은 도시는 식민 지배 기간 동안 라틴아메리카에서 가장 부유한 마을을 다스렸다. 스페인인들에게 경제적 기능이나 인구 규모보다는 행정을 위한 기능이 도시가 되기에 훨씬 더 중요한 것이었기에, 해발 4000미터에 위치하여 그 배후지를 다스릴 행정적 역량이 없던 포토시는 도시가 되지 못했다.

2 아메리카의 '파리'들

스페인인들에게 도시는 식민지를 다스리는 수단이었다. 즉 도시는

'스페인인'들이 '아메리카 식민지'를 다스리기 위하여 건설되었다. 따라서 도시는 '스페인인'들을 위해 지어졌다, 나아가 스페인이 건설한 대부분의 도시들은 스페인인들과 원주민의 주거지를 분리하는 것이 가장 기본적인 목표였다(Kubler, 1946, 160). 도시 내부 구조를 살펴보면, 도심의 광장으로부터 도시의 외곽으로 나아갈수록 거주민의 사회적 지위가 낮아지는 경향이 강하여, 도심에는 스페인인 지배 계층이 주로 거주하였고, 메스티소 및 중간 계층은 도심 외곽의 거주지에, 도시 외곽 너머 및 마을에는 원주민들이 주로 거주하였다.

이에 비해 촌락은 원주민들의 공간이었다. 스페인 왕실은 원주민들을 효율적으로 동원하기 위해 흩어져 있던 원주민들의 주거지를 모았으며, 원주민 마을인 레둑시온(Reducciones)을 세우게 하였다. 스페인인들의 도시가 인디아스법에 의해 엄격하게 건설된 반면, 원주민들의 마을의 건축과 관련해서는 아무런 규범도 제시하지 않았다. 원주민들의 마을은 선교사들의 주도하에 건설되었다.[2] 스페인인들의 도시 근처에 건설되어 스페인인들이 손쉽게 원주민의 노동력을 이용할 수 있도록 하기도 하였고, 도시에서 멀리 떨어진 촌락 지역에 세워지기도 했다.

라틴아메리카뿐 아니라 역사상 대부분의 도시는 엘리트들의 공간이었다. 지방에 영지를 지닌 귀족들도 한 해의 대부분은 도시에서 생활을

---

2 선교사들은 원주민들을 종교적으로 전도하기 위해 아메리카 식민지에 파견되었지만, 원주민들의 출생부터 결혼, 장례 등 주요 자료를 정리하여 국가에 보고하였다. 도시의 스페인인들이 행정적 지배자였다면 선교사들은 실효적 지배자들이었다.

했다.[3] 식민 시기 라틴아메리카의 도시도 유럽이나 여타 지역의 도시들과 마찬가지로 엘리트들의 도시였으며, 지배자들의 도시였다. 이러한 경향은 독립 이후 프랑스의 영향을 받으면서 더욱 짙어졌다. 19세기 초반 아메리카의 식민지인 생도맹그(아이티)를 흑인 혁명으로 잃고 북미의 드넓은 루이지애나마저 어이없는 매각으로 잃어버린 나폴레옹 황제는 학자들에게 아메리카와 프랑스 간의 연결고리를 찾도록 명령했다. 이에 학자들은 스페인 식민지가 라틴어에서 파생된 언어인 스페인어를 사용한다는 점에 착안하여 이 지역을 라틴아메리카라 부르자고 했다. 물론 프랑스어도 라틴어에서 파생된 언어이다. 지금 생각하면 참으로 억지스러운 표현이지만, 아메리카의 엘리트들은 이 용어에 열광했다. 유럽의 강대국이자 문화의 중심지인 프랑스가 우리와 '같은' 라틴계라니. 유럽의 뿌리를 그리워하고 그리워하던 아메리카의 식민지인들에게 프랑스의 이러한 제안은 흥분되는 것이었다. 이후 1822년 먼로 독트린에서 북미 이외의 지역에 대해 사용된 라틴아메리카는 이후 이 지역에 대한 공식적인 명칭이 되었다.

이후 19세기 동안, 프랑스는 라틴아메리카 지역에 식민지를 갖고 있지 않았지만 지속적으로 이 지역에 영향을 미쳤다. 엘리트들은 프랑스에서 수입한 사치품에 열광했고 그들의 도시를 프랑스풍으로 바꾸었다. 특히 1853년 프랑스의 도시계획가 오스망(Baron Georges-Eugène

---

3 이러한 엘리트들의 도시 중심 경향을 거스른 대표적인 예가 조선의 사대부들이다. 조선의 사대부들은 자신들만의 이상향을 촌락에 직접 건설하고자 하였고, 농업을 사회의 경제 중심으로 삼았다. 그들이 건설한 안동 하회마을이나 양동마을 등 조선의 반촌은 다른 지역에서 나타나지 않는 조선 사대부들의 독특한 거주관을 반영하고 있기에 세계문화유산으로 등재되었다.

Haussmann)에 의해 주도된 파리 재개발 사업은 라틴아메리카의 엘리트들에게도 깊은 인상을 주었다. 당시 파리는 산업화 과정에서 급속한 인구 증가 현상을 겪고 있었지만, 비좁고 구불구불한 가로망을 가진 중세풍의 도시에는 상하수도 시설도 제대로 갖춰져 있지 않았다. 도시는 비좁고 불결했으며 전염병이 창궐했다. 오스망은 당시 황제의 행정력과 자본가들의 자본을 바탕으로, 콜레라가 창궐하던 도시를 대대적으로 재개발하여 상하수도 시설을 갖추고, 번듯한 대로를 중심으로 하는 가로망을 만들었으며, 위정자의 치적을 우러르는 상징물들과 고급 상점들을 대로변에 세웠다.

오스망의 파리 정비는 도시의 불량 주택지구의 대대적인 철거 및 그 거주민의 추방을 통해 이루어졌으며, 결과적으로 부르주아들에게 아름다운 도시를 되돌려 주었다. 도심에 거주하던 많은 빈민들이 사라지고, 대신 새로이 재개발된 도심의 부동산이 새로운 투자처로 떠오르자 도시의 부르주아들은 매우 만족스러웠다(Kaplan, et al., 2014). 오스망의 도시 계획이 당시 도시 엘리트들에게 더욱 매력적이었던 점은 넓은 대로를 통해 도시 폭동을 예방할 수 있다는 점이었다. 당시 부르주아들은 도시 노동자들을 잠재적인 폭동 세력으로 인식하고 있었는데, 새로이 정비된 파리의 넓은 대로에는 바리케이드를 만들기가 어려웠고 군대의 진입이 원활하게 이루어질 수 있어서 도시 빈민들의 폭동을 예방하거나 적절히 대처할 수 있었다.[4]

---

4 오스망의 대계획이 실현되었을 당시는 프랑스대혁명이 일어난 지 불과 100년도 되지 않았을 때였다.

오스망의 도시 계획은 파리를 아름답고 부유한 엘리트의 도시로 만들었으며, 라틴아메리카 도시의 엘리트들에게 파리는 닮고 싶은 도시가 되었다. 파리 대계획은 이후 여러 나라에 영향을 주었지만, 새로이 성장하고 있던 라틴아메리카의 도시 계획에도 영향을 미쳤다. 특히 19세기 말 유럽계 이주민의 유입으로 인구가 급증하던 부에노스아이레스, 브라질의 새로운 중심지로서 급성장하고 있던 리우데자네이루 등의 도시들은 '남미의 파리'를 표방하며 엘리트들의 도시를 세웠다. 멕시코시티에도 커다란 대로가 세워지고 상징적인 기념물들이 세워졌다. '파리'라는 도시는 라틴아메리카 도시들의 지향점이 되었다. 프랑스 도시 계획의 영향을 받은 아메리카 대륙에는 심미주의적 도시 계획이 이루어졌다. 북아메리카에서는 워싱턴 D.C.가 그랜드 매너의 웅장한 도시로 성장하였고 유럽의 산업화로 호황을 누리던 라틴아메리카 지역에서도 유럽의 도시들처럼 아름답게 성장하였다.[5]

게다가 19세기 아메리카 대륙의 경제는 유럽의 산업화의 영향을 받았다. 대부분의 라틴아메리카 국가는 19세기 초반 정치적으로 독립하였지만, 유럽에 고무, 구리, 구아노, 초석, 커피, 밀, 소고기 등을 판매하였다. 이는 식민 시대 유럽과 라틴아메리카 사이에서 이루어진 무역의 형태와 거의 유사한 것이었다. 오히려 19세기 유럽 국가들의 산업화로 인하여 라틴아메리카에서 유럽으로 수출되는 자원의 종류는 더욱 다양해지고 수출 규모는 더욱 증가하였다. 아직 화학 분야의 발전이 이루어

---

5 오늘날 생태 도시의 원형으로 전 세계 도시에 영향을 미치고 있는 브라질의 쿠리치바도 19세기 중반 프랑스 도시계획가가 계획을 하였으며, 20세기 중반 역시 프랑스의 도시계획가 아가쉬(Agache)의 영향을 받았다.

지기 이전, 유럽의 산업화는 라틴아메리카를 비롯한 아시아, 아프리카 지역의 천연 자원을 바탕으로 이루어졌기 때문이다. 심지어 미국의 남부 지역도 유럽에 목화를 판매하여 호황을 누렸다.

라틴아메리카의 경제가 세계 경제에 빠르게 편입되면서 라틴아메리카 지역은 유럽인들에게 새로운 기회의 땅이 되었다. 산업화를 통해 인구압이 높아졌던 유럽에서는 대규모 인구가 라틴아메리카로 이주하였다. 19세기 중반부터 20세기 초반, 약 800만 명의 유럽인들이 라틴아메리카로 이주하였으며, 주로 도시에 정착하였다. 아이러니하게도, 19세기 초반 유럽인들을 몰아내고 독립을 이룬 라틴아메리카의 크리오요들은 유럽에 이민 사무소를 설치하고 유럽인들의 이주를 적극 장려하였다. 유럽의 젊은 이민자들은 곧 가정을 꾸리고 아이들을 낳았다. 이민자들로 인한 도시의 성장도 두드러졌다.

당시 세계 무역의 절대 규모는 지금보다 작았지만, 전체 경제에서 라틴아메리카가 차지하는 비중은 오늘날의 자유무역 체제에 못지않게 높았다. 라틴아메리카의 국가들은 유럽에 원자재를 수출하고 공산품과 수입하는 무역 구도를 형성하였으며, 유럽 경제의 발전은 라틴아메리카 지역의 경제 성장으로 이어졌다. 20세기 초반, 아르헨티나가 세계 5위의 부국으로 올라서는 등 라틴아메리카의 경제는 전반적인 성장세를 나타냈다. 리우데자네이루, 몬테비데오, 부에노스아이레스, 산티아고 등과 같은 도시들은 유럽과의 무역을 통해 성장하였으며, 유럽풍의 가로망에 유럽의 이민자들과 유럽의 상품들이 넘쳐났다.

:: 소외된 이들의 도시

1 가짜 도시화의 과정

오늘날 라틴아메리카 도시의 부촌, 즉 엘리트 거주지는 마치 유럽 어느 도시의 중산층 혹은 부유층 동네를 연상시킨다. 잘 정리된 가로망, 세련된 상점들, 대형 다국적 슈퍼마켓, 근사한 단독 주택들로 이루어진 근린 지구는 우리가 언론에서 보았던 라틴아메리카와는 확연히 다른 경관을 나타낸다. 한편, 이러한 유럽풍의 근린 지구에서 멀지 않은 곳에는 파벨라, 챰파니뇨스(Champaniños), 푸에블로스 호베네스(Pueblos jovenes) 등 여러 이름으로 불리는 불량 주택지구들이 들어서 있다. 대부분 주민들 스스로 지은 엉성한 주택들은 어수선한 가로망을 따라 지어졌거나, 가파른 언덕배기를 따라 더덕더덕 붙어 있거나, 황량한 도시 외곽의 황무지나 쓰레기장 근처에 언제까지나 미완성인 채로 있다. 이들은 어디에서 온 사람들일까?

2017년 현재 라틴아메리카의 도시화율은 80% 정도이다. 인구가 가장 많은 브라질이 86% 정도이고, 멕시코도 80% 정도이며 아르헨티나는 91%, 우루과이는 95%에 이른다. 지금은 경제적으로 많은 어려움을 겪고 있는 베네수엘라의 경우도 88%의 도시화율을 나타내고 있다. 라틴아메리카의 도시 인구는 20세기 양적으로 폭발적인 증가를 하였고, 도시화율 자체도 가파르게 증가하였다. 즉 20세기 라틴아메리카 사회의 가장 중요한 변화는 '도시화'였다. 그러나 그 도시화는 라틴아메리카 사회에 내재된 문제점들을 공간상에 투영시켰으며 라틴아메리카 사회가 지닌 구조적인 문제들이 도시민들의 일상의 삶에 직접적인 영향을 미치게끔 하였다.

20세기 초반부터 라틴아메리카의 인구는 증가하였으며 중반에는 매우 빠르게 성장하였다. 20세기 초반과 중반, 라틴아메리카 인구의 대부분은 촌락에 거주하고 있었으며 가파른 인구 성장을 경험하였다. 인구 변천의 과정에서 한 국가의 인구가 가파른 증가 경향을 나타내기 시작하는 것은 과거 지속적으로 높았던 사망률과 출생률 중 출생률은 높아지고 사망률은 계속해서 낮게 나타나는 시기이다. 즉, 다산다사의 단계에서 다산소사의 단계로 넘어가게 되면 인구의 급격한 증가가 일어난다. 사망률이 낮아지는 원인은 다양하다. 유럽 국가들이나 미국의 경우 산업혁명이 일어나면 사회의 경제적 상황이 개선되면서 사망률 또한 낮아졌다. 아프리카나 아시아, 라틴아메리카의 여러 국가에서는 산업혁명보다는 예방접종의 보급, 보건 및 위생의 발전 등이 사망률을 낮추는 직접적인 원인이었다. 20세기 초반부터 라틴아메리카의 인구는 증가하였다. 물론 19세기와 20세기 초반 지속된 세계 경제의 호황으로 인한 라틴아메리카 사회의 부도 증가하였지만 대부분의 촌락에서는 많은 자녀를 키울 능력이 없는 가족들이 예전처럼 여러 명의 자녀를 낳았다.

라틴아메리카 지역에서도 이촌향도 현상이 나타났다. 19세기 말 브라질의 노예 해방, 1930년대부터 시작된 수입 대체 산업화 과정, 농촌의 인구압 증가 등으로 라틴아메리카 도시들에는 촌락민들이 대거 이주해 왔다. 농촌에서의 고된 삶을 개선해 보고자, 자식들에게는 좀 더 나은 미래를 주고자 도시에 도착한 시골 사람들은 도시에서 번듯한 주택을 얻을 돈도, 좋은 직장도 없었다. 대부분 기술도 학력도 없던 이들은 대부분 임시의 허드렛일을 하였고, 게다가 대중교통이 발달하지 않은 라틴아메리카 도시에서 저소득 계층이 생존하는 방법은 직장 근처에서 거주하는 것뿐이었다. 수많은 도시 빈민들이 직장 근처인 도심이나 부유층 주거지 근처의 판자촌에 살아갈 수밖에 없었다. 브라질에서는 파벨라가 도심 근처에서 나타나기 시작했고, 멕시코시티의 코아차코알코스(Coatzacoalcos) 지역에서는 쓰레기 매립장 위에 거대한 불량 주택지구가 건립되었다. 넘쳐나는 이촌향도민을 위한 도시의 주택은 턱없이 부족했기에 도시의 언덕배기, 하천변, 산비탈, 도시 외곽, 쓰레기 매립지 등에도 대규모의 불량 주택지구가 들어섰다. 라틴아메리카의 엘리트들은 아름다운 그들의 도시에 원주민, 노예, 촌뜨기 등이 들어와서 흉물스러운 불량 주택지구를 세우는 것을 달가워하지 않았다.

오늘날 라틴아메리카 도시에서 소칼로만큼이나 공통적인 경관은 도시의 중심부를 비롯해 여러 지역에서 나타나는 불량 주택지구이다. 물론 도시의 불량 주택지구는 라틴아메리카만의 경관은 아니다. 18세기 중반 산업화가 진행된 영국의 도시에서는 노동자들의 열악한 주택지구가 공장 주변에 대규모로 지어졌고, 산업화를 경험한 대부분의 도시에서는 일자리를 찾아 도시로 이동한 촌락민들의 임시 거주지가 도시 곳곳에 난립했다. 서울의 경우도 일제 시대 토막촌을 거쳐 1950년대 청계천, 숭인동, 옥수동, 돈암동, 미아동 등을 비롯해 도시 곳곳에 이촌향도민들의 허름한 거주지가 자리잡고 있었다. 그러나 대부분의 불량 주택지구는 양성화 과정을 통해 도시의 평범한 주택지구로 편입되었다. 비록 청계천의 거주민을 비롯한 일부 지역의 거주민들은 강제 퇴거와 같은 폭력적인 양성화 과정을 겪었지만 말이다.

우리 사회가 기억하는 불량 주택지구, 즉 판자촌은 산업화에서 나타난 하나의 통과 과정, 이촌향도민들이 겪는 잠깐의 과정이지만, 라틴아메리카의 불량 주택지구는 쉽사리 사라지지 않았다. 아직도 라틴아메리카 대부분의 도시에는 거대한 불량 주택지구가 도시의 상당 부분에 자리 잡고 있다. 그 위치는 도시의 외곽은 물론이고 도심 가까이, 그리고 도시 내 어느 곳에서건 발견할 수 있다. 나아가 라틴아메리카의 불량 주택지구는 1980년대 이후 마약 산업과 결합되면서 폭력의 온상지이자 사회적 불안정성의 근본적인 원인으로 여겨지고 있다. 왜 라틴아메리카의 불량 주택지구는 오늘날도 존재하며, 심지어 새로 생기기까지 하는 것일까?

라틴아메리카의 도시 내 불평등의 상징이 되어 버린 불량 주택지구는 단순히 이촌향도민들의 집단 거주지일 뿐 아니라, 라틴아메리카 사회의 구조적 문제들이 공간상에 투영된 매우 중요한 현상이다. 라틴아메리카 사회에서 불량 주택지구가 사라지지 않는 원인에 대해서는 다음과 같은 해석을 할 수 있다.

우선, 도시 연구의 관점에서는 라틴아메리카 도시화의 특징에서 그 원인을 찾을 수 있다. 도시에 대한 연구를 하는 학자들은 라틴아메리카의 도시화를 가짜 도시화, 즉 '가도시화 현상'이라 진단한다. 도시화란 촌락에서 이주민들이 도시로 유입됨으로써 도시가 성장하는 현상이다. 유럽이나 미국에서 겪은 도시화 현상은 도시에서 제조업 중심의 산업이 발달하면서 일자리가 늘어나고, 농촌의 인구가 도시의 일자리를 찾아 이주하면서 나타났다. 농촌의 이주민들은 도시 노동자로서 일자리를 얻고 노동자 주택에 살면서 도시에 편입되었다. 이와는 달리 라틴아메리카 사회에서는 제조업의 발달 이전에 인구 규모가 갑자기 증가하였으며, 이로 인해 촌락의 인구압이 높아지자 촌락 경제가 어려워졌고, 그나마 경제적으로 나은 상황인 (혹은 더 나을 것이라 기대한) 도시로 촌락민들이 이주함으로써 증가한 경향이 강하였다. 즉 유럽 및 미국의 도시화가 제조업을 중심으로 일자리가 파생되고 창출되면서 농촌 인구를 도시로 흡인하면서 이루어졌고, 그 과정도 비교적 긴 기간 동안 이루어졌던 것과는 달리, 라틴아메리카에서는 의료 수준의 향상으로 국가 전체 인구가 증가하면서 농촌의 인구도 증가하였다. 또한 라틴아메리카 대부분의 국가들은 도시 외의 지역에 대한 개발 의지가 거의 없었다. 농촌의 인구압이 증가하자 수많은 농민들이 어쩔 수 없이 도시로 향하였다. 그러나 도시에는 그들을 위한 일자리도 없었으며, 단기간에 대규모로 유입된 촌락민들을 위한 주택 정책도 물론 존재하지 않았다. 대부분의 촌락민들은 도시에서의 정착 과정에서 스스로 집을 마련하고 일자리를 구해야 했다.

물론, 수입 대체 산업화 정책도 라틴아메리카의 도시들이 높은 성장세를 나타내는 데 주요한 역할을 하였다. 수입 대체 산업화 시기 라틴아메리카 여러 국가의 정부는 제조업 육성을 위해 막대한 재원을 도시에 투자하였는데, 가장 큰 도시인 수도에 주로 집중되었다. 수입 대체 산업화가 나타난 시기 촌락민들은 희망을 갖고 도시로 이주하였다. 그러나 수십 년 동안 투자한 자본에 비해 라틴아메리카 대부분의 국가는 경쟁력 있는 제조업 부문의 성장을 이루어 내지 못하였으며, 그나마 내수를 위한 소비재가 성장하였을 뿐이다. 새로이 성장한 소비재 산업들도 급격히 늘어나는 이촌향도민을 수용할 만큼의 충분한 경제적 승수 효과를 나타내지는 못했지만, 브라질을 비롯한 일부 국가에서는 이촌향도 민들에게 상당수의 직장을 마련해 주었다.

2 스스로 지은 도시

충분하지 못한 도시화 과정이 라틴아메리카 도시에 만연한 불량 주택지구에 대한 설명의 일부가 될 수 있을 것이다. 그러나 왜 유난히 라틴아메리카 도시에서 불량 주택지구가 오늘날까지도 문제가 되느냐는 질문을 다시 한다면, 그 사회적인 이유로는 엘리트 계층의 무관심과 배제를 들 수 있다. 라틴아메리카의 엘리트들은 그들의 아름다운 도시에 빈민들이 같이 거주하는 것을 원하지 않았다. 앞서 서술한 바처럼 식민 시대부터 도시는 엘리트들의 것이었다. 유럽인이고픈, 혹은 얼마간 유럽인의 혈통을 지닌 세련된 도시민들로서는 시골에서 올라온 검은 피부의 원주민, 노예, 촌뜨기들과 같은 도시의 시민이 된다는 것은 용납할 수 없는 일이었다. 게다가 우파 성향의 라틴아메리카 엘리트들에게 촌락민들이 도시에 대규모로 집중되어 있다는 것은 사회주의 혁명의 가능성을 높이는 것으로 보였다. 엘리트들은 도시로 몰려든 이촌향도민들에게 대규모의 신규 주택을 제공할 능력도, 의지도 없었다. 엘리트들은 도시에 난립하는 불량 주택지구로부터 고립되기를 원하였지, 도시 빈민 지구를 양성화하여 도시 내부로 끌어안으려 하지 않았다. 오늘날 라틴아메리카의 중산층 이상의 동네는 크고 작은 여러 형태의 게이티드 커뮤니티들로 구성된다. 동네의 입구를 철문으로 막고 그 열쇠를 주민들끼리 공유하거나 아파트 단지의 출입구를 봉쇄해 놓고 입주민에게만 열어 주기도 하고, 아예 마을 하나를 높은 담으로 둘러싸기도 한다. 나라별로 그 형태는 조금씩 다르지만 여러 종류의 게이티드 커뮤니티의 목적은 외부인들의 접근을 막는 것, 즉 외부의 위험으로부터 스스로를 격리시키는 것이다.

라틴아메리카 사회, 특히 라틴아메리카 도시 공간은 엘리트를 중심으로 구성되었다. 라틴아메리카 도시들은 높은 인구 밀도에 비해 대중교통이 잘 발달되어 있지 않다. 그에 비해 자동차 전용도로나 도시 순환도로 등은 부촌을 중심으로 잘 갖추어져 있다. 이는 라틴아메리카의 도시 엘리트들이 자신들을 위한 자동차 중심 교통 체계를 일찍부터 조성한 반면, 일반 대중이나 빈민 계층이 주로 이용하는 대중교통에 대한 투자에는 매우 인색하였기 때문이다.

이러한 경향은 라틴아메리카 사회 전반에서 나타나는데, 대표적인 예로 라틴아메리카 사회의 교육의 부실화를 들 수 있다. 라틴아메리카 대부분의 사회에서 초중등 교육과정의 공립학교에 대한 투자는 매우 인색하다. 라틴아메리카의 중하층 계층이 주로 진학하는 공교육 기관의 교육 환경은 사립학교에 비해 매우 열악한 편이며 학생들의 학업 성취률도 낮고 중도 탈락률도 높다. 라틴아메리카의 중산층 이상의 계층은 자녀를 사립학교에 보내며 사립학교의 등록금은 우리나라의 사립학교보다 높은 편이다. 또한 라틴아메리카 국가들은 대학 교육에는 비교적 많은 재원을 투자하는 경향이 있다. 초중등 교육과정에 비해 수준도 높고 대학의 수도 많다. 공교육은 빈곤 계층이 사회적 지위를 높일 수 있는 가장 중요한 수단인 반면, 대학 교육은 빈곤 계층보다는 중산층 이상에게 혜택이 주로 돌아가게 된다. 라티아메리카 사회를 연구하는 수많

[사진2] 에콰도르 키토의 불량 주택지구

은 학자들은 라틴아메리카의 교육, 특히 공교육의 질을 높이고 빈곤층이 교육을 받을 기회를 넓히라고 조언해 왔다.

라틴아메리카 도시 불량 주택지구의 가장 두드러진 특징은 대부분의 주택이 주민들이 직접 지은 자조주택(self-help housing)이라는 점이다. 모든 자조주택이 그러한 것은 아니지만, 자조주택의 상당수는 국유지나 공유지, 혹은 주인에게 허락받지 않은 토지를 불법적으로 점유하여 지어진다. 또한 모든 자조주택이 그러한 것은 아니지만, 상당수의 자조주택은 판자, 비닐, 천, 슬레이트 등 비영구적인 소재로 시작한다. 물론, 비영구적인 소재로 시작된 주택도 곧 벽돌, 유리, 철근 등 영구적인 소재로 보수가 되지만 전문적인 건축 업자가 아닌 주민들이 짓는 경향은 크게 변하지 않는다. 돈이 있을 때마다 조금씩 재료를 사서 새로운 방을 만들고, 한 층을 더 올리는 일은 라틴아메리카의 빈곤 계층에게는 주택과 관련된 매우 일상적인 관행이다. 이렇듯 자신이 거주할 집을 스스로 짓는 형태의 주택을 자조주택이라 한다.

라틴아메리카 도시나 촌락에서 흔히 볼 수 있는 허름한 형태의 주택들은 사람이 살고 있는지 아리송할 때가 많은데, 이는 지붕에 마감이 덜 된 채로 철근이나 벽돌이 남아 있는 경우가 많기 때문이다. 대부분의 자조주택에서는 지붕에 기와를 얹지 않고 평평한 채로 두었다가 새로운 거주 공간이 필요하면 그곳에 방과 부엌, 화장실 등의 공사를 한다. 자녀가 결혼을 하거나 친척이 같이 살게 되거나 혹은 세를 놓아야 할 상황 등을 대비해서 언제든지 위층에 방을 새로 지을 수 있게 해놓는 것이다. 라틴아메리카에서는 노숙자가 매우 드물다. 대부분의 빈곤 계층이 불량 주택지구의 자조주택을 통해 비교적 손쉽게 집을 구할 수 있기 때문이다.

아마추어들이 스스로 지은 집은 낭만적이기는 하지만, 매우 어설프다. 어떤 집들은 방마다 다른 형태의 창문이 붙어 있기도 하고, 층마다 다른 색깔의 벽돌로 지어지기도 한다. 이러한 형태의 집들에 처음 관심을 가진 것은 1980년대 이후 미국-멕시코 국경 지역에서 마킬라도라 산업이 발달하면서 새로이 건설된 도시들에 대해 연구하던 미국 학자들이었다. 그들은 방마다 창틀의 모양이 다르고, 심지어 벽돌의 색깔도 다른, 이러한 포스트모던한 주택을 두고 멕시코인들의 미적 감각을 어떻게 해석해야 할지 고민했다고 한다. 그러나 이내 그 포스트모던한 주택의 비밀은 "그 방을 만들 때 세일을 했던, 혹은 가장 쌌던 재료"임이 밝혀졌다.

라틴아메리카에 자조주택이 많은 이유 중 하나는 상당수의 주택이 불법적인 형태의 판자집, 즉 불량 주택에서 시작하기 때문이다. 그러나 불법적인 형태의 스콰팅(Squatting, 불법 점유)이 아닌 경우에도 주민들은 스스로 건축 자재를 사서 집을 짓는다. 이는 라틴아메리카의 대부분의 국가에서 주택 관련 금융 대출 제도가 발달하지 못했기 때문이다. 어느 곳에서나 집을 짓고 사는 일은 상당히 많은 돈을 필요로 한다. 선진국의 경우 주택 구입 대금의 상당 부분을 은행에서 주택담보대출을 받아 충당한다. 그러나 금융 시장이나 제도가 발달하지 못한 라틴아메리카 국가들은 은행에서 대출을 받아 주택을 구입할 수 없기 때문에 중산층 이하의 주민들은 스스로 주택 재료를 구입해서 집을 짓게 되는 것이다. 물론 라틴아메리카에도 주택 건설 시장은 존재한다. 대부분의 주택 건설 업자들은 상류층 및 중산층을 위한 주택을 짓는다.

자조 주택으로 이루어진 불량 주택지구는 라틴아메리카의 한두 도시에서만 나타나지 않는다. 새로운 이상향을 목표로 세워진 브라질리아에도, 세계 제일의 생태 도시라 일컬어지는 쿠리치바에도, 남아메리카의 떠오르는 부국 칠레의 산티아고에도, 남아메리카의 파리를 꿈꾼 부에노스아이레스와 리우데자네이루에도. 그 어느 도시에나 자조주택으로 이루어진 불량 주택지구는 존재한다. 마치 도시의 빈곤층은 그렇게만 살아야 한다고 말하는 것처럼. 파벨라가 리우데자네이루의 도심에 형성된 지 100년이 넘었지만, 시청에서 발간한 지도상에 표기된 것은 불과 몇 년밖에 되지 않는다. 이전까지 그 지역은 '숲'으로 표기되어 있었다(Perlman, 2010).[6] 그나마 비공식 부문(Informal)의 불량 주택지구

---

6 라틴아메리카 대학들 중에는 식민 지배 시기 세워진 곳들도 있는데, 스페인 왕이

를 도시의 공식적인(Formal) 도시 부문으로 가장 적극적으로 끌어안은 국가로는 멕시코를 들 수 있다. 멕시코는 쓰레기 더미 위에, 도시의 외곽에 주민들이 스스로 세운 불량 주택지구에 주소를 부여하고, 전기를 끌어다 주었으며, 수도를 놓아 주고, 학교를 세웠다. 멕시코는 라틴아메리카 국가들 중 비공식적으로 건설된 불량 주택지구를 가장 적극적으로 공식화한 국가이지만, 상당수의 주택들이 자조주택이다. 이에 멕시코는 INFONAVIT(근로자 주택 기금) 재원을 서민층에게 대출해 줌으로써 도시 서민들이 전문 건축업자가 지은 주택을 보급하고 있다.

3 불평등한 도시, 불평등한 환경

우리나라에서는 미세 먼지가 가장 심각한 환경 문제이다. 지역에 따라 미세 먼지의 농도가 다르게 나타나지만 미세 먼지는 누구에게나 심각한 환경 문제이다, 부자이건 가난한 이들이건 상관없이 말이다. 그러나 라틴아메리카의 도시에서는 환경마저도 불평등하다. 즉 부유한 이들이 겪는 도시의 환경 문제와 빈곤한 이들이 겪는 환경 문제는 다르다는 점이다.

라틴아메리카 도시의 환경 문제 중 가장 잘 알려진 것은 대기 오염 문제이다. 대기 오염의 주된 원인은 자동차의 매연이다. 라틴아메리카의

아메리카 지역의 부를 흡수하기 위해 크리오요(식민지 출신 백인)들에게 관직을 팔았는데, 법적으로 자격이 없는 크리오요들에게 관직을 파는 명분을 만들기 위해 대학 졸업자들에게만 관직을 부여할 수 있다고 하였다. 이에 아메리카에서는 수도회가 중심이 되어 대학들을 만들었고, 이들이 현재까지도 라틴아메리카의 주요 대학들이다.

도시들에서는 일찍부터 자동차 전용 도로들이 발달했다. 지하철을 비롯한 대중교통 체계는 자동차 도로의 발달에 비해 훨씬 느리게 이루어지고 있다. 라틴아메리카에서는 고산 도시들이 발달하였는데, 고도가 높을수록 산소가 불완전 연소되어 대기 오염도도 높아진다. 특히 인구가 밀집된 대도시들이 고산의 분지 지형에 위치한 경우 대기 오염의 문제가 심각해진다. 멕시코시티나 리마, 산티아고는 오래전부터 대기 오염도가 높은 도시로 손꼽혀 왔다. 불완전 연소를 막기 위해서는 무연 휘발유를 사용하고, 되도록 신규 차량을 이용해야 하지만, 라틴아메리카의 도시에서는 중고차의 비율이 높다. 자동차의 운행을 줄이기 위해서는 대중교통에 대한 체계적인 계획과 운영이 이루어져야 하지만 엘리트들의 도시에서 대중교통은 오랜 기간 외면받아 왔다. 최근 브라질의 생태도시 쿠리치바의 대중교통 시스템이 라틴아메리카의 보고타, 메데진, 키토, 멕시코시티 등 여러 도시에 도입되면서 도시민들의 이동성이 증가하고 대기 오염을 낮추는 효과를 나타내고 있다.

대기 오염 문제는 도시민 전체에게 영향을 미치지만, Hays-Mitchel (2012)은 라틴아메리카 도시에서 환경은 도시민들에게 공평하게 영향을 미치지 않는다고 하였다. 그는 거리에서 노점을 하는 리마 여성의 아이를 예로 들었다. 라틴아메리카의 도시에는 노점상들이 많다. 노점을 하는 이들 중 아이가 있는 여성의 경우 아이를 업거나 걸려서 데리고 나온다. 아마도 그 여성은 집에서 그 아이를 돌봐줄 베이비시터가 없을 확률이 높으며, 아이를 데이케어센터에 맡길 만큼의 여력이 없을 것이다. 엄마와 함께 길거리에 나온 아이는 대부분의 시간을 엄마 가까이서 지내게 된다. 아이는 종일 매연을 맡을 것이고, 더러운 길바닥을 기어서 돌아다닐 수도 있다. 엄마는 아이를 돌보기 위해 자주 신경이 분산되지만, 아이는 행인들이나 거리의 위험으로 인해 종종 다칠 수밖에 없다. 아이와 엄마가 사는 집은 비공식적으로 지어진 불량 주택일 가능성이 매우 높다. 추위와 더위는 어찌어찌 막았지만 그 집은 바닥이 그냥 흙바닥일 가능성도 높고, 하수도 시설이 열악할 가능성이 높다. 그에 비해 부유층은 상하수도 시설이 잘 갖춰진 주택에서 거주할 것이며, 매연이 덜 나는 자가용을 타고 출퇴근을 할 것이다. 현대적인 시설을 갖춘 오피스에는 삼성이나 엘지의 공기청정기가 놓여 있을 수도 있다. 라틴아메리카의 빈곤층은 부유층에 비해 폐 질환, 심혈관계 질환에 걸릴 가능성이 더 높다.

라틴아메리카의 도시에서 흔히 볼 수 있는 불량 주택지구들은 대부분 원래 사람이 살지 않던 곳에 들어선다. 그곳은 산비탈일 수도 있고, 쓰레기 매립지인 경우도 있으며, 홍수가 나면 물에 잠기는 지역일 수도 있다. 대부분의 불량 주택지구는 사람이 거주하기에 적절치 않은 곳에 들어선다. 라틴아메리카에서 지진이나 폭우가 내렸을 때 자연재해에 가장 많이 노출되는 지역은 바로 이러한 불량 주택지구들이다. 심지어 도시화가 한창 진행되던 리마에서는 건천의 바닥에 집을 짓고 사는 사람들이 있었다고 한다. 건천이란 사막에 형성되어 있는 하천 지형으로, 몇 년에 한 번 비가 오는 사막 기후의 특성으로 인해 평소에는 물이 흐르지 않는다. 게다가 하천 바닥은 지대가 평평하여 집을 짓고 살기에 적절해 보인다. 그러나 문제는 사막의 강우가 몇 년에 한 번, 폭우의 형태로 내리는 경우가 많다는 점이다. 리마에서 새벽에 내린 폭우로 인해 건천에서 판잣집을 짓고 살던 도시 빈민들이 쓸려 내려가는 사고가 발생하기도 했다.

불량 주택지구에서는 전염병이 발생하기 쉽다. 도심에 입지한 불량 주택지구들은 인구 밀도가 매우 높으며, 저습지에 위치한 불량 주택지구들도 있다. 수도관이 제대로 설치되지 않은 곳들도 많고 하수 설비나 정화조는 물론 대부분 갖추어지지 않았다. 또한 대부분의 지자체는 불량 주택지구에 쓰레기 수거 서비스를 제공하지 않는다. 이러한 위생 환경을 고려한다면 라틴아메리카의 불량 주택지구에서는 언제 전염병이 발생하여도 전혀 이상하지 않다. 브라질의 생태도시 쿠리치바에서는 불량 주택지구의 전염병 발생을 막기 위해 이 지역에서 쓰레기를 주워 오면 식량으로 바꿀 수 있는 토큰을 주기도 하고, 지역 주민들에게 쓰레기를 치우는 일종의 공공 근로 사업을 시행하기도 한다.

빈곤한 이들이 거주하는 지역에서는 가내 수공업이 이루어지는 경우가 많다. 대부분의 가내 수공업에서는 환경 오염 방지 설비를 갖추지 않은 채 작업을 한다. 그로 인해 지역의 하천이 오염되기도 하고, 공기가 오염되기도 하지만 시 정부는 이들에 대해 엄격한 규제를 적용할 수 없다. 대부분의 가내 수공업은 빈곤한 이들에게는 생계가 달린 문제이기 때문이다. Hays-Mitchel(2012)은 리마의 예를 들어 경제적으로 부유한 지역에 비해 빈곤한 지역의 사망률이 훨씬 높고, 빈곤한 지역의 주민들은 혈관 및 심장, 호흡기 계통 질병에 더 많이 걸려 있다고 하였다.

제4장

라틴아메리카 촌락의 불평등

김희순

:: 소외된 땅, 소외된 사람들

20세기 초반 10%도 되지 않던 라틴아메리카의 도시화율은 2010년 대 80%를 넘어섰다. 즉, 100여 년 전 라틴아메리카에 거주하는 사람들 은 대부분 촌락[1]에 거주하였지만 현재 라틴아메리카인 5명 중 4명은 도 시에 거주하고 있다. 20세기 초반, 인구의 대부분이 촌락에 거주하였지

---

1 촌락이란 우리가 흔히 농촌, 혹은 시골이라 부르는 도시 이외의 지역을 일컫는 학술 용어로, 영어로는 rural이라고 한다. 일반적으로는 농촌이라고 하지만, 산업의 측면에서 구분할 때 농업을 위주로 하는 농촌, 어업을 위주로 하는 어촌, 임산물을 주로 생산하는 산촌 등으로 구분하기 때문에 혼동의 여지가 있다. 촌락은 거주의 측 면에서 도시와 대비되는 개념으로 인구 밀도가 비교적 낮고, 농업을 비롯한 1차 산 업 중심의 경제 구조를 나타내고, 영구적인 건축물의 비중이 자연에 비해 적은 지역 을 의미한다. 촌락의 기준은 나라마다 다르며 한 국가 내에서도 기관마다 달라진다.

만 라틴아메리카 사회의 권력과 경제력을 모두 지닌 엘리트들은 도시에만 살았기 때문에 촌락에 대한 지원을 하지 않았다. 20세기 중반, 급격한 도시화가 진행되는 동안에는 라틴아메리카 국가의 정부들은 도시화 문제를 해결하느라 촌락 문제에 신경을 쓸 여력이 없었다. 그러나 이제는 인구 대부분이 도시에 거주하고 있기 때문에 촌락에 대한 지원을 하지 않는다. 라틴아메리카의 촌락은 늘 소외되었다.

그러나 오랜 기간 라틴아메리카의 부는 촌락에서 왔다. 오늘날에는 고부가가치를 생산해 내는 분야가 제조업과 생산자 서비스업이지만, 산업혁명 이전까지는 농업이야말로 인류의 가장 주된 산업이었고, 농산물 생산에 매우 유리한 조건을 지닌 라틴아메리카는 오랜 기간 농산물을 통해 막대한 부를 생산해 내었다. 오늘날에도 라틴아메리카 GDP의 상당 부분은 농업과 광업 생산이 차지하고 있으며, 라틴아메리카는 높은 농업 잠재력을 지닌 지역이다.

라틴아메리카의 농업 잠재력은 기본적으로 다양한 기후대에서 유래한다. 특히 열대 및 아열대 기후대에 속하는 지역의 범위가 넓고 안데스 산맥과 중앙아메리카 고원을 따라서는 해발 고도에 따른 기후의 변화가 나타난다. 게다가 환태평양 화산대, 남아메리카의 황토 지대 등 토양이 비옥한 지역도 많다. 비록 스페인은 아메리카의 귀금속 광물에 치중했지만 유럽의 여러 국가들은 아메리카의 농업에 집중했다. 사탕수수와 면화, 카카오, 밀 등을 재배하던 식민지 아메리카는 독립 이후 바나나, 축산물 등을 유럽과 미국에 공급하는 식량 기지가 되었고, 최근에는 대표적인 대두 생산 지역으로 떠올랐다.

그러나 대부분의 부는 라틴아메리카의 다수를 차지하던 농민들에게 돌아가지 못했다. 풍부한 농업 자원을 보유한 라틴아메리카에서 대부분의 농민들은 늘 가난했다. 식민 시대 유럽인 지배자들이 운영하던 거대한 플랜테이션들이나 아시엔다가 오늘날 다국적 농기업들이 경영하는 대규모 농장으로 변모하는 동안, 대부분의 농민들은 매점 빚에 얽매인, 명목뿐인 자유 농민에서 농장의 임노동자로 변화하였다. 엘리트들이 이끈 근대화의 과정에서 토지를 탈취당하기도 하였고, 늘어난 농촌의 인구압을 견디지 못하고 이주해 간 도시에서도 이방인 취급을 받았다. 정부와 국제기구를 믿고 이주해 간 밀림에서는 아무것도 이루어지지 않았고, 먹고 살기 위해 코카인을 재배해야 했다. 운이 좋으면 미국으로 이주해서 집으로 돈을 보낼 수 있었지만 외국에서의 삶은 지난했다.

이 장에서는 라틴아메리카의 촌락민들이 겪는 이러한 가난, 불평등의 구조적 원인을 살펴보고자 한다. 나아가 이 장의 제목은 아메리카 촌락의 불평등이 아니라 가난한 혹은 더 가난한 라틴아메리카의 촌락민이라 해야 할 것이다. 이 장에서는 라틴아메리카의 촌락민들을 원주민, 메스티소, 물라토 등으로 구분하지 않으려 한다. 원주민이든 메스티소든 혹은 흑인 노예의 후손이든, 도시의 엘리트들에게는 반갑지 않은 존재이고, 촌락에 사는 촌뜨기이며, 국가가 고려하는 대상에서 늘 맨 끝에 서 있는 사람들이기 때문이다.

:: 풍요로운 땅의 가난한 농민들

1 아메리카의 농업 잠재력과 상업 농업

스페인의 가톨릭 양왕(카스티야의 왕 이사벨과 아라곤의 왕 페르난도 부부)은 카리브해에 도착한 콜럼버스에게 보낸 편지[2]에서 '금'을 보내라는 말을 반복했다. 유태인 상인들에게 빌린 항해 자금을 빨리 회수해야 했을 수도 있지만, 그 편지들은 새로이 발견한 지역에 대한 스페인 왕실의 의도를 매우 잘 드러내고 있다. 카리브해 지역과 잉카 지역, 아스테카 지역에서 상당량의 금이 스페인으로 흘러들어갔고, 1530년대 남미의 포토시와 누에바 에스파냐의 중부에서 발견된 은광들로 인해 스페인 왕실은 식민지로부터 그들이 얻어야 할 것이 '귀금속 광물'임을 명확히 하게 되었다. 귀금속 광물을 중심으로 이루어진 스페인의 식민지 지배 전략은 도시를 중심으로 전개되었다. 정복자들에게 토지를 소유하고 아시엔다를 운영할 수 있게 하였지만, 스페인 왕실의 주된 관심사는 금과 은, 그리고 코치닐에서 얻는 세금 수입, 그리고 필리핀 갤리언 무역에서 얻는 이익 등이었다.

그러나 유럽의 입장에서 본다면 아메리카의 더욱 큰 잠재력은 농업 생산성에 있었다. 비가 적고 서늘한 여름 날씨를 보이는 유럽의 기후는

---

2 과거에는 오늘날처럼 통신이나 우편 제도가 발달하지 못했기 때문에 외국에 임무를 지니고 파견된 선교사, 정복자 등이 본국에 보고를 보낼 때에는 편지의 형태로 보내었다. 물론 본국에서도 편지의 형태로 명령을 내렸다. 따라서 당시 스페인 양왕이 콜럼버스에게 보낸 편지는 왕의 명령서였다.

인간이 지내기에는 수월했지만 농업 생산성은 낮았다. 이에 비해 카리브해를 비롯한 라틴아메리카의 상당 부분은 강렬한 햇빛과 풍부한 강우량으로 인해 유럽에서 고가에 거래되었던 사탕수수, 면화, 향신료 등을 재배하기에 적절하였다. 아메리카 지역의 농업적 잠재력을 가장 먼저 발견한 사람은 콜럼버스였다. 1492년 아메리카, 정확하게는 카리브해의 섬들에 도착했던 콜럼버스는 2차 항해에서 사탕수수 씨앗을 갖고 왔다.

17세기 중반 카리브해 지역을 차지한 영국, 프랑스, 네덜란드는 사탕수수를 통해 거대한 부를 축적할 수 있었다. 포르투갈도 브라질 지역에서 사탕수수를 중심으로 초기 식민지를 개척하였으며 19세기 커피 농업을 통해 브라질의 남동부 지역을 개척하였다. 아르헨티나 팜파스의 소고기 산업과 밀 생산업은 유럽인들에게 값싼 식량을 공급하며 20세기 초반 아르헨티나를 세계 5위의 부국으로 만들었다. 소위 '달러트리 (Dollar tree)'라 불리던 대표적인 환금 작물인 커피 재배업은 중앙아메리카의 주요 산업이 되었으며, 20세기 안데스 산맥에서 생산된 코카인은 불법이긴 하지만 거대한 자본이 몰리는 국제 시장을 형성하였다.

이외에도 자주색 벌레에서 추출하는 염료인 코치닐은 식민 지배 기간 금보다 비싸서 유럽에서는 아메리카 대륙의 부유함을 상징하였다고 하며, 카리브해 지역에서 생산된 고급 목화종인 해도면은 왕실과 귀족들만이 사용하였다고 한다. 물론 북아메리카에 처음 발을 디딘 사람들도 유럽에서 비싼 작물인 담배를 재배하려던 농부들이었으며, 19세기 미국을 남북전쟁으로 몰아넣은 노예 제도는 남부 지역의 목화, 즉 육지면을 생산하기 위해 유지된 것이었다.

넓은 면적에서 나타나는 열대 및 온대 기후와 비옥한 토양 덕에 라틴아메리카의 농업은 그 주민들의 수요보다 더 많은 양의 농산물을 생산해 왔다. 라틴아메리카의 풍부한 농업 잠재력은 그 외부 지역, 특히 유럽의 인구를 위해 사용되었다. 카리브해 지역의 사탕수수는 유럽으로 수출되었으며 브라질 북동부 지역의 사탕수수도 마찬가지였다. 이러한 경향은 중앙아메리카의 바나나 농장, 커피 농장 등에서도 반복되었다. 이러한 수출 주도형 농업은 라틴아메리카 전체에 지속적인 이윤을 가져다주었으며, 현재까지도 그러하다. 그러나 우리의 이미지 속에 있는 대부분의 라틴아메리카 농부는 가난하다. 물론 농업은 제조업에 비해 국제 시장 가격의 변동성이 높고 기후 변화 등의 영향을 심하게 받으며 생산량의 조절이 어렵다. 그러나 그토록 많은 환금 작물들을 생산해 왔으면서도 그들이 가난한 이유는 라틴아메리카 농업의 구조를 통해 설명할 수 있다.

2 바나나 공화국과 유나이티드푸르츠

바나나 공화국이라는 용어가 있다. 미국의 유명한 의류 브랜드 이름이기도 한 이 예쁜 말은 바나나, 커피 등 비교적 적은 수의 농산물이 국가 수출의 상당 부분을 차지하고, 정치적으로는 불안정한 중앙아메리카 국가들을 가리키는 말이다. 바나나는 본래 아시아 산으로, 카리브해 지역에서 생산되어 그 지역에서 주로 소비되었다. 1870년 베이커(L. D. Baker)라는 미국 사람이 자메이카에서 바나나를 수입해 판매한 이후 바나나는 미국인들의 식사 대용 과일이 되었으며 이후 전 세계에서 소비되고 있다. 오늘날 미국과 유럽에서 소비되는 바나나는 중앙아메리카 및 카리브해 지역에서 생산된다.

중앙아메리카 지역의 바나나 재배는 이 지역의 철로 건설 과정과 관련이 있다. 19세기 말 코스타리카가 커피 수출을 위해 철로를 설치하는 과정에서 미국의 자본과 기술력을 끌어들였고, 공사 대금으로 철로 주변의 땅을 주었다. 당시 철로 공사를 담당했던 마이너 키스(Minor Keith)라는 사람은 철로 주변에 바나나를 심어 인부들에게 식사 대용으로 주었고, 철로 공사가 끝난 이후에는 이 땅에 바나나를 심어 미국으로 수출했다. 코스타리카의 철로 공사를 지켜본 주변 국가들은 비슷한 조건으로 자신들의 국가에서도 철로를 건설했다. 키이스는 곧 중앙아메리카에서 막대한 양의 토지와 거대한 바나나 농장을 갖게 되었으며, 바나나는 중앙아메리카 지역의 주요 수출품이 되었다. 우리가 알고 있는 미국계 초국적 농기업인 유나이티드푸르츠는 이렇게 탄생했다. 미국은 바나나를 거의 생산하지 않지만, 바나나를 통해 가장 많은 돈을 버는 국가가 되었다.

유나이티드푸르츠는 중앙아메리카 여러 국가에서 정부를 좌지우지하는 막강한 권력을 갖게 되었다. 심지어 회사에 반하는 정책을 실시하는 정부를 축출하기도 했는데, 대표적인 예가 과테말라의 아르벤스 정권(Jacobo Arbenz Guzman, 1951-1954)이다. 아르벤스 대통령은 유나이티드푸르츠가 소유하고 있으나 농사를 짓지 않고 있던 토지를 회사의 신고 가격에 매입하였다. 과테말라 정부는 유나이티드푸르츠로부터 매입한 토지를 당시 땅이 없던 농부들에게 분배했다. 아르벤스의 친농민 정책에 분노한 유나이티드푸르츠 사는 미국 CIA를 이용해 그를 공산주의자로 몰아 대통령직에서 쫓아냈다. 결국 아르벤스는 멕시코로 망명하였다. 당시 아르벤스의 재임 시절 뜻을 같이 했던 아르헨티나 출신의 의사이자 운동가는 아르벤스의 망명 이후 멕시코를 거쳐 쿠바에서 혁명을 일으켰다. 그의 이름은 에르네스토 라파엘 게바라(Ernesto Rafael Guevara de la Serna), 이후 우리에게 체 게바라로 알려진 인물이었다.

유나이티드푸르츠의 정치 개입으로 쿠데타가 발생한 과테말라는 이후 새로운 독재자 아르마스(Carlos Castillo Armas, 1954-1957)의 탄압과 아르벤스를 지지하는 농민군의 대치로 36년간 내전 상태(1960-1996)가 되었다. 이후 미국의 클린턴 대통령은 과테말라 사태에 대해 사과했지만, 과테말라는 30여 년의 내전 기간 동안 많은 국민들이 멕시코를 비롯한 외국으로 피난을 가고, 경제적으로도 낙후되었다. 물론 정치적으로도 여전히 불안정한 상태로 남아 있다. 이러한 과정을 거치면서 유나이티드푸르츠는 미국 신제국주의의 상징이 되었다. 이를 부담스러워한 회사는 치키타(Chiquita)라고 하는 라틴아메리카 풍의 이름으로 바꾸고, 로고도 과일 모자를 쓴 라틴아메리카 여성으로 바꾸었다.

유나이티드푸르츠는 중앙아메리카 전역을 좌지우지하는 거대한 권력과 막대한 부를 지니고 있었지만, 농장에서 근무하는 고용인들에게는 매우 인색했다. 매우 적은 임금을 주었고, 생활용품을 비싼 가격에 구내 매점에서 사게 하였다. 특히 유독성 농약을 마구 사용함으로써 토지의 오염은 물론이고 농장에서 일하던 농민들이 이후 암에 걸리는 사례들이 여러 국가에서 발생하였다. 지역 주민과 환경을 고려하지 않은 기업 활동을 하다가 바나나 전염병이 발생하면 가차없이 농장을 버리고 다른 지역으로 옮겼고, 농장에 고용된 노동자들은 하루아침에 실업자가 되곤 했다. 이러한 경향은 라틴아메리카에서 대규모 농장을 운영하던 여타 미국계 농기업들도 마찬가지였다.

3 판초 비야의 후예들

라틴아메리카의 토지, 특히 촌락의 토지는 단순한 '땅' 이상의 의미를 지닌다. 1910년 마데로의 산루이스포토시 계획 선언으로 일어난 독재 타도 운동이 전국적인 내전의 멕시코혁명으로 확대된 것도 디아스 대통령이 실시한 토지조사사업이 그 근본적인 원인이었다. 19세기 말, 대규모의 기업농을 '현대적이고 선진적이며 과학적인' 것으로 보았던 디아스 대통령과 그의 각료들은 당시 멕시코 농민들이 소유하고 있던 토지를 소위 토지조사사업을 통해 몰수하였다. 당시 정부는 '토지의 사적 소유'에 대한 개념이 없던 농민들에게 자신이 경작하고 있던 토지를 신고하도록 했고, 신고되지 않은 토지는 국가의 소유로 귀속시켰다. 몰수된 토지는 토지조사사업을 실시한 외국계 회사나 국가, 대토지 소유주의 것이 되었고 농민들은 소작농이 되거나 대농장의 임노동자가 되었다. 따라서 마데로가 의도했든 의도하지 않았든, 산루이스포토시 계획의 제3항에서 토지를 농민들에게 다시 돌려주겠다는 내용은 전국의 농민들에게 열렬한 지지를 얻어 멕시코혁명의 기폭제가 되었다.

멕시코혁명 당시 판초 비야(Pancho Villa)는 소작농 내지는 임노동자들의 권리를 위해 투쟁하였고 에밀리오 사파타(Emilio Zapata)는 소농들이 빼앗긴 토지 내지는 마을 공동 토지의 환원을 요구했다. 판초 비야의 주장과 사파타의 주장이 달랐던 점은 결코 우연이 아니며, 그들의 개인적인 의견이나 성향에서 비롯된 것이 아니다. 판초 비야가 봉기한 멕시코의 북부 지역과 사파타가 봉기한 멕시코 남부 지역의 농업은 형태가 달랐다. 비야가 거점으로 삼은 북부 지역은 대규모의 아시엔다 및 상업용 작물을 재배하는 대규모 농장이 주를 이루었고, 이 지역의 농민들은 주로 임노동자들이었다. 그에 비해 사파타가 거점을 둔 멕시코 남부 지역은 소규모의 자영농들이 옥수수를 비롯한 주곡 작물을 주로 재배하는 지역이었고, 포르피리아토 시기의 토지조사사업으로 상당수의 농민들이 토지를 빼앗기고 소작농으로 전락한 지역이었다. 따라서 두 혁명 영웅이 추구하는 바는 서로 다를 수밖에 없었다.

북부의 판초 비야와 남부의 사파타는 멕시코 농업의 이중 구조를 잘 드러낸다. 멕시코의 농업은 수출 중심의 채소, 과일 농업과 내수 위주의 곡물 농업으로 이루어져 있다. 수출 중심의 농업은 멕시코 북부 지역을 중심으로 형성된 반면 곡물 농업은 중남부 지역을 중심으로 집중되어 있는 경향이 있다. 일조량이 많고 미국과 인접한 멕시코 북부 지역은 과일과 채소를 재배해서 미국에 수출하기에 유리했다. 특히 북미 시장을 겨냥하여 북부 멕시코 지역을 중심으로 이루어진 대규모 수출용 채소 및 과일 재배는 현재까지도 멕시코 농업의 주요한 부분이다. 멕시코 정부는 19세기 말 20세기 초반의 포르피리아토 시기부터 현대적인 수출 농업의 육성을 통해 농업의 근대화를 이끌고자 하였다. 1940년대 수입 대체 산업화 정책의 추진 과정에서도 대부분의 농촌은 소외되었지만 북부 지역의 상업농을 위한 관개 시설은 대대적으로 정비되었다.

오늘날 중앙아메리카뿐 아니라 남아메리카 국가들도 바나나, 커피, 사탕수수, 대두, 밀 등 농작물이 국가 수입의 주요 부분을 차지한다. 안데스 지역의 국가들은 커피, 카카오, 코카인, 화훼 등을 재배하여 수출한다. 칠레는 북반구와는 계절이 반대라는 점을 이용하여 포도를 비롯한 과일, 채소 등을 수출하고 있고, 브라질은 커피, 대두, 밀, 축산물 등을 수출하며, 아르헨티나도 밀, 소고기, 옥수수, 대두를 수출한다. 수출용 농업의 경우 규모의 경제가 적용된다. 즉 더 많은 자본재를 투입할수록 더 많은 수익을 낼 수 있다. 따라서 자본이 부족한 소농들은 자본과 권력, 정보력이 풍부한 부농들에 비해 훨씬 불리하다. 19세기 커피 재배가 본격적으로 확대되던 콜롬비아에서는 커피 재배에 적절한 토지를 놓고 소농들과 엘리트 가문 부농들 간의 다툼이 폭력 사태로까지 확대되기도 하였다.

국가의 입장에서는 충분한 자본력과 국제적 경쟁력을 지닌 부농들이 수출을 주도해 주기를 바란다. 따라서 수출이 주를 이루는 농업 지역에서는 자본이 풍부한 대규모 농장주와 그 농장에 고용된 임노동자 농민의 비율이 높아진다. 판초 비야의 후예들은 한 세기가 지난 지금도 라틴아메리카의 무수한 농장에서 수출용 아보카도, 토마토, 커피, 카카오, 바나나 등을 재배한다. 그들 중 상당수는 고향에서보다는 좀 더 기회가 많은 곳으로 일자리를 찾아 온 이웃 나라의 노동자들이다. 임시로 만든 거처나 마구간, 헛간 등에서 지내면서 농장 일을 하는 이들의 삶은 판초 비야의 시대보다 더 나아진 것 같지는 않다.

4 사파타의 후예들

1994년 1월 1일, 멕시코 치아파스에서는 신자유주의에 대한 선전포

고가 있었다. 이후 치아파스 농민봉기라 불린 사파티스타 민족해방군(EZLN)의 봉기는 멕시코 사회를 뒤흔들었다. 치아파스에서 농민들이 봉기한 이유는 단순했다. 그들은 북미자유무역협정(NAFTA)으로 인해 옥수수 및 밀가루의 수입 관세가 철폐되면 자신들의 생존권이 위협받을 것이라고 주장했다. 자급자족을 하는 소농들이 주를 이룬 이들의 봉기는 전 세계에 신자유주의에 대한 약자 계층의 대표적인 외침이 되었다. 그러나 한편으로는 라틴아메리카 사회의 지역 간 격차, 특히 촌락 지역과 도시 지역 간의 격차를 널리 알리는 계기가 되었다.

1994년 1월 1일 발효된 북미자유무역협정에서 멕시코와 미국은 2008년까지 농산물에 대한 관세를 폐지하기로 하였다. 멕시코는 미국에 채소와 과일을 주로 수출하는 반면 미국은 멕시코 시장에 곡물과 축산물을 수출하게 되었다. 곡물 시장의 개방 이후 멕시코로 유입된 미국산 농축산물은 1991-1993년 평균 35억 달러에서 2008-2010년 평균 143억 달러로 4배 이상 증가했다. 2008년 미국에서 수입된 옥수수의 양은 멕시코 전체 생산의 40%에 달했으며 이는 10년 전에 비해 4배나 증가한 양이었다. 2008년 멕시코의 식량 수입 의존도는 협정 이전에 비해 크게 증가하여, 옥수수는 7%에서 34%로, 밀은 18%에서 56%로, 쌀은 60%에서 75%로, 돼지고기는 4%에서 31%로 각각 높아졌다. 같은 기간 멕시코에서 미국으로의 농산물 수출도 평균 25억 달러에서 평균 120억 달러로 증가했다(한국농어민신문, 2013.05.23).

미국에 수출하는 채소와 과일은 앞서 서술한 북부 지역의 농장에서 주로 재배되었으며 이 지역의 농산물 수출은 크게 증가하였다. 반면 소규모 주곡농이 주를 이루는 치아파스를 비롯한 멕시코 남부 지역은 큰 타격을 입었다. 치아파스 농민봉기가 발발한 지역은 멕시코혁명 당시 사파타 군의 출신지들로, 원주민의 비율이 높고, 원주민 마을 공동 토지인 에히도(ejido)의 비율이 높으며, 소농이 주를 이루었다. 즉 이 지역의 농민들 대부분은 마을 공동 경작지 중 자신이 경작권을 지닌 토지에서 옥수수와 같은 주곡 작물을 재배하였다. 자신이 재배한 옥수수를 먹고 살고, 남은 양은 시장에 내다 팔아 식료품이나 의복, 가재도구 등을 사고 아이들을 학교에 보낸다. 이러한 형태를 자급자족적 농업이라 한다. 헌데 농민들이 파는 가격보다 훨씬 저렴한 미국산 옥수수 및 밀가루가 수입되면서 그나마 시장에 내다 팔던 옥수수를 팔지 못하거나 훨씬 저렴한 가격에 판매해야 하는 상황이 되었다. 자급자족이 불가능하게 된 것이다.

미국은 세계 제1의 농업 국가이다. 미국의 이미지가 농업 국가와는 멀고, 농업 생산물이 미국의 GDP에서 차지하는 비중은 2%에 불과하다. 그러나 미국의 GDP가 전 세계의 약 22%를 차지하고 있으며 카길을 비롯한 세계적인 주요 농복합체들이 미국 기업이라는 점을 상기한다면 미국의 농업적 잠재력을 가늠할 수 있다. 유엔 식량농업기구의 통계에 의하면, 2017년 미국은 3억 7000만 톤의 옥수수를 생산한 반면, 멕시코는 2770만 톤의 옥수수를 생산하였다. 같은 기간 미국의 밀 생산량은 4774만 톤인데 반해 멕시코의 밀 생산량은 2998만 톤이었다. 미국은 세계 제1의 옥수수 및 밀 수출 국가이다. 북미자유협정 발효 이후 자국에 비해 저렴한 미국산 옥수수가 수입되면서 멕시코의 옥수수 국내 가격은 66% 이상 하락하였다. 소농의 자급자족농이 주를 이루는 멕시코의 옥수수 농가들은 큰 타격을 입을 수밖에 없었다. 그들은 멕시코 전체 농가의 약 40%를 차지하였다.

　미국 농산물의 영향을 받은 것은 멕시코 남부의 농부들만이 아니었다. 저렴한 미국 농산물의 수입 증가와 함께 멕시코 농업 관련 산업에 미국 다국적 농기업들의 직접 투자가 증가하였다. 카길, 몬산토, 마세카, 민사 등의 다국적 농기업들이 멕시코의 옥수수 유통과 가공 분야에 진출하여 대규모 자본을 바탕으로 시장을 주도하였다. 다국적 농기업들의 멕시코 시장 진출은 소비자들에게도 직접적으로 영향을 미쳤다. 예를 들어 카길은 2007년 봄부터 여름까지 옥수수를 1톤당 1600페소에서 2400페소에 대량 구입해서 저장해 놓은 후 가격 상승을 유도하여 토르티야 제조 공장에 3900페소에 판매하기도 했다. 토르티야 가격은 2006년부터 2008년까지 100% 이상 상승하였고, 소위 토르티야 위기가 발생했다(한국농어민신문, 2013.05.23).

　북미자유협정 주곡 부문의 개방은 결국 멕시코의 농업 부문 고용 감소로 이어졌다. 1990년대 초 810만 명이던 멕시코의 농민 규모는 2008년에 580만 명으로 감소했다. 농업 부문의 고용 감소는 곧 외국으로의 노동 이주, 특히 미국으로의 이주로 이어졌다. 1990년대 멕시코인들은 미국으로 쏟아져 들어갔다. 2000년대 초반 멕시코는 독일을 제치고 미국에 가장 많은 이주민을 보낸 나라가 되었으며, 2015년 1217만 명 이상의 멕시코인들이 미국에 거주하고 있었다. 멕시코혁명에서 토지를 돌려달라며 외치던 사파타의 후예들은 이제 돌려받은 토지에서의 삶도 이어가지 못하고 외국으로 이주했다. 미국에 거주하는 멕시코인들의 규모는 2015년 이후 감소하기 시작했지만, 대신 과테말라, 온두라스, 니카라과 등 소위 북부 삼각지대 주민들의 이주가 증가하고 있다.

:: 불평등에 대한 촌락 주민들의 대응

1 국가의 기본적인 서비스를 요구한 치아파스 농민들

치아파스 농민봉기는 현대사에서 여러 의의를 지닌다. 1994년 1월 1일 북미자유무역협정의 발효와 함께 투쟁의 시작을 알렸던 점은 신자유주의에 대한 농민들의 저항이라는 점을 더욱 분명하게 하였다. 그러나 치아파스 농민 봉기는 신자유주의라는 거대한 변화나 멕시코의 기존 정치에 대한 반동이라는 점 외에도 멕시코 사회, 나아가 라틴아메리카 사회가 지닌 근본적인 문제를 제시하였다는 데 의의가 있다. 이는 도시와 촌락 간의 불평등, 촌락에 대한 국가의 외면이었다, 그것도 아주 오랜 기간 동안의.

1994년 3월, 치아파스 농민들이 멕시코 행정부와의 협상 테이블에서 내놓은 요구 사항은 약 34가지였다. 그중에는 원주민의 선거권에 대한 요구 항목도 몇 개가 있었고, 나프타의 개정, 헌법27조에 의거한 토지의 요구, 치아파스 지역에서 생산되는 풍부한 자원의 지역사회 환원 등도 있었다. 이들 중 마을에 전기, 수도, 도로, 하수 시설, 전화, 교통 등 기본적인 사회 서비스를 갖춰 달라는 요구(11번 항목)와 원주민들이 문맹에서 벗어날 수 있도록 학교를 짓고 적절한 교사를 배치해 달라는 공교육에 대한 요구(12번 항목), 마을에 병원을 세워 달라는 요구(10번 항목)는 치아파스 농민들의 삶을 잘 나타내고 있었다(Joseph et al., 2002, 640-645).

치아파스 농민군을 다룬 다큐멘터리나 그들의 주장을 실은 서적들에서는 아주 평범한 농민들이 스키 마스크를 쓰고 농기구를 무기 삼아 봉기에 나선 것을 볼 수 있다. 스키 마스크를 쓴 치아파스의 농민군 중에는 아이를 포대기에 업고 나선 젊은 엄마들도 눈에 띈다. 그들이 바란 것은 멕시코 정부가 주장한 바처럼 국가의 전복은 절대 아닐 것이다. 신자유주의의 폐해가 자신들의 삶에 위협이 되리라는 것을 알고 나선 이들도 있겠지만, 아마도 다수의 엄마 농민군들이 스키 마스크를 쓴 이유는, 아이들이 집 근처의 학교에 가고, 아플 때 보건소에 가서 진료를 받고, 깨끗한 물을 마시고 건강하게 자라는 것일 것이다. 도시에서는 매우 당연한, 국가와 지역 정부, 사회가 기본적으로 제공해야 할 이러한 사회 서비스가 멕시코를 비롯한 라틴아메리카의 수많은 농촌 마을에는 제공되지 않기 때문이다.

라틴아메리카의 농촌이 소외되는 이유는 여러 가지가 있을 수 있다. 대부분의 개발도상국에서는 희소한 발전 재원을 자연스레 일부 도시에 집중시킨다. 그러나 라틴아메리카 사회에서 농촌이 소외되는 근본적인 원인으로는 엘리트 중심주의를 들 수 있다. 즉, 엘리트 계층에 의한 그 이외 계층에 대한 배제가 자리 잡고 있다. 식민 시대 스페인인들에 의해 지배되던 라틴아메리카 사회는 독립 이후 엘리트 계층이 국가의 경제와 권력을 모두 가진 채 도시에서 살고 있다. 그들은 원주민, 흑인 노예의 후예 등 자신들과는 인종적으로 다른 시골 사람들이 자신들의 유럽풍 도시에 들어와 동등한 시민이자 이웃이 되는 것이 달갑지 않았다. 불량 주택지구에 몰려서 곤궁한 삶을 이어가는 그들은, 엘리트들의 입장에서는 언제 폭동을 일으킬지 모르는 잠재적 폭도들로 인식되었다. 개발의 시기에도 촌락에 대한 투자는 중요하지 않았다. 수입 대체 산업화 시기 대부분의 국가에서는 촌락에 대한 투자나 개발은 이루어지지 않왔다. 농촌은 수출 분야를 제외하고는 철저하게 소외되었다. 그러나 촌락민들은 받은 것이 없어도 늘 여당에게 무한한 지지를 보내 주었다, 선거철에 보내 주는 시멘트 몇 포대도 감사히 받으며.

치아파스 농민봉기가 일어난 후에도 마을들의 상황은 크게 나아지지 않았다. 멕시코 지리통계청(INEGI)이 2006년 실시한 소외율(Indice de Marginación) 조사를 살펴보면, 2005년 현재 치아파스주에 거주하는 인구 429만 여 명 중 집에 전기가 들어오지 않는 가구의 비율은 5.88%, 수도가 설치되어 있지 않은 가구는 25.9%에 이르렀고, 주택의 바닥이 흙바닥 그대로인 가구는 32.99%였으며 78.14%의 인구가 최저임금의 약 2배 이하의 소득을 올리고 있었다. 치아파스의 시탈라(Sitalá)라는 마을은 1만 200여 명의 인구가 거주하는 곳으로, 전기가 들어오지 않는 가구가 전체 가구의 42.06%, 수도를 갖추지 못한 가구의 비율이 58.92%, 주택의 바닥이 흙바닥인 가구의 비율은 77.63%였으며, 88% 이상의 인구가 최저임금의 2배가 안 되는 저소득 계층에 속하였다. 게레로, 와하카 등 이웃한 주들도 이러한 상황은 마찬가지였다. 이와는 대조적으로 멕시코시티의 중심 지역인 연방수도구역(D.F)의 경우 872만 명이 거주하는 지역에서 전기가 들어오지 않는 가구의 비율은 0.15%, 수도가 설치되어 있지 않은 가구는 1.51%, 주택의 바닥이 흙바닥인 가구의 비율은 1.12%였으며 최저임금의 2배가 안 되는 저소득 계층의 비율은 33.04%에 그쳤다. 인구 규모 35만 5000여 명의 베니토 후아레스 델레가시온(delegación, 區)의 경우 전기가 들어오지 않는 가구의 비율은 0.13%, 수도가 설치되어 있지 않는 가구의 비율은 0.01%, 흙바닥으로 된 주택에 거주하는 가구의 비율은 0.19%, 최저임금의 2배가 안 되는 저소득 계층의 비율은 17.94%에 그쳤다(INEGI, 2006).

2 생존을 위해 재배하는 코카인

냉전은 라틴아메리카의 농민들에게도 영향을 미쳤다. 미국과 소련
이 이념을 놓고 극심하게 대립하던 시기, 라틴아메리카 대부분의 국가
들에서는 이촌향도 현상이 대규모로 이루어지고 있었다. 당시 라틴아
메리카의 도시화는 유럽이나 미국의 경우처럼 산업화에 따른 도시의
인구 수용 능력의 증대로 인한 정상적인 도시화가 아니었다. 물론 수입
대체 산업화가 진행되고 있었지만 그 효과는 일부 도시에만 국한되어
있었고, 의료 기술의 발달로 국가 전반의 인구 증가가 매우 빠르게 이루
어지고 있었다. 따라서 라틴아메리카의 이촌향도 현상은 농촌의 인구
압의 증가로 인한 가도시화 현상이었고 많은 도시 문제를 야기했다. 특
히 새로이 도착한 이촌향도민들은 도시에서 적절한 주거지를 찾을 수
없었고, 라틴아메리카 도시 대부분에서 대규모 불량 주택지구가 난립
하였다.

문제는 이 불량 주택지구였다. 냉전의 정점으로 치닫던 시기, 미국
과 라틴아메리카의 여러 정부들은 도시의 곳곳에 빠르게 세워지는 불
량 주택지구에 거주하는 이촌향도민을 잠재적인 사회주의 혁명 세력으
로 간주하였다. 물론, 라틴아메리카 사회에 전반적으로 내려오는 이촌
향도민에 대한 거부감은 훨씬 오래전으로 거슬러 올라간다. 원주민이
나 노예의 후손들이 상당수를 차지하였던, 가난하고 배우지 못한 촌뜨기
들이 유럽풍의 아름다운 도시에 들어와서 '이웃사촌'이 되는 것을 '유럽

계 혈통의, 도시 출신의, 부유한 엘리트 계층'은 용납할 수 없었음은 물론이다.

　오랜 기간 파벨라를 연구한 Perlman(2010)은 이러한 서구 사회의 빈곤층에 대한 반감에 대해 언급하였다. 미국 및 유럽의 도시민들은 슬럼이나 빈민 지구에 거주하는 이들이 현대 도시의 생활에 제대로 적응하지 못한 것이라고 보고 있으며, 따라서 그들의 빈곤은 자신들의 책임이고 공식 부문의 직업 및 주택 시장에 편입하지 못한 것도 이촌향도민 자신들의 책임이라고 보는 경향이 있음을 지적하였다. 라틴아메리카의 불량 주택지구는 아름다운 도시의 치명적인 질병과도 같은 존재이자 범죄 및 폭력, 매춘, 가족 해체, 사회적 무질서의 온상으로 여겨졌다. 우파들은 빈곤층의 어려운 상황과 그들을 둘러싼 풍요로운 도시민들 간의 격차로 인하여 불량 주택지구에서 분노의 혁명이 일어나지 않을까 우려하였지만 좌파들은 그러한 혁명이 일어나기를 내심 기대하였다. 도시민들은 전반적으로 불량 주택지구의 주민들을 도시 공동체의 일원으로 보기보다는 '타자'로 인식하였으며, 이러한 시각은 사회과학자들에 의해 정당화되고 정부의 정책을 정당화하는 데 이용되었다. 따라서 빈곤 계층(Marginality)이란 용어는 단순히 빈곤한 사람들을 가리키는 용어에서 물질적이고도 이데올로기적인 세력으로 그 의미가 진화하였다(Perlman, 2010).

　냉전이 한창이던 당시, 미국 및 라틴아메리카 국가의 정부들은 도시의 잠재적인 폭동 세력을 근본적으로 예방하기 위해 농민들을 농촌에 계속해서 토지에 묶어 두기로 하였다. 그러나 라틴아메리카 정치 엘리트의 상당수가 대토지에 기반을 두고 있었기에, 농민들에게 기존 농지를 나누어 주는 것은 실행하기 어려운 사안이었다. 이에 당시 국제기구 및 미국, 라틴아메리카 엘리트들은 농민들을 아마존으로 보내어 정글을 개척하게 하는 방법을 택했다. 1960년을 전후해 일어난 상황은 라틴아메리카의 농민들을 아마존 정글에 묶어 두어야 한다는 의견에 정당성을 부여했다. 촌락의 농민들은 도시로 쏟아져 들어왔고, 쿠바에서는 혁명이 발발하였다. 더구나 쿠바혁명의 상징 체 게바라가 볼리비아의 산타크루즈 지역 농민 봉기를 돕기 위해 합류한 사실은 미국과 라틴아메리카 엘리트들을 더욱 조급하게 만들었다. 케네디 대통령 시절 미국의 '진보를 위한 동맹'에서는 농업 개혁을 중요한 목표로 삼았고, 콜롬비아·볼리비아·페루 등에서는 농민들에게 아마존의 정글로 들어가 농업 개발을 할 것을 독려했다. 농민들은 정부로부터 정식으로 농지를 받고, 농사에 필요한 창고나 각종 서비스를 제공받을 것이라는 약속을 듣고 아마존의 삼림으로 들어갔다. 페루에서는 우아야가(Huallaga) 강이 시작되는 우아나코 지역(Huánaco)이 1950~1970년대 리마 주변 지역을 제외하고는 가장 발전하는 지역으로 손꼽힐 정도였다.

그러나 아마존 개발계획은 제대로 이루어지지 못했다. 우선, 아마존은 예상보다 농업 생산성이 낮았다. 울창한 열대 우림이 조성되어 있지만 그 토양은 오랜 기간 산화된 척박한 토양이었다.[3] 1970년대 말 라틴

---

3 당시까지 사람들은 울창한 삼림으로 뒤덮인 아마존의 토양이 매우 비옥할 것이라고 생각하였다. 그러나 이는 잘못된 것이었다. 오랜 기간 동안 고온다습한 환경에 노출된 토양은 빠르게 산화하여 양분이 적고 척박한 라테라이트성 토양이 된다. 아마존의 토양은 대부분 라테라이트성 토양이지만, 고온다습한 환경으로 인하여 식생들이 빠르게 성장하고 빠르게 부식하면서 표면에만 비옥한 양분을 계속해서 제공함으로써 식생이 유지되는 것이다. 아마존에서 농사를 짓기 위해서는 비료를 많이 투

[사진1] 아마존 상류의 농가와 바나나밭(나포, 에콰도르)

아메리카 경제가 악화되고, 1982년 멕시코의 모라토리엄 선언 이후 라틴아메리카의 경제가 큰 추락과 변화를 겪으면서 상황은 더욱더 나빠졌다. 정부는 아마존으로 보낸 농민들을 신경 쓸 여력이 없었다. 게다가 1982년 경제 위기 이후 라틴아메리카 대부분의 국가들은 국제 금융 기구의 요구에 의해 신자유주의 경제체제로 돌아서면서 정부의 역할과 영향력이 축소되었다. 농민들은 예상했던 것처럼 상품성이 있는 농산물을 생산하지도, 안정된 삶을 살게 되지도 못했다. 수만 명의 빈곤한 농민들이 정부가 약속한 재정적 지원도, 학교도, 행정 및 사법 서비스도, 사회 기반 시설도, 일자리도 받지 못한 채 정글에 남겨졌다. 물론 그

입해야 하며, 이는 아마존 개발의 주요한 장애 요인이 된다.

들은 그 지역 출신이 아닌 아마존 개발을 위해 이주해 온 농민들이었다 (Gootenberg, 2018, 1-2).

냉전의 시대, 라틴아메리카의 농촌 지역은 '발전'되어야 했다. 발전한 지역은 공산주의 혁명으로부터 안전하다고 여겨졌기 때문이다. 그러나 발전의 핵이 되어 주변의 농촌 지역까지도 그 발전의 영향력을 미칠 것이라 생각되었던 지역에는 토지도 없고 빈곤한 농민들만이 남았다. 정부의 약속을 믿고 아마존을 개발하러 이주해 온 농부들은 스스로 생존의 길을 모색해야 했다. 그들은 아라비카 커피와 재배 고도가 비슷하지만, 커피보다 더 높은 가격에 팔리는 작물을 재배하기 시작했다. 오늘날, 중부 페루의 동쪽에 위치한 우아야가 계곡, 볼리비아의 저지대에 위치한 차파레(Chapare) 지역, 콜롬비아 남동부의 메타(Meta) 지역 등은 라틴아메리카에서 생산되는 코카인의 99% 정도를 생산한다.[4]

최근 넷플릭스를 비롯한 여러 방송 매체들에서 마약 산업에 대해 다룬 드라마나 다큐멘터리를 앞다투어 방영하고 있다. 프로그램들은 주로 에스코바르나 엘 차포와 같이 거대한 자본을 움직이며 나라의 안위를 위협하는 악명 높은 마약상들에 대해 다루고 있다. 그러나 이들에게 코카인 원료를 팔아 왔던 농민들은 프로그램에서 거의 다루지 않는다.

라틴아메리카의 농민들이 코카인을 재배하는 것은 그들이 사악한 범죄 세력이기 때문이 아니다. 그들은 국제 분업 체제에서 주변부에 속

---

4 이 지역들은 지리적으로 서로 떨어져 있지만, 1960년대 아메리카개발은행(IDB)과 세계은행, 미국의 해외원조기금 등이 추진하여 건설한 베네수엘라에서부터 볼리비아의 산타크루즈에 이르는, 아마존 서부 지역을 가로지르는 도로인 카레테라마르히날데라셀바(Carretera Marginal de la Selva)를 따라 연결된다. 라틴아메리카의 개발을 위해 건설한 도로를 따라 코카인이 신속하게 운반된 것이다.

하는 국가에서도 빈곤하고 소외된 지역에서 거주하는 농민일 뿐이다. 코카인 잎을 재배하여 제조업자들에게 제공하는 농민들은 엘리트들에 의해 도시 입성이 거부된 사람들이며, 정부가 약속하는 토지와 경제적 기회를 좇아 아마존으로 들어간 평범한 사람들이다. 그들이 사는 지역은 그나마 허약한 정부의 영향력이 매우 약하거나 거의 미치지 않는 지역이며, 그들은 오랜 기간 빈곤하였고, 정부가 그들에게 제공해 준 사회 기반 시설은 매우 허술하며, 종종 그들은 국가의 영향력이 미치지 않아 무법 지대나 다름없는 국경 지역에서 무장한 세력들을 마주해야 한다. 이러한 환경에서 안정적으로 농사를 지으며 미래를 예측하기는 힘들다.

아마존 서부 지역, 안데스 산맥의 동사면 지역에 거주하는 농부들은 1970년대 중반 이후 이러한 상황에 처하였으며, 그들은 가격도 높고 환금성이 좋은 불법 작물들을 재배해 왔다. 그들이 꿈꾸는 세상은 아마도 자기 명의로 된 작은 땅에서 농사를 짓고, 아이를 학교에 보낼 수 있으며, 전기가 들어오고 수도가 연결된 작은 집에 사는 것일 것이다. 냉전 시대 라틴아메리카 개발 전략의 실패는 결국 이들에게 생존을 위해 코카인을 재배하게 만들었다. 안데스 산맥 지역의 코카인 재배는 의도하지 않은 사회적 결과물이다(Gootenberg, 2018, 1).

3 더 나은 삶을 위해 국경을 넘는 농민들

바나나 공화국이라 불리던 중앙아메리카 국가들은 바나나, 커피, 카카오 등이 국가 수입의 주를 이루었다. 그러나 오늘날 이들 국가에서는 농작물이 아니라 '사람'을 판다는 자조 섞인 이야기를 한다. 정식 비자가 없기에 비행기나 배를 타고 도착할 수 없는 이들은 걸어서 혹은 화물 기차의 지붕에 올라타서 멕시코를 횡단하고, 마침내 미국-멕시코 국경에 도착한다. 운이 좋다면 국경을 넘어 미국의 농장이나 도시의 식당, 공사장 등에 취직하여 고향에 남은 가족에게 송금[5]을 할 수 있을 것이다.[6] 국가별로 차이가 있지만 중앙아메리카 국가군 및 카리브해 지역 국가군과 미국과의 비숙련 노동 부문의 임금 격차는 15배 이상이다(Niimi and Özden, 2008, 53).

냉전 이후 세계 질서가 신자유주의 체제로 전환되면서 제3세계 국가들의 외국 자본 및 외환 유치 방법은 다변화되었다. 외환의 획득도 과거의 정치적이고 정책적인 측면에서 시장에 기반을 둔 방법으로 전환되었다. 또한 국가별 소득 격차가 벌어지면서 저개발 국가의 일반 시민들은 더 나은 경제적 기회를 찾아 이주하여 직접 돈을 벌고, 이를 고국의 가족들에게 송금하였다(Eckstein, 2004, 313). 즉 송금은 국가 경제에 의한 빈곤에 대하여 개인적 차원의 대응 전략으로, 스스로를 국제 노동 시장에서 개인적으로 경제적 문제를 해결하는 방식이다. 20세기 중반 도시로 몰려가던 이촌향도민들은 20세기 후반, 국경을 넘어 다른 나라로 향하였다.

---

5 송금(Remittance)이란 일반적으로 다른 곳으로 돈을 부치는 행위나 그 돈을 의미하지만 국제 이주 노동자가 임금의 일부를 고국의 가족에게 보내는 행위 혹은 그 돈으로 확대되어 사용되고 있다. 엄밀하게는 해외 송금이라 해야 하지만, 국제기구나 통계 등에서 송금이라는 용어를 사용하고 있다(김희순, 2019).
6 2001년 미국의 9.11 사건 이후 미국 정부는 외국인에 대한 입국 심사를 강화하였고, 라틴아메리카인들의 이주 목적지는 미국 외에도 스페인을 경유한 유럽 지역으로 확대되었다.

2018년 공식적으로 집계된 전 세계의 송금 규모는 6890억 달러로, 이 중 880억 달러가 라틴아메리카 및 카리브해 지역으로 유입된 것으로 알려졌다. 라틴아메리카에서 가장 많은 송금이 유입된 국가는 멕시코로, 연간 357억 달러가 유입되었으며 과테말라(96억 달러), 도미니카 공화국(68억 달러), 콜롬비아(64억 달러), 엘살바도르(55억 달러), 온두라스(47억 달러) 등이 그 뒤를 이었다. GDP 대비 송금이 차지하는 비중에서는 아이티가 29.4%로 라틴아메리카 및 카리브해 지역에서 가장 높았고, 온두라스(19.1%), 엘살바도르(18.4%), 자메이카(17.6%), 과테말라(12.1%), 니카라과(10.2%) 등의 국가에서도 송금이 국가 경제에서 주요한 부분을 차지하였다(World Bank, 2019).

라틴아메리카 출신 이주민들의 주요 목적지는 미국이지만 라틴아메리카 지역 내에서도 상당한 규모의 이주가 발생한다. 예를 들어 멕시코는 미국으로의 주요 인구 유출지이지만 중앙아메리카 국가 출신 이주민들의 주요 목적지이자 경유지이다. 푸에르토리코의 경우 이웃한 도미니카공화국 출신 이주민의 주요 이주 목적지이기도 하다. 2004년 푸에르토리코에 거주하는 도미니카인들은 고국으로 2억 40만 달러를 송금하였는데, 이는 당시 도미니카공화국으로 유입된 전체 송금액의 9%에 해당하는 것이었으며, 이는 그 해 푸에르코리코로 유입된 송금액 전체의 절반 정도에 해당하는 큰 규모였다. 이외에도 도미니카공화국, 코스타리카, 에콰도르, 브라질, 아르헨티나 등은 이주민의 유출 및 유입이 함께 이루어지는 국가들로 송금이 유입되기도 하면서 유출된다(Duany, 2010, 207).

라틴아메리카인들의 외국으로의 노동 이주는 19세기 후반, 북부 멕시코의 농민들이 미국 남서부 지역으로 계절 이주 노동을 하면서부터 시작되었다. 미국과 멕시코의 국경이 현재와 같이 형성된 것은 1846년 멕시코-미국전쟁에서 패한 멕시코가 국토의 절반 정도를 미국에 판매하면서였다. 1848년, 멕시코-미국 전쟁의 결과 체결된 과달루페이달고조약으로 국경이 확정되었고, 현재 미국의 남서부 지역에서는 타운십 제도에 의거한 농지의 분할이 이루어졌으며, 새로이 미국에 편입된 지역은 농업을 중심으로 개발되었다. 미국 남서부 지역의 농장에서는 노동력이 필요하였는데, 특히 수확철에는 일손이 모자랐다. 미국의 농부들은 멕시코 북부 지역 농촌의 일손을 데려다 모자라는 일손을 보충하였다. 닭장차를 몰고 가서 멕시코 농부들을 데려오던 인력 모집인들은 닭장수(Pollero)라고 불렸다. 주로 계절별로 이주해서 노동을 하고 멕시코로 돌아오던 농민들은 1943년 미국과 멕시코 간의 노동력 수출 프로그램인 브라세로프로그램이 체결되면서 대거 미국으로 이주하였다. 1964년 종료되기 이전까지 공식적으로 브라세로프로그램을 통해 미국으로 건너간 노동자들의 규모는 450명 정도이다.

그러나 라틴아메리카인들이 미국 사회에 쏟아져 들어간 것은 20세기 후반의 일이었다. 이 시기 라틴아메리카 국가들 중 가장 먼저 이주한 집단은 푸에르토리코인들로, 1972년 이후 본격적으로 미국으로 이주하기 시작하였고, 도미니카공화국인들이 1988년, 멕시코인들은 1991년부터 본격적으로 이주하였다(Duany, 2010, 214). 1990년 이후 멕시코 및 중앙아메리카 국가 이주민들의 미국으로의 이주가 더욱 강화되었다.[7] 북

7 1980년 2,200,000명이던 미국 내 멕시코인의 규모는 1990년 4,260,000명, 2000년

[사진2] 고향에 송금하는 노동 이주민(미국 로스앤젤레스)

부삼각지대(Northern Triangle)라 불리는 중앙아메리카의 엘살바도르, 과테말라, 온두라스 출신들의 이주도 1990년대부터 가속화되기 시작하였다. 최근 미국-멕시코 국경 관련 주요 문제가 되었던 카라반들은 북부 삼각지대 국가 주민들이 멕시코를 경유하여 미국으로 단체 이주를 시도한 것으로, 이주민들이 미국으로 향하는 이유는 경제적인 이유와 국내 정세의 불안정이 주요 원인으로 꼽히고 있다(Cohn, 2017).

신자유주의 경제 정책의 도입 이후 라틴아메리카를 비롯한 대부분의 농산물 수출 국가들은 농업 경제 부문의 부진 및 후퇴를 경험하였다. 농산물의 국제 가격은 늘 변동성이 높았지만 초국적 기업들은 낮은 가

9,160,000명, 2010년 11,750,000명, 2015년 12,170,000명으로 최고치를 기록하였으나 이후 감소세를 나타내며 2017년 11,240,000명으로 감소하였다.

격을 좇아 국경을 넘나들었으며 거대한 자본과 현대적인 시설을 갖춘 선진국의 기업농들과 경쟁에서 영세한 농민들은 늘 불리한 입장에 서게 되었다. 농업 분야의 부진은 농촌 지역 주민들이 이주하는 주요 원인이 되었다. 북부삼각지대 국가의 하나인 엘살바도르의 경우 1980년 내전으로 인한 국내 치안의 불안정과 농업 부문의 부진 및 실업 증가로 인하여 이주민의 규모가 크게 증가하였고, 특히 농촌 지역 출신의 이주가 두드러졌다. 1960년 국가 GDP의 32%를 차지하던 농업 생산물은 2004년 9%로 감소하였으며, 엘살바도르 국내 임금 수준은 내전 기간 내내 지속적으로 감소하였다. 2000년 엘살바도르의 농업 부문 임금은 1980년의 40% 수준에 그쳤다. 또한 경제 자유화 이후 농업 부문의 경제적 취약성이 높아졌다. 주요 수출 작물인 커피와 설탕의 국제 가격은 지속적으로 하락하였지만 주로 수입에 의존하게 된 주곡 작물, 즉 쌀과 콩의 국제 가격은 상승하였다(Gammage, 2006, 78). 수입은 줄어들고 식료품비는 늘어나는 상황에서 엘살바도르의 농민들은 외국으로 이주하여 일자리를 찾았고, 번 돈을 고향의 가족에게 송금하였다. 멕시코 이주민들의 경우 에히도를 소유했던 마을 출신들이 이주를 시도하는 경향이 높고, 근래에 가뭄이 들었을 경우 이주하는 경향이 높게 나타난다고 한다(Garip, 2012, 1347).

국가가 농촌을 돌보지 않는 라틴아메리카에서, 송금은 국가를 대신해 농촌 경제를 이끌어 나갔으며, 국가의 경제가 어려울 때에는 송금의 규모가 더욱 증가하였다. 송금은 그 어느 자본보다도 가장 빈곤한 계층에 도달하여, 여성·어린이·노인 계층이 먹고, 입고, 거주하는 데 쓰이고 병원비 등으로 지출된다. 생필품 구입에 사용되는 외에도, 빚을 갚고

아이를 학교에 보내는 곳에 쓰이며, 저축을 하거나 가정에 필요한 제품이나 주택, 토지를 구입에도 쓰이고, 비상시를 위한 여유 자금이 되기도 한다(Durand, Parrado and Massey, 1996). 송금은 개발도상국의 빈곤한 계층에 직접적으로 현금 및 현물을 제공함으로써 공여를 받는 가구의 생활을 개선하는 효과가 있다. 그러나 송금의 효과를 해당 커뮤니티 및 사회, 국가로 확대해서 고려할 경우 다양한 해석이 제기된다.

송금의 효과에 대해 긍정적인 경우에는, 처음 이주를 시도하는 이들은 빈곤한 가구 출신이 대부분이지만, 반복해서 이주를 하는 이들의 가구는 훨씬 부유해진다고 볼 수 있다(Garip, 2012, 1345). 즉 이주를 반복하면서 고향에 송금하고, 그 송금이 축적되어서 점차 부가 축적된다는 것이다. 따라서 송금이 주요 소득원인 국가들에서는 가구원 중 누가 이주하고 누가 남아서 가족을 돌볼지가 가족 단위에서 매우 중요한 전략이 된다(Funkhouser, 1995, 137). 그러나 가족 중에 외국으로 이주해서 송금을 보내는 이가 없는 가정은 상대적으로 빈곤의 정도가 심화될 수 있다. 마을의 송금의 역사가 길어지면 송금을 주택 구입이나 건설, 부동산 구입 등에 사용하는 가구들이 증가하며 이는 마을 전체의 주택 가격 상승으로 이어지고 결국 송금을 받지 못하는 가구들의 상대적 빈곤의 심화로 이어질 수 있다.

송금의 영향력은 마을의 이주 역사에 따라 달라지기도 하는데, 이주가 처음 일어나는 마을의 경우, 최초의 이주자는 경제적으로나 학력 면에서나 상대적으로 우월한 위치에 있는 사람인 경우가 일반적이며, 이들이 해외에 이주하여 송금을 하면 마을에서도 비교적 부유한 가구의 소득이 증가하고, 마을 내 빈부 격차는 증가한다는 것이다. 그러나 최초의 이주자가 정착한 이후 그를 좇아 이주하는 연쇄 이주자들은 더 적은 비용으로 더욱 쉽게 해외 지역에 취업할 수 있게 된다. 연쇄 이주로 인해 마을에서 상대적으로 빈곤한 가구의 이주민들이 해외로 이주하는 단계가 되면 송금의 혜택을 받는 가구가 증가하고, 마을 내의 소득이 전반적으로 증가함으로써 빈부 격차가 감소된다(Strak, et al., 1986).

장기적인 관점에서 볼 때 송금에 기반한 경제의 미래는 자멸적이다. 송금 경제가 유입국에 미치는 경제적 연계는 매우 제한적이고 외환의 유입으로 인한 물가 및 부동산 가격의 상승, 환율의 고평가 등이 나타난다. 마을 내에서는 송금을 받는 가구와 그렇지 못한 가구 간의 불평등이 증가한다(Gammage, 2006, 95). 또한 농업 부문의 후퇴로 농촌 출신들이 외국으로 이주하는 국가들의 경우에도 장기적인 측면에서 부정적인 효과가 나타난다. 엘살바도르의 경우 농촌 출신 이주민들이 미국, 캐나다, 호주 등으로 이주하면서 국가 경제에서 농업의 비중은 더욱 낮아졌다. 국가의 경제 구조는 서비스 산업이 주를 이루고, 교통 및 통신 산업이 새로이 발달하였으며 소비재는 주로 수입에 의존하는 구조로 변화하였다. 기존의 대토지 소유 엘리트 계층은 건설업, 운수업, 통신업, 화물 서비스, 금융 부문으로 전환하였는데, 이러한 부문은 대부분 이주민의 송금과 관련된 산업들이었다. 내전 종식 이후 엘살바도르 경제는 송금 덕에 회복이 용이했지만, 경제는 주로 서비스 부문 및 소매업을 중심으로 성장하였다(Gammage, 2006, 83).

최근 국제 금융 기구들은 송금을 빈곤 국가의 경제적 상황을 완화시킬 수 있는 주요한 수단으로 보고 있다. 즉 그 어느 자본보다도 필요한 이들에게 직접 도달하여 가장 필요한 부문에 사용된다는 점에서 송금은 FDI나 ODA보다 더 효율적인 방법으로 제시되고 있다. 20세기 중반까지 국제 자금의 흐름에서 큰 주목을 받지 못하던 송금, 특히 빈곤한 국가로의 송금은 세계화로 인한 노동력의 이주 현상이 보편화되면서 국제 금융 부문에서 주목을 받고 있다. 송금이 수혜국의 경제에 긍정적인지 부정적인지에 대해서는 다양한 의견이 있다. 그러나 분명 송금은 빈곤한 국가의 경제에서 그 중요성이 더욱 높으며, 도시보다는 촌락의 경제에 직접적인 영향을 미치고 있다.

제2부

라틴아메리카 불평등 개선을 위한 시도

제5장

라틴아메리카 원주민의 인종적 불평등

극복 문제를 다루는 두 가지 시각:

탈식민 이론과 수막 카우사이

조영현

:: 식민적 국가 탈피와 국가의 재구성

현재 볼리비아와 에콰도르에서 진행되는 정치적 · 사회적 변혁을 위한 노력들은 국가의 탈식민화와 국가 재구성 과정으로 이해할 수 있다. 이 두 나라의 경우 19세기 초반 스페인으로부터 독립한 이후 현재까지 십여 차례 헌법을 개정했다. 그동안의 모든 헌법은 식민적 · 과두적 성격을 내포하고 있었다. 그러나 에콰도르의 2008년 헌법과 볼리비아의 2009년 헌법은 전혀 다른 비전에서 만들어진 헌법이다. 불평등과 배제의 문제를 극복하기 위한 원주민 운동의 이상과 꿈이 반영된 첫 헌법이기 때문이다. 원주민들의 집단적 권리(Derechos colectivos), 다민족국가(Estado plurinacional), 상호문화성(Interculturalidad), 자연권(Derecho de la Naturaleza)과 수막 카우사이(Sumak Kawsay) 등의 시각에서 기술된 것이 가장 중요한 특징이다.

수막 카우사이는 2008년 에콰도르 헌법 정신을 관통하는 '유기적이고 통합적인 개념'인 동시에 헌법의 목표이기도 하다. 이 헌법 전문은 아래와 같이 선언하고 있다: "우리들은 다양성 안에서 시민적 공생의 새로운 방식과 자연과의 조화, '충만한 삶(el buen vivir)'에 도달하기 위하여 수막 카우사이를 건설하기로 결정했다." 수막 카우사이를 국가 발전의 프로젝트로 구상한 『엘 부엔 비비르(el buen vivir)를 위한 국가계획 2009-2013』은 수막 카우사이를 서구의 복지 개념이 아니라고 하면서, 다양성 안에 일치, 인간 능력의 향상, 자연과 조화, 협동적이고 연대적인 공생, 공적 영역의 건설, 보편적 권리의 실천, 다원적·참여적 민주주의 국가 건설과 연결시켰다(SENPLADES, 2009, 31-42). 특히 '다민족 국가'에 대한 인정, 모든 문화, 인종, 언어에 대한 기회와 권리에 있어 평등의 보장을 통해 배제와 불평등이 구조화되어 있던 식민적 국가의 모습을 탈피하려 했다. 식민적 유산에 찌들어 있는 국가를 해체하고 국가를 새로운 비전에 따라 재구성하려는 노력은 수막 카우사이의 실천을 통해 압축적으로 드러난다. 원주민들을 국가 체제 안으로 포섭하고 그들의 권리가 충만하게 인정되는 국가를 만들려고 한 것이다. 배제 체제의 국가에서 벗어나 포용적 국가 모델로 전환하려는 노력의 일환이다.

:: 인종적 불평등 극복을 위한 국제적 노력

원주민들의 인권과 권리의 확대라는 결과는 원주민들의 노력만으로 이루어진 것은 아니다. 인권의 차원에서 원주민들의 권리를 강화하는 국제적 흐름도 중요한 역할을 했다. 특히 유엔과 국제노동기구(ILO)의 〈원주민권리선언〉은 원주민들의 권리 투쟁의 정당성을 보증해 주었고 원주민들의 권리를 확대시키는 데 기여했다. 이런 국제적·국제법적 지원은 원주민의 자긍심을 회복시키는 데 기여했다.

1948년 유엔의 〈세계인권선언〉은 인권 의식의 함양에 결정적 영향을 미쳤다. 그 이후 단순히 정치적 권리뿐 아니라, 경제, 사회, 문화, 생태와 관련된 권리들로 영역이 확대되었다. 특히 1989년 6월 7일 국제노동기구 총회에서 승인된 독립국들 안에서 〈원주민과 부족민들에 대한 국제노동기구 협약 169호〉는 원주민들의 권리 증진 투쟁이 정당함을 국제적으로 인정하는 선언서였다. 이 협약은 무엇보다 국가 내부에서 자신들의 정체성, 언어, 종교 등을 유지하고 증진시키려는 열망을 인정했다. 경제 발전을 추구하고 자신들의 고유한 제도나 삶의 형태를 유지하려는 노력이 정당한 것임을 승인했다. 동시에 고유 관습법, 가치, 제도, 언어, 문화면에서 차별 때문에 고통받고 있는 열악한 현실도 강조했다. 많은 지역에서 원주민들이 다른 인종이나 주민들에 비해 기본적 권리를 충분히 누리지 못하는 것이 부정할 수 없는 사실이기 때문이다. 사실상 협약의 기본 원리나 정신도 차별의 철폐에 초점이 맞추어져 있었다.

2007년 9월 개최된 유엔 총회에서는 회원국 143개국의 지지를 받아 〈유엔 원주민권리선언〉이 채택되었다. 이 선언서는 원주민들이 인종적·문화적 차별이나 인권 침해를 받지 않게 하려는 목적을 가지고 있었다. 다른 주민들과 다른 종족적·인종적·문화적 차이들이 차별의 대상이 아닌 인류의 공동 자산임을 천명하고, 문화적 다양성 자체가 인류에게 풍요를 선사한다고 강조했다. 이 선언은 국제적으로 기존의 모든 인종, 종족, 문화적 차별과 원주민을 열등한 존재로 취급하던 경향들이 비과학적인 것으로 거짓이란 것을 드러내는 데 공헌했다. 따라서 법적으로 무효이며, 사회적으로 불의한 조치였음을 확인해 주는 역할을 했다. 특히 불의한 처우들에 대한 도덕적 단죄와 반성이 포함되어 있었다. 비록 이 선언이 국제법적으로 강제력을 갖는 것은 아니지만 회원국들이 국제적으로 존중해야 하는 기본적 원리들을 천명했다는 점에서 이〈유엔 원주민권리선언〉은 중대한 의미가 있다.

라틴아메리카에서 불평등 문제는 하나의 현실이다. 특히 소외, 배제, 착취, 부패 등 고질적인 문제들의 근원을 성찰하는 이 지역 비판 이론은 원주민에 대한 불평등 문제와 그 극복에 대해 고민해 왔다. 대표적으로 탈식민 이론은 식민성(colonialidad) 극복과 해방의 문제를 불평등 극복과 연계시키고 있다. 안데스 지역의 수막 카우사이도 국가 재구성을 통해 원주민들이 겪는 소외, 배제, 착취 등의 불평등과 차별을 극복해 보려는 노력이다. 이 두 이론은 우리 시대 원주민들이 겪는 불평등 문제의 해소와 새로운 사회를 위한 대안들을 제시하고 있다.

:: 탈식민 이론

1 권력의 식민성

'근대성/식민성 연구 그룹'은 라틴아메리카, 혹은 이 대륙과 관련된 학자들에 의해 조직된 연구 네트워크이다. 이 모임에 가장 중요한 구성원들은 엔리케 두셀, 아니발 키하노, 월터 미뇰로, 아르투로 에스코바르, 산티아고 카스트로 고메스, 에드가르도 란데르, 라몬 그로스포겔, 케서린 월시 등이다. 이 그룹은 식민성이 없다면 근대성도 없다고 주장한다(Escobar, 2003, 31-67). 다시 말해, 식민성은 근대성의 부산물이 아니라 근대성의 본질적 구성 요소를 이룬다는 것이다. 해방신학, 해방철학, 임마누엘 월러스타인의 세계 체계, 하위 주체에 대한 연구, 마르크스주의는 라틴아메리카의 탈식민주의 이론 형성에 결정적으로 기여했다.

라틴아메리카는 식민적 상처와 그 유산으로 인해 고통받고 있다. 500년 전에 시작된 식민적 지배는 아직도 끝나지 않았다. 식민화는 흑인과 원주민의 삶을 파괴했다. 그들은 1492년에 아메리카에 도착한 유럽인들에 의해 소외와 배제의 희생양이 되었다.

아니발 키하노(Aníbal Quijano)는 '권력의 식민성(La colonialdiad del poder)' 개념이 중요하다는 점을 강조했다. 현재의 세계 권력 패턴은 16세기 이래로 유럽의 확장에 의해 형성되어 사회 전반에 영향을 미친다. 유럽인들은 인종과 종족이라는 개념을 바탕으로 지구 전체의 인종과 민족을 분류했다. 가장 높은 자리에 백인을 위치시키고 원주민과 흑인은 가장 밑바닥에 배치함으로써 자신들과 자신들의 문화가 가장 우월하다고 주장하고 그 논리를 타자들에게 강요했다. 키하노에 따르면 인종차별주의는 아메리카 대륙의 '발견'과 함께 등장했으며, 그 뒤에 근대/식민 자본주의 체제하에서 강화되었다(Quijano 2000, 201-218). 국제적 노동은 피부색에 따라서 분화되었다. 라파엘 바우티스타(Rafael

Bautista)는 아니발 키하노, 임마누엘 월러스타인, 그리고 엔리케 두셀의 핵심 사유를 다음과 같이 요약했다.

사회적 분류는 먼저 인종 분류인데, 그것은 인류의 <u>익숙해진</u> 분류의 산물로서 국제 분업 체계에 따른 세계 시장의 요구 사항과 필요가 만들어 낸 것이다. 근대 세계 체제는 단지 이런 세계 지배를 정당화하는 <u>익숙해진</u> 분류 덕분이다. 인종을 우등한 것과 열등한 것으로 차별하는 인종차별이라는 발명은 세계적으로 중앙과 주변이라는 이분법에 따라 효과적으로 확산된다(2014, 25-26, 밑줄은 원저자).

이런 사유는 유럽중심주의 형성에 토대가 되었다. 이 유럽중심주의는 전 세계에 유럽의 경험과 지식이 보편적 특성을 가진다고 강요할 수 있는 근거가 되었다. 유럽은 문명화된 세계이고 나머지는 야만의 세계가 된 것이다. 유럽의 지식은 과학에 기반을 둔 것으로 보편화할 수 있는 합리성이 존재한다는 거짓 믿음이 확산된 것이다. 엔리케 두셀이 '지식의 지정학'이란 개념을 통해 이 논리의 맹점을 공격한 이유도 라틴아메리카 사람들이 맹목적으로 유럽 문화에 경탄하고 그것을 추종하는 데서 벗어나지 못하고 있기 때문이다. 다른 말로 하면, 서구 백인 문화를 추종하는 '문화적 미백화(blanqueamiento cultural)' 욕망에서 벗어나지 못한 현실을 한탄한 것이다.

엔리케 두셀은 근대적 이성을 폭력적 · 유럽중심적 · 헤게모니적 이성이라고 비판했다(2001, 345-358). 그러므로 탈식민화는 식민적 권력의 패턴을 파괴하는 것이자 거기서 해방되는 것을 의미한다. 식민주의, 근대성, 자본주의, 유럽중심주의, 인종적 위계성은 지배와 배제를 양산하는 같은 식민적 권력 패턴에 뿌리를 두고 있는 것이다. '근대성/식민성 연구 그룹'의 입장에서는 이런 것들이 공고하게 유지되는 체제에서는 인간의 존엄성과 품위가 보장되지 않을뿐더러 행복한 삶이 보장되기 어렵다는 것이다. 원주민이 주민의 대다수를 차지하고, 아직도 남미 최빈국의 현실을 벗어나지 못한 볼리비아에서는 2000년대 들어 식민성에서 벗어나야 한다는 주장이 설득력을 가지고 확산되었다.

2 식민성과 식민주의, 그리고 인종과 문화에 대한 차별

식민성(colonialidad)은 식민주의(colonialismo)와 동의어가 아니기 때문에 서로 구별해야 한다. 소사 산토스는 라틴아메리카 진보 정치와 식민주의의 관계를 두 입장으로 정리했다. 먼저 식민주의가 종말을 고했다고 생각하는 입장은 식민주의가 존재한다는 사실 자체를 부정한다. 이 입장은 19세기 독립과 함께 식민주의는 종식되었으므로 진보 정치의 유일하고 정당한 목표는 반자본주의를 지향하는 투쟁이어야 한다고 주장한다. 따라서 계급투쟁을 강조했고, 인종적, 종족적 투쟁에 대해서는 과소평가한다.

다른 입장은 독립 이후에도 내적 식민주의 혹은 식민성은 계속되고 있다는 입장이다. 따라서 진보 정치의 목표가 탈식민성이 되어야 한다는 노선이다(Sousa Santos, 2010, 31-33). '식민성'은 자본주의적/가부장적, 근대적/식민적 세계 체제의 헤게모니적인 구조와 문화에 의해서 만들어졌고, 식민지 행정 기구의 소멸 이후에 생겨난 지배와 착취 형태들

의 연속성과 관련된다. '권력의 식민성'은 근대적/식민적, 자본주의적/
가부장적 세계 체제 안에서 결정적으로 구조화되었다(라몬 그로스 포겔,
2008, 70). '식민적인 것'은 단지 고전적 식민주의 또는 내부 식민주의로
만 한정되지 않는다. 또한 식민지 행정 기구의 현존으로 환원될 수도 없
다. '식민주의'라는 용어가 정치적 측면을 강조한 것이라면, '식민성'은
식민적 행정 기구에 의한 직접적 지배는 사라졌지만, 식민적 인식이나
문화가 상존하며 영향을 미치는 것을 가리킨다. '식민적 상황' 또는 '권
력의 식민성'은 식민지 행정 기구의 현존과는 상관없는 지배적 인종 집
단에 의해 자행되는 정치적, 경제적, 문화적, 인식론적, 영성적, 성적, 언
어적 억압과 착취를 가리킨다(Ibid.).

유럽 중심적 사유의 기본 토대는 그들의 인식론인데, 그 인식론은 당
연히 색(color)과 성(sexualidad)을 지니고 있다. 한마디로 인종차별과 마
초주의가 그것이다. 유럽 남성의 서구적이고, 제국적/전 지구적인 계획
뒤에도 이런 인식이 작동된다. '권력의 식민성'은 전 지구적 차원에서
지배와 착취의 성적, 정치적, 인식론적, 영성적, 언어적, 인종적 위계나
장치들이 다양하고 이질적인 형태로 직조된 체제로 나타난다. '권력의
식민성'이라는 관점이 갖는 혁신 중 한 가지는 인종과 인종주의가 세계
체제의 다양한 위계들을 구조화하는 조직 원리를 구성한다는 것이다.
특히 인종은 새로운 사회적 권력 구조에 포함된 주민을 분류하고, 생산
자원을 통제하고, 노동을 분화하는 표준이 되었다. 자본을 축으로 인종
과 노동을 결합시키는 새로운 지배/착취 기술은 전례가 없는 성공을 거
두었고 이러한 식민적 권력 매트릭스는 지금도 작동하고 있다(김은중,
2011, 23). 유럽의 가부장제와 성, 인식, 영성의 영역에 있는 유럽적, 기독

교적 개념들은 식민지 확장을 통해 세계의 나머지에 수출되었고, 그것들은 세계에 있는 비유럽인들을 우월한 인종과 열등한 인종으로 위계를 세우면서 '인종화'하고, 분류하고, '병리화'하기 위한 기준으로 기능했다(라몬 그로스 포겔, 2008, 67). 따라서 에콰도르에서 인종차별주의나 문화차별주의를 극복하는 것은 가장 근본적인 탈식민화의 토대가 된다.

:: 수막 카우사이

1 수막 카우사이의 정의

수막 카우사이는 케추아어에 그 뿌리를 두고 있다. 어원적으로 보면 Sumak은 '충만(plenitud)', '숭고한(sublime)', '뛰어난(excelente)', '놀라운(magnífico)', '아름다운(hermoso)', '상위의(superior)'의 의미를 내포하고 있고, Kawsay는 '삶(vida)', '있는 존재(ser estando)', '존재하며 있는(estar siendo)'의 내용을 함축하고 있다(Macas, 2011, 52; Huanacuni, 2010, 6). 굳이 스페인어로 번역하자면 el buen vivir(참 삶, 참살이, 잘살기, 살림) 혹은 Vida en plenitud(충만한 삶) 정도가 수막 카우사이의 의미를 어느 정도 담아 내고 있는 표현이라고 할 수 있다. 볼리비아에서는 같은 의미를 지닌 아이마라어 수마 카마냐(Suma qamaña)가 주로 쓰인다.

수막 카우사이는 안데스 토착 원주민들의 선조들이 가졌던 우주관으로 역사, 삶, 우주, '어머니이신 자연'의 순환과 조화 안에서 모든 존재하는 것들과 균형을 이루며 살았던 과거의 기억을 회복시킨다(Rocha,

2010, 6-7). 특히 수막 카우사이는 원주민 사이에서 입에서 입으로 전해진 그들의 축적된 공동체적 삶의 지혜이다. 또한 그들의 인식이 응축된 상징, 주변의 물질이나 자연과 관계 맺는 삶의 방식이다. 그러나 이 수막 카우사이는 단순이 과거 기억의 회복이란 측면을 넘어서 미래를 지향하고 있다.

수막 카우사이는 모든 것이 서로 관계되어 있고, 상보적이며, 생명의 연대를 이루고 있음을 강조한다. 그러나 '인간과 자연, 인간과 인간 사이의 일치와 조화, 공생의 삶의 방식'을 강조하는 면만 있는 것이 아니다. 다른 측면에서는 '사회 권리로서의 수막 카우사이'와 '발전의 대안으로서의 수막 카우사이'의 측면도 있다.

수막 카우사이와 그 번역어인 부엔 비비르에 대한 정의에 있어 인디오 기관, 단체, 운동, 학자들 사이에 서로 차이가 있고 강조점도 다르다. 이것은 2008년 제헌의회에서 수막 카우사이에 대한 헌법 내 명기 여부를 놓고 논쟁이 벌어지면서 수막 카우사이에 대한 의미와 해석이 다양해졌기 때문이다. 사회주의와 연결시키는 사람이 있는가 하면, 발전론, 사회권리, 생태주의 등과 관련시키는 사람도 있다. 그러나 이런 경향이 잘못된 것은 아니다. 수막 카우사이는 철학적, 윤리적 측면이 있으며 삶에 대한 원리라는 측면에서 다양한 해석이 가능하기 때문이다.

간단히 요약하면, 수막 카우사이는 인류가 자연과 하나로 연결되어 있고 관계되어 있다는 공동체적 시각에서 모든 존재들과 균형 잡히고 조화로운 관계를 이루려는 '공생의 원리'이자 '삶의 방식'이다. 따라서 자연과 인간, 인간과 인간 사이의 일치, 공존, 공생의 삶을 강조한다. 동시에 수막 카우사이는 배제와 불평등이 없는 사회를 지양한다. 여기에는 생명과 삶이 최우선 가치로 부상하고, 자연과의 조화로운 관계의 회복을 추구한다. 토착 원주민들은 파차마마(Pachamama)를 '대지의 신', '어머니이신 자연'으로 이해하고 존중했다. 즉 모든 존재들의 총체요 생명을 부여하는 생명 전체의 어머니로 이해하는 것이다. 원주민의 우주관과 비전 속에서 자연은 하나의 대상이 아니라 인간이 거하는 생명 자체로 이해된다.

> 대지(Pachamama)는 단순히 물질이 아니다. 이곳은 생명이 생산되고 재생산되는 공간이다. 그리고 자연은 그들에게 단순히 물질이나 원자재가 아니다. 서구 사유에서 자연은 주체가 아닌 대상이기에 착취할 수 있는 자원이며, 인간에 의해 지배당하는 것이 당연시 된다. 서구의 논리는 이 세상을 조립, 해체, 조작이 가능한 공학적 구조에 따라 움직이는 것으로 파악했다. 근대는 자연과 사회가 분리되는 이혼 과정과 함께 시작되었다. 이런 논리는 인간 이외의 모든 것을 인간의 필요에 따라 전용할 수 있다는 철학을 창조해냈다. 서구 근대가 자연과 인간을 분리시키고 과학을 발전시키면서 놓친 것은 바로 세계를 바라보는 통합적 시각이다. 근대적 사유는 인간중심적 효용주의(utilitarismo)에 기초한 시각에서 자연을 보기 때문에 물질, 원자재, 그리고 자본으로밖에 보지 않았다. 수막 카우사이는 이런 근대적 사고의 오류를 수정할 것을 제안한다. 인간은 자연의 주인이 아니라 자연의 일부이기 때문이다. 아마존과 안데스 사람들은 자연 없이 인간은 하루도 생존할 수 없다는 사실을 삶으로 이해하는 사람들이다(조영현, 2020, 6).

따라서 자연은 자원, 상품, 대상으로 이해하는 서구 시각과는 근본적으로 다른 것이다. 에콰도르 헌법은 파차마마에 대한 인식을 기초로 자연을 대상이 아닌 주체로 인식한다(에콰도르 2008년 헌법 10조).

2 사회 권리의 확대로서 수막 카우사이 : 다민족국가와 상호문화성

사회 권리로서의 수막 카우사이는 인권, 집단권, 문화권, 파차마마에 대한 존중과 자연권, 상호문화성, 다민족성 확보를 위한 투쟁, 제도의 개혁 등과 관련되어 있다. 이런 측면에서 보면 수막 카우사이의 해방적 측면이 드러난다. 정치적으로 수막 카우사이는 권력의 모태 자체의 정당성에 대해 비판적으로 사고한다. 즉 왜곡된 권력 구조를 반영하는 국가의 식민적 구조와 지나친 중앙집권화에 반대한다. 여기서는 앞서 언급한 다양한 사회 권리 중 다민족국가와 상호문화성이 지닌 탈식민적 특성만을 다룰 것이다.

수막 카우사이는 도덕적·윤리적 원리를 넘어서는 권리로서 법치국가(Estado de derecho)를 넘어서 권리국가(Estado de derechos)를 지향하고 있다. 2008년 헌법 12조에서 34조, 그리고 340조에서 415조까지 광범위하게 수막 카우사이와 관련된 권리들을 언급하고 있다. 특히 340조에 언급된 포용과 공정(Inclusion y equidad)이라는 용어는 인간과 자연, 인간과 인간 사이의 조화로운 관계를 지향하는 수막 카우사이의 토대를 반영하고 있다. 원주민들의 권리 회복 투쟁에서 부상한 수막 카우사이는 다양한 권리들을 강조했다. 특히 잃어버렸고 무시당했던 권리를 회복하려고 시도했다. 체제의 외부에 위치한 것들을 체제의 내부로 끌어들이려 시도한 것이다.

파블로 다발로스(Pablo Davalos)에 의하면, 이런 시각은 타자, 타자성 (Otredad)과 관련된다. 수막 카우사이의 시각은 타자의 시각에서 출발한다. 원주민들은 1492년 이후 근대성이 수용하지 못한 외부, 타자성이었다. 전체성(Totalidad)이 인간이 자기 실현을 위해 만들어 놓은 견고한 체제라면 이 체제의 밖에 위치한 존재였다. 서구 근대성이 산출한 자유주의나 사회주의 모두 원주민들의 처지에는 무관심했다. 국가의 이름으로 근대화를 촉진하면서 시민으로 인정받지 못한 원주민들을 문명화한다는 논리로 유럽화, 혹은 메스티조화를 통해 동질화(homogenización)하려 했다. 서구와는 다른 삶의 방식을 가진 다른 문화, 다른 존재(Ser diferente)를 인정하지 않은 것이다. 물리적으로 존재하지만 존재하지 않는 비가시적 존재로 만들어 버렸다. 원주민들과 노예로 끌려온 아프리카 흑인 후손들은 체제에서 배제된 존재로 지난 500년을 살았다. 이들은 '목소리 없는 민중'으로 살았다. 단일국민국가(Estado uninacional) 내의 '이류 국민'이었다. 이것은 국민국가가 당시까지도 식민적 구조를 탈피하지 못했음을 보여 주는 사례이다. 에콰도르의 현실에서 백인과 소수 메스티조 중심의 단일국민국가 기획은 민주주의뿐 아니라, 상생과 공존, 조화로운 관계를 지향하는 수막 카우사이와 공존할 수 없는 체제였다.

국민국가는 근대가 탄생시킨 국가 모델로서 그 자체로 배제적, 동질적, 단일 문화적, 단일 언어적 특징을 갖는다. 단일 문화에 의존한 국가는 사회의 다양성을 인정하지 않고 유일하고 패권적인 지배 문화에 동화된 하나의 국민만을 인정한다. 이 모델에서는 다양한 문화, 다양한 언어, 다양한 주민은 분열을 초래하고 장기적으로 통합된 국가를 건설하는 데 장애물로 인식했다. 모든 차이들은 헤게모니를 가진 문화에 동질화 과정을 통해 흡수되거나 포섭되어야 했다. 문제는 국민국가가 에콰도르와 같은 현실에서는 '연대적 공생 관계'를 창출하지 못한다는 것이다. 이 점을 캐서린 월시는 다음과 같이 표현했다.

국민국가는 압야 얄라, 안데스 아메리카, 그리고 에콰도르에서 잘 알려진 것처럼 작동하지 않는다. 문제는 국민국가 모델이 수명이 다했다는 것만을 의미하는 것이 아니라, 개념 자체가 잘못되었다는 것이다. 국민국가는 다양한 국민들과 문화, 역사적 과정, 사고방식, 권한, 민주주의, 정부를 접속시키지도, 국민을 제대로 대표하지도 못했다. 또한 국민국가는 연대적 공존, 폭넓은 참여, 사회의 다원적 · 균형적 정책을 추구했거나 촉진시킨 적이 없다(Walsh, 2009, 63).

국민국가 모델의 한계를 파악한 에콰도르 원주민들은 자신들의 정치적 권리 회복과 진정한 민주주의를 실현하기 위해서는 에콰도르가 '다민족국가(Estado plurinacional)'가 되어야 한다고 주장했다. 1990년 5월 28일 원주민 봉기 때 원주민들은 16개 항목을 정부에 요구했다. 그 첫 번째 항목은 "에콰도르를 다민족국가로 선언할 것"이었다(김달관, 2010, 42). 다민족국가는 경제, 문화, 정치, 사법, 정신, 언어적 실체들이 역사적으로 다르고, 한 영토 내부에 다양한 주민이 있으며, 국민의 존재가 다양하다는 것을 인정할 것을 요구한다. 이것은 자신들이 열등한 '종족 집단'으로 규정되는 것에 대한 거부를 넘어, 언어와 영토, 문화를 가지고 있는 집단인 국민으로 인정해 줄 것을 요구한 것으로 지배 집단만을 대표하는 메스티소 중심의 단일국민국가 모델의 수정을 요구한 것이다(김윤경, 2010, 220-224).

다민족국가에 대한 요구는 원주민들이 단순히 그룹이나, 사회 계급, 종족으로 분류되는 것을 넘어 원주민이 집단적 권리의 주체로 인정받는 초석이었기 때문에 중요했다. 또한 다민족국가는 행정적으로 탈중앙집권적 성격을 내포하고 있으며, 자치를 강화하는 특성이 있어 자기결정권을 실현하려는 원주민들에게는 정치적 권리의 회복과 확대를 의미했다. 이것으로 원주민들은 "다르지만 동등한 존재"로 부상할 수 있는 토대를 만들었다. 동시에 '원주민 정체성'과 '에콰도르 국민'이라는 이중적 정체성을 온전히 인정받을 수 있었다. 그러나 다민족국가에 국민은 토착 주민인 원주민만 포함되는 것이 아니다. 아프리카계 조상을 둔 흑인, 메스티조, 백인 모두 함께 다민족국가를 형성한다는 점에서 국민 전체를 위한 국가를 만들려고 한다는 것을 분명히 했다.

2008년 신헌법이 에콰도르를 다민족국가로 천명한 것은 식민 시대부터 고착화되었던 '배제의 체제'를 극복하고 '포용과 평등의 체제'로 전환했음을 보여 주는 지표로서 의미가 있다. 무엇보다 역사적으로 기존 국가 모델이 내포하고 있던 단일 문화적이고 동질적 특성이 깨졌다는 데 의미가 있다. 이런 의미에서 다민족국가 선언은 식민 유산에서 벗어나는 '탈식민 국가 선언'이라고 할 수 있다. 이런 인식의 전환은 식민 구조의 연장선상에서 국가가 토착민을 국민에서 배제한 잘못된 관행을 수정하는 것이며, 인식론적으로는 '탈식민적 전환(giro descolonial)'을 보여 주는 것이다. 또한 다문화 사회에서 민주주의의 공고화는 역사적으로 소외된 주민들의 포함 정도에 따라 평가된다고 할 때, 다민족국가는 민주적 특성을 내포하고 있다고 할 수 있다(Walsh, 2009, 167). 소사 산투스는 다민족국가가 근대 국가가 만든 단일국민국가 모델을 해체하고 다양한 국민들을 인정하는 제제로 전환되는 새로운 국가의 탄생을 의미한다고 평가했다(Sousa Santo, 2009, 37).

한편 상호문화성 개념은 문화 간 차별과 편견을 극복하도록 도와주는 중요한 역할을 수행한다. 종족이나 인종적 차이를 차별로 왜곡시키지 않는다는 장점이 있다. 따라서 원주민들은 상호문화성의 전망에서 대화할 것을 촉구한다. 상호문화성의 장점을 아래와 같이 정리할 수 있다.

상호문화성은 특정 공간 안에 존재하는 문화들의 복수성을 묘사하는 다문화성(Multiculturalidad)과 다른 개념이다. 다문화성은 주로 '비자발적인 소수자'와 여러 이민 단체 등 소수민족이 공존하는 미국과 같은 서양 국가에서 사용되는 개념으로 관계적 측면에 대한 고려 없이 다양한 문화 사이의 분리를 의미한다. 복수이기에 지배 문화와 피지배 문화가 공존하게 되는데, 피지배 집단은 배제에 대한 보상으로 특별한 정책, 대우, 권리를 요구한다. 여기에는 큰 갈등이나 저항 없이 사회가 기능할 수 있도록 하기 위해 관용이 중요한 덕목으로 요구된다. 그럼에도 관용 개념은 관계적 측면에서 특정한 사람에게 특권을 주는 구조와 제도는 그대로 두면서, 사회의 불평등과 불균형의 존재를 은폐한다. 그러나 상호문화성은 문화적으로 다른 사람, 지식, 실천, 논리, 합리성, 원칙들 사이에 상호 행위를 추구한다. inter는 그 자체로 차이 또는 타자를 관용하고 인정하는 단순한 것을 의미하지 않는다. 그것은 사회적, 정치적, 소통적 수단을 통해, 존재, 지식, 의미, 실천들 사이에 연합, 대화, 만남의 공간을 구축하는 것을 허락하는 상호 교환적 과정을 촉진시킨다. 이 상호문화성 개념은 '차이'를 '차별'로 만들지 않고, 차이와 다양성의 인정뿐 아니라 대화를 통한 소통 강화와 통일성이 촉진되는 장점이 있다(조영현 · 김달관, 2012, 129-130).

상호문화성은 무엇보다 식민화가 야기하고 고착화시킨 원주민 문화에 대한 배제와 문화적 불평등 구조를 타파할 수 있는 기획이다.

3 서구 발전주의와 불평등 극복을 모색하는 수막 카우사이

신자유주의와는 다른 길을 선택하려는 수막 카우사이는 극단적인 자본주의적 삶의 양태나 서구의 발전 전략과 다른 선택을 하려고 할 뿐 아니라 사회 체제와 제도 자체를 재구성하려고 한다. 안데스의 원주민들은 경제적 측면에서 세상을 보는 것이 아니라, 생태적 측면에서 세상과 자연을 대한다. 자연을 인간의 발전을 위한 도구나 인간과 대립하는 것으로 보지 않는다. 오히려 인간을 자연의 일부로 본다. 수십억 년 동안 지구는 인간 없이도 존재했고, 인간이 멸종해도 자연은 존재할 것이기 때문이다. 캐서린 월시는 다음과 같이 이 점을 강조했다.

> 우리는 남들보다 더 잘살기 바라는 것이 아니라 그냥 참살이(buen vivir)를 말한다. 우리는 자연과 타자의 희생을 대가로 한 무한한 발전과 직선적 진보를 믿지 않는다. 서로 경쟁하는 것이 아니라 서로 보완해야 한다. […] 참살이는 일인당 수입만을 중시하는 것이 아니라 문화 정체성, 공동체, 우리와 우리의 어머니이신 자연과의 조화를 고려한다(Walsh, 2009a, 45).

안데스와 아마존 원주민들은 자본주의나 근대성, 발전주의가 약속하는 성장이나 진보 개념 자체를 의문시한다. 라틴아메리카에 서구식 발전주의가 적용되면서 강화된 것은 자원 채굴과 일차 산품 같은 원자재 수출이다. 자원 약탈형 발전 모델은 이 대륙에 심각한 상처를 안겼다. 천연자원에 대한 착취는 원주민들이 사는 생활 터전을 오염시켰고, 그들의 안전을 위협했다. 자원 채굴형 발전 모델은 발전이라는 이름으로 파괴를 초래한 것이다. 자원 채굴에서 나온 이익은 모두 소수의 대기업이나 외국 자본, 일부 지도층의 배만 불렸다. 발전을 경제 성장으로만 파악한 것은 라틴아메리카 원주민에게 심각한 결과를 초래했다.

21세기 들어 다시 지구 환경 오염, 생태계 파괴, 생물종 다양성의 고갈, 지구온난화, 핵산업과 핵무기의 위협, 사회적 폭력의 증가, 대량 학살 등의 문제가 부상했다. 발전은 고사하고 인류의 생존조차 담보하기 어렵게 되었다. 그동안 라틴아메리카에 적용된 발전 이론은 근본적으로 서구 발전 이론과 그 모델의 프레임을 그대로 가져오거나 이 지역 현실에 맞춘다는 이유로 약간 수정한 것들이었다. 발전 개념에서 근대화는 산업화로 연결되고 산업화는 경제 성장과 동일시되었다. 경제 성장은 단순히 생산성의 증대로 요약되었다. 여전히 발전은 국내총생산(GDP)으로 측정되며, 산업 발전에 따라 근대화의 정도가 결정되고 있다. 사회적 조건이나 환경적 조건은 무시된다. 시장과 경제 활동이 인간 삶의 중심에 위치하면서 경제지상주의와 시장 신성화 작업이 이루어졌다. 서구의 발전주의는 복지를 주장하며 삶의 질 문제는 경시한 채 물질적 소유 확대와 경제적 수입 증대에만 초점을 맞추었다. 즉 발전 자체를 경제 성장으로 축소하고 환원시켜 버린 것이다(조영현, 2020, 7).

수막 카우사이는 발전 문제를 다른 시각에서 접근한다. 경제적 시각만이 아니라 인간의 삶과 생명의 차원에서 자연을 바라본다. 따라서 인간 삶에 심각한 영향을 미치는 불평등, 차별, 소외, 배제 등의 문제를 공동체 전체의 시각과 행복이라는 관점에서 접근한다. 따라서 발전의 양적측면보다는 질적 측면을 강조한다. 단순한 경제적 성장이 아닌 불평등, 차별, 소외, 배제의 극복이 발전인 것이다.

수막 카우사이는 1987년 이후 유행하기 시작한 '지속가능한 발전' 개념을 원주민적 시각에서 성찰하면서 발전에만 집중하는 사고를 탈피해야 한다는 점을 강조했다. 원주민들의 우주관에 근거한 수막 카우사이는 먼저 공동체라는 관점에서 경제를 보며, 시장 논리보다는 생명 논리를 강조한다. 라울 프라다는 수막 카우사이가 보는 발전의 문제를 다음과 같이 요약했다.

발전에 있어 이제 유일하거나 보편적인 발전이 있는 것이 아니라 다양한 발전 형태가 있다. (…) 발전은 이제 순전히 양적인 목표만 지향하는 것이 아니라 질적인 과정이다. (…) 발전은 부의 축적도 아니고, 산업화도 아니다. 발전은 자연과 우리, 공동체들 간의 조화로운 공생에 도달하기 위한 것이다. (…) 개인에게 우선권을 부여하는 것이 아니라 생존, 상호작용, 문화 간 대화에 우선권을 부여한다(Prada, 2011, 235).

수막 카우사이가 지향하는 것은 포용과 공정이다. 생태계의 보존과 자원에 대한 효율적 사용을 통해 소외되거나 배제된 사람 없이 모두가 평등한 사회를 이룩하려는 것이다. 따라서 사회적 연대경제(Economia social y solidaria)를 강조한다. 이것은 인간을 주체와 목적으로 인정하고, 자연과 조화 속에서, 사회, 국가, 시장 사이에 역동적이고 공정한 관계를 지향한다. 수막 카우사이를 실현하기 위해 물질적, 비물질적 조건의 생산과 재생산을 보장하는 것을 목적으로 한다(에콰도르 헌법, 2009, 제283조). 사회적 연대경제의 특징은 다음과 같다.

> 사회적 연대경제의 특징으로는 ① 자가 고용 및 구성원의 필요를 공통적으로 만족시키는 목적 추구, ② 공동체의 발전과 자연과 조화로운 공생 실천, ③ 구성원과의 관계에서 이익을 목적으로 추구하지 않음, ④ 어떠한 구성원에게라도 특권을 허용하거나 차별을 행하지 않음, ⑤ 민주적 · 참여적 자율경영, 자기 통제, 자기 책임성, ⑥ 자본에 대한 노동의 우위, 개인적 이해에 대한 집단적 · 공적 이해의 우위, 이기주의와 경쟁보다는 상호성과 협력의 우위 등이 있다(김달관 · 조영현, 2012, 45).

수막 카우사이는 사회적 연대경제를 통해 자본주의나 신자유주의가 도외시한 인간과 자연의 관계 회복과 공생의 삶을 구현하려 한다. 에콰도르의 라파엘 코레아(Rafael Correa) 정부는 인종차별과 불평등 극복을 위해 '수막 카우사이를 위한 계획'을 만들었다. 구체적인 실천 목표는 "인종차별과 인종적 · 문화적 배제 극복을 위한 다민족 계획"을 통해 실천했다. 무엇보다 빈곤, 소득과 소비, 교육, 노동시장, 사회보험, 주택, 사회 서비스, 인종차별 등의 문제를 개선시키려고 했다.

수막 카우사이 속에는 세계에서도 가장 어려운 처지에 놓여 있는 원주민들의 절규와 고민, 성찰이 담겨 있고, 그들의 미래 구상이 담겨 있다. 원주민들은 유일 보편성(Universalidad)이 아닌 다양한 보편성(Pluriversalidad)이 인정되며, 조화, 공생, 공유, 공공성, 공감이 중시되는 사회를 꿈꾸고 있는 것이다.

:: 자긍심의 뿌리: '원주민적인 것'

2008년 에콰도르 신헌법이 원주민들의 세계관, 삶의 방식에서 발전한 수막 카우사이를 그 핵심 원리로 적용한다는 것은 중대한 의미를 지닌다. 이것은 단순히 헌법의 일부를 개정하는 것 이상의 의미가 있다. 여기에는 식민적 유산에서 탈피하려는 에콰도르 원주민과 국민들의 노력이 담겨 있을 뿐 아니라 국가 재구성과 심오한 변혁을 내포하고 있기 때문이다.

현재 안데스 지역에서 진행되는 사회, 정치, 문화적 변혁에 세계의 이목이 집중되는 이유는 원주민 운동과 정치적 변동이 자본주의 체제 안에서 자본주의를 비판하는 것이 아니라, 근대성의 서사에서 무시되는 식민성의 문제를 지적함으로써 탈식민적 관점에서 근대적 · 식민적 세계 체제를 새롭게 해석할 가능성을 제공하기 때문이다.

수막 카우사이를 말할 때 가장 관심을 끄는 것은 에콰도르의 변화를 위한 개념과 그 기준이 역사적으로 배제된 원주민들의 전통 속에 면면이 이어져 오던 고대 선조들의 사유에서 나왔다는 것이다. 그리고 불평등과 차별을 극복하려고 원주민 스스로 식민적 유산과 구조에서 탈피하려는 시도를 하고 있다는 점이 중요한 의미를 지닌다. 수막 카우사이는 공동체성, 정의, 공정, 포용을 핵심으로 한다. 이것은 배제된 주민을 국민으로 포함시키는 다민족성이나 배제된 문화를 회복시키는 상호문화성과 결합해 타자를 주체로 전환시키는 데 일조하고 있다.

에콰도르 원주민들은 단일국민국가(Estado uninacional)에 의문을 제기했다. 국민국가는 근대가 탄생시킨 국가 모델로서 그 자체로 배제적, 동질적, 단일 문화적, 단일 언어적 특징을 갖는다. 단일 문화에 의존한 국가는 다양성을 인정하지 않고 유일하고 패권적인 지배 문화에 동화된 하나의 국민만을 인정하는 단점이 있다. 이 모델에서는 다양한 문화, 다양한 언어, 다양한 주민을 국가 분열을 초래하는 장애물로 인식했다. 모든 차이들은 헤게모니를 가진 문화에 동질화 과정을 통해 흡수되거나 포섭된다. 원주민이나 흑인의 입장에서 봤을 때 단일국민국가 모델에서는 그들이 제대로 국민으로 인정받지도, 또한 대표되지도 못했다는 것이다. 따라서 원주민들은 하나의 국가에 하나의 국민만 있는 것이 아니라 다양한 국민이 있을 수 있다는 점을 인정하라고 촉구한 것이다.

원주민들은 자신들이 고유 영토와 고유 문화, 고유한 종족성과 언어를 가진 또 다른 국민임을 인정하라고 호소했다. 하나의 국가 안에 다양한 국민이 있을 수 있고, 다양한 정체성이 공존할 수 있다는 논리이다. 원주민은 백인과 메스티소와 "다르지만 동등한 존재"임을 주장하는 것이다. 그들은 에콰도르가 다민족국가가 될 때만이 진정한 민주주의를 실현할 수 있다고 믿는다. 문화간 대화도 상호 차이들의 인정을 바탕으로 다양성 속의 일치를 주장했다. 여기에는 원주민 문화가 종속적 문화, 열등한 문화라는 인식에서 벗어나 다른 문화와 대화 가능한 대화 상대자로 회복된다. 문화 속에 식민성은 가장 오랫동안 뿌리 깊게 존재하는 데 이 상호문화성은 바로 이 식민성을 극복하는 데 유용한 기획이 된다.

스페인 정복 이후 서구 열강은 라틴아메리카를 다양한 표상과 담론, 실천을 통해 유럽의 일부로 통합하려 시도했다. 이 과정에서 식민주의 기획, 19세기 독립 이후 자유주의 모델, 20세기 초반 근대화론과 중반이후 발전주의 모델이 그대로 이식되었다. 이런 이론과 실천 뒤에는 언제나 근대적, 유럽 중심적 사유가 포진하고 있었다. 이렇게 500년간 공고화된 체제는 인종의 우열화를 강화시키며 원주민에 대한 폭력과 지배를 정당화했다.

원주민들의 행복한 삶, 그리고 충만한 삶은 이 문화적 · 인종적 우열화의 파괴로부터 시작된다. '원주민 적인 것'에 대한 자긍심, 즉 원주민 정체성에 대한 긍정과 자신의 문화에 대한 인정을 전제로 식민성과 불평등의 문제를 극복하려 하는 것이다.

제6장

되살아나는 원주민과 권리

김영철

:: 브라질 원주민 현황

2000년 브라질지리통계청(IBGE)[1]에 따르면 원주민들은 전체 인구의 0.4%인 73만 4000명이었고 부족은 220개, 언어는 180개로 조사되었다. 그러나 같은 기간 국립원주민재단(FUNAI)과 국립보건재단(FUNASA)은 약 30만 명으로 추산했다.[2] 이런 차이가 나타나는 것은 데이터를 수집하는 방식이 다르기 때문인데, 국립원주민재단과 국립보건재단은 알려진 원주민이나 자신들에게 등록되어 있는 사람을 기준으로

---

1 지리통계청은 10년 단위로 인구조사를 실시한다.
2 브라질뿐 아니라 대부분의 라틴아메리카 국가들은 1940년 멕시코에서 개최된 제1회 범아메리카 원주민회의 결정에 따라 1943년부터 4월 19일을 원주민의날(Dia do Índio)로 기념하고 있다.

한다. 반면 지리통계청은 현실주의적이고 신뢰성이 높은 자신들의 추론 방법을 통해서 산정하기 때문이다. 이듬해인 2001년 기준으로 국립보건재단과 원주민보건정보시스템(SIASI)에 등록되어 있는 원주민은 37만 4123명(남성 19만 2773명, 여성 18만 1350명)이고, 3225개 마을이며, 291개 부족이 35개 어군의 180개 언어를 사용하고 있는 것으로 조사되었다.[3] 언어학자들은 원주민 언어를 해안 지역에 거주했던 투피(Tupi), 중부 판타나우 지역에 정착했던 마르쿠제(Marco-Jê), 아마존 지역을 중심으로 분포했던 아루아키(Aruak) 어군으로 구분한다. 이 중 브라질 전체 인구가 가장 적은 북부에 원주민의 49%가 분포하고 있고, 인구가 가장 집중되어 있는 남동부에는 원주민의 2%만 분포하고 있었다.

가장 최근에 실시한 인구조사인 2010년 브라질지리통계청 발표에 따르면 원주민은 81만 7963명이고, 이 중 50만 2783명은 시골에 거주하고 있고, 도시에는 31만 5180명이 분포하고 있었다. 많은 여성들이 도시에 거주하고 있고, 남성들은 과반수 이상이 시골에 살고 있다. 원주민들은 다른 집단들보다 상대적으로 출산율과 사망률이 높았지만, 원주민 점유지 밖에 살고 있는 사람들은 출산율과 사망률이 낮았다. 교육 확대로 문맹율도 개선되고 있지만, 여전히 비원주민들과 비교했을 때 매우 높게 나타났다. 농촌 지역 원주민 어린이 중 무려 38.4%는 출생증명서도 없었다. 또한 원주민들 중 과반수가 넘는 52.9%가 소득이 없는 것으로 조사되었다. 국립원주민재단에 따르면 원주민 소유지는 브라질 전국토의 12.5%에 해당하며 전국에 505개 지역이 있다. 지역적으로는 북

---

3 1500년 포르투갈인들이 도착했을 때는 1,500개 부족, 1,000개 언어가 있었다.

부에 가장 많은 약 30만 명이 분포하고, 남부에는 가장 적은 7만 명만 거주한다. 원주민 부족별 인구는 티쿠나 부족이 4만 6045명으로 가장 많았으며, 파타소 부족이 1만 3588명으로 가장 적었다.

[표] 원주민 부족별 인구

부족	인구
티쿠나(Tikúna)	46,045
과라니 카이오와(Guarani Kaiowá)	43,401
카잉강기(Kaingang)	37,470
마쿠시(Macuxí)	28,912
테레나(Terena)	28,845
테네테아라(Tenetehara)	24,428
야노마미(Yanomámi)	21,982
포치과라(Potiguara)	20,554
사반치(Xavante)	19,259
파타소(Pataxó)	13,588

출처: Rafaela Sousa, 2016.

이와 같이 2000년에서 2010년까지 브라질 정부가 원주민 관련 법령을 선포하고 그에 따라 다양한 정책을 실시하면서 인구도 증가하고 표면적으로 삶의 조건이 개선되었다. 특히, 원주민 교육과 보건 정책이 인구 증가에 결정적인 역할을 했다고 볼 수 있다. 다른 한편으로는 원주민 운동과 교육을 통해서 원주민 스스로 자신들의 인종적 · 문화적 정체성에 대한 자존감이 높아짐에 따라 도시 지역에서 거주하고 있던 원주민들이 자신의 원주민성(Indígenismo)을 선택한 결과라고도 할 수 있다.

국립원주민재단은 브라질 전국에 알려지지 않은 원주민들을 고립 원주민(Índios isolados) 혹은 저항 원주민(índios resistentes)으로 구분하여 확인 작업을 계속하고 있다. 고립 원주민은 어떤 접촉도 없는 원주민으로 누구이며 몇 명이고 어떤 언어를 사용하는지 전혀 알려지지 않은 부족이다. 여러 경로를 통해서 존재가 알려져 있으나 적은 정보 탓에 거점 정도만 아는 경우이다. 예를 들어 1943년에 아마존주의 주루아(Juruá) 강과 푸루스(Purus) 강 사이에 있는 피랑냐(Piranha) 강에 살았던 이메리망(Hi-Merimã) 부족이 1,000명 규모로 살고 있다고 알려졌으나 이후 이 부족에 대해 알려진 바가 없다. 이와 같은 고립 원주민은 2006년 현재 약 46개 집단인 것으로 보고되고 있다.[4] 정복과 식민, 근대화와 산업화를 거쳤음에도 이들의 삶은 여전히 그때와 크게 다르지 않다. 원주민들은 식민 이전과의 역사적 연속성, 땅과의 연결성, 사회 시스템, 언어, 문화와 신앙에 기초한 원주민만의 정체성을 추구한다.

:: 포르투갈인 도착 이전 원주민

포르투갈인들이 도착하기 전에 각 부족은 자신들만의 독특한 경

---

4 그 외에도 혼동니아주의 카노에(Kanoê), 아쿤추(Akuntsu), 파라(pará)주의 조에(Zóé), 아마존주의 코루부(Korubo) 등이 있다.

제 · 정치 · 사회 관계를 이루고 있었다. 원주민 사회는 기본적으로 정치 · 경제적 목적이거나 혈연관계에 따라 모계나 부계에 따라 확대가족을 이루었다. 확대가족에는 모계나 부계, 자녀의 가족, 사위의 가족, 며느리의 가족, 처남의 가족 등을 포함한다. 경제, 문화, 사회 조직은 신화와 의례의 우주론에 따라 결정된다. 또한 여기에 따라 일상적인 사회생활, 결혼, 치료용 동물, 광물과 식물 채취 이용이 이루어진다. 정치 조직도 씨족(Sibs), 포족(Fratrias),[5] 부족(Tribos)의 지배 계급을 통해 만들어진다. 씨족과 포족은 종족 집단 내 사회적인 혈통 중 하나인데 세상의 기원이나 부족의 기원과 직간접적으로 연결되어 있다. 그들은 부족의 경제적 · 사회정치적 조직의 계급을 나타내는 동물이나 식물의 이름으로 구분한다. 따라서 특정한 부족원의 이름은 부족 내 자신이 속하는 계급의 위치와 직접적인 관계가 있다. 원주민들에게는 친족과 동맹이 가장 강력한 사회관계이다. 친족 관계는 확대가족의 범위를 확장시켜 줄 뿐 아니라 모든 사회 구조의 토대를 이루고 있다. 동맹은 전략적인 필요성에 따라 맺어지고 일시적으로 결성되기도 하지만 대체로 일정 기간 지속되는 특성을 지니고 있다.

그럼 이런 사회 조직을 구성하고 있던 브라질의 원주민들은 언제부터 살았을까? 홍적세(Pleistocene)와 홀로세(Holocene)의 전환기인 기원전 1만 2000년경에 남미 북부에서 티에라델푸에고(Tierra del Fuego)에 이르는 남미 전역에 인류가 정착했다. 브라질에도 이때부터 인류가 정

---

5 포족(胞族)은 동일 조상에서 발생한 여러 씨족의 무리를 가리키는 인류학 개념이다. 사실상 혈연적으로 무관해도, 한 조상에 대한 믿음을 공유하고 공동의 의례 및 친족 행사를 거행하는 씨족 집단도 포함된다.

착했을 것으로 추정된다. 기원전 7-5세기인 아르카익기(Archaic)에 홀로세 집단이 농경과 토기 제작을 했다. 이런 증거는 피아우이 유적에서 찾을 수 있는데, 사웅하이문두노나투(São Raimundo Nonato) 유적은 기원전 1만 2000년의 것으로 추정된다. 이것은 초기 인류가 브라질 지역에 성공적으로 정착했다는 것을 보여준다. 또한 1987년과 1988년에 발굴된 토카두바이사웅두페르나(Toca do Baixão do Perna) I 지구에서는 기원전 12000년에서 3500년까지의 유적들이 발굴되어 인류가 계속해서 살았다는 것을 입증해 준다. 이 유적의 화덕에서는 아르마딜로, 프레아(preá),[6] 모코(Mocos)[7], 새, 사슴과 다양한 설치류들을 구워 먹은 흔적이 발견되었고, 과일과 나뭇잎들이 발견된 것으로 보아 식물 자원도 활용했다는 것을 알 수 있다. 카르나우바(Carnauba)[8] 줄기 자루 조각은 습도 제거가 중요했음을 보여주는데 현재 이 계곡에는 카르나우바 나무가 없다. 이 유적지를 통해 유사 이전 사람들이 다른 곳에서 이동해 왔다는 것도 알 수 있다. 이곳에서는 간석기, 다양한 형태의 긁개, 진흙, 칼, 화살촉, 송곳, 기타 조각 등 다양한 조각들이 발견되었다. 특히 여기서 기원전 1만 500년경의 것으로 추정되는 두 개의 채색판이 발견되었는데 당시에 이미 채색이 활용되었음을 보여 주는 것이며, 동시에 당시부터 사람이 살았음을 보여 주는 것이라 매우 중요한 의미를 지닌다.

페드라푸라다에 있는 도카보게이랑의 최상층에는 홀로세 기간 동안 살았던 집단과 연결된 많은 유적들이 있다. 벽화와 석기들은 정착자들

---

6 쥐의 일종.
7 기니피그류의 설치동물.
8 브라질 원산의 남아메리카에 있는 키가 큰 야자나무.

이 기원전 9000년에서 8000년 사이에 살았고, 그 지역에서 재료들을 구했을 뿐 아니라 다루기 쉬운 석기나, 부싯돌과 옥수(Chalcedony) 같은 재료를 구하기 위해 인접한 지역이나 먼 곳까지 이동했다는 것도 설명해 준다.[9] 이와 같이 홀로세에 미나스제라이스, 고이아스, 페르남부쿠, 피아우이와 바이아에서 각각 사람들이 살았던 것으로 밝혀지고 있다. 특히, 바이아주의 이타파리카(Itaparica)에서 발견된 석기들이 가장 중요한데, 농경이 기원전 4000년에서 3000년 사이에 시작되어 기원전 2000년경에는 브라질 전역으로 확대되었다는 것을 보여 주는 유적이다. 토기 제작은 아마존 지역 외에서는 기원전 3000년경에 피아우이의 사웅하이 문두노나투의 고고학적 유적지에서 시작되었다. 홀로세에 많은 어족이 다양한 지역에 분포한 것은 맞지만 백인 식민자들이 도착하기 전 부족 간 전쟁으로 상황을 파악하기는 어렵다. 또한 유럽의 백인들이 도착했을 때 만난 원주민 부족과 유사 이전의 선주민 문화가 상호 연결되어 있다고 하기는 어렵다.

이와 더불어 남미에서 고대 인류의 정착은 태평양 연안, 대서양 연안과 대륙 중앙부를 중심으로 진행되었다. 브라질 학자들은 대륙 중앙부는 브라질 중앙평원을 중심으로 전개되었다고 주장하지만 사실 차코(Chaco)를 중요 거점으로 확산되었다는 것이 수용되는 학설이다. 다음 그림은 유사 이전 남미에 인류가 정착한 지역을 부족 집단의 숫자를 중심으로 표현한 것이다. 1990년대에는 2차 이동 때 카리브 지역이 남미 인류 확산에 중요한 역할을 했다는 주장이 제기되기도 했다.

---

9 가깝게는 2km에서 멀게는 50km까지 부싯돌을 찾아서 갔던 것으로 조사되었다.

[그림] 유사 이전 남미 대륙 인류의 정착지 분포
(Manuela Carneiro Da Cunha, 1992, 29)

:: 식민 기간 원주민의 이미지

포르투갈인들이 브라질에 도착한 이후 약 500만 명에 달하는 원주
민들이 있었고, 그 원주민을 만난 개인뿐 아니라 국가에서도 그들에 대
한 평가가 다양하게 이루어졌다. 아메리코 베스푸치(Americo Vespucci)
도 원주민들의 벌거벗은 행색을 언급했을 뿐 아니라 최초로 원주민들

의 식인 풍습을 언급했다. 페루 바스 드 카민뉴(Pero Vaz de Caminha)도 브라질에서 만난 원주민들의 순수성을 강조하면서 그들이 지니고 있는 차이점에 대해 설명했다. 또한, 원주민들 간의 잔인한 전쟁에 대해서도 서술하고 있는데, 전쟁의 원인은 유럽인들 같이 영토를 확장하기 위한 것이 아닐 뿐 아니라 탐욕이나 왕국의 야망이나 약탈을 위한 것도 아니었다. 단지 자신들의 부모와 조상들의 복수를 위한 것이었다. 식인 풍습도 음식을 섭취하는 행위보다는 복수를 위한 것이었다. 베스푸치는 원주민들이 소유 재산, 탐욕과 유산이 없는 것을 강조하면서 브라질 원주민들이 장수하는 비결에 대해서도 언급했다. 베스푸치는 카민뉴처럼 원주민들은 법도 없고, 신앙도 없고, 왕도 없고, 복종하는 사람도 없어서 각자가 주인이었다고 설명했다(Da Cunha, 94).

1549년까지 포르투갈인들과 원주민들은 브라질 염료나무, 앵무새, 원숭이와 기타 귀중품들을 교환했다. 마젤란 항해에 참가했던 이탈리아인 안토니오 피가페타(Antonio Pigafetta)는 브라질 원주민들은 나체로 생활하고 140년을 살고, 예수를 믿지도 않고 우상숭배도 하지 않는다고 밝혔다. 그리고 자신들의 적을 먹고, 해먹과 카누를 만들고, 큰 집에서 산다고 묘사했다. 1557년에 프랑스의 탐험가 장 드레리(Jean de Lery)가 발간한 책에는 투피남바(Tupinambá)인들은 모든 거래를 그들이 원할 때만 가능했는데, 재물을 축적하지도 않았고, 유산을 증여하지도 않았으며 서로 음식을 나눠 먹었다고 기술하고 있다. 그러면서 투피남바인들은 프란시스코 수사들이 활동하기에 아주 좋은 조건을 갖추고 있다고 평가했다.

투피남바의 식인풍습은 식용으로 인육을 먹는 육식동물(canibais)이 아니라 복수를 위해 의식으로 먹는 식인 풍습(Antropófagos)을 지키는 사람으로 구분하였으나, 시간이 지나면서 동의어로 받아들여졌다. 이런 종교 제례적인 죽음과 식인 풍습은 투피 사회가 상호 연결되어 있는 네트워크(Nexus)였다는 것을 나타내 준다. 하지만 이것 때문에 원주민들의 문명, 도덕적인 판단, 평등한 사회가 존재하는 증거, 황금기의 축적과 수익을 무시하고 나의 것과 너의 것이 구분되지 않는 형제애 등과 같은 것들에 대한 인식이 나빠졌다. 정복과 이익을 추구하지 않는 끊임없는 전쟁은 관대하고 고귀한 것이었다. 이러한 원주민들의 삶은 원초적 순수성에 가까운 것이었다.

16세기에는 아무도 원주민이 인간이라는 것을 의심하지 않았다. 1534년 파울루 3세 교황이 칙서를 통해 신세계에서 신인류(Nova Humanidade)를 발견했다고 알리면서 원주민이 인간인가에 대한 의구심을 지웠다 (Manuela, 1994, 101-102). 인류는 하나이고 신세계 거주민들도 아담과 이브의 자손이기 때문에 노아 자식 중의 하나라는 것이었다. 이와 같이 동일성이 강조되는 것과 거의 동시에 프랑스와 영국의 여행자들은 다른 점에 대해 언급했다. 장 드레리는 야생(Selvagem)이라는 단어를 사용해 그동안의 긍정적인 인식들을 바꿨다.

식민 사회의 정신 세계를 관리하던 예수회는 다른 방식으로 차이를 이해했다. 예수회의 관점은 앙시에타(Anchieta)의 교리문답에 잘 나타나 있다. 1549년에 예수회의 노브레가(Nóbrega) 신부는 원주민들은 부를 축적하지 않고 개인 재산을 나누며 살고 있으며, 많은 부분에서 조상들이 전승해 준 자연의 법칙을 지키고 있다고 묘사했다.[10] 그리고 1566년과 1557년

---

10 마누엘 다 노브레가(Manuel da Nóbrega)와 주제 지 앙시에타(José de Anchieta)

에 바이아에서 쓴『이방인의 개종 대화(Diálogo Conversão do Gentio)』에서 두 명에 대한 장면을 담고 있는데, 한 명은 전도사이고 다른 한 명은 대장장이였다. 노브레가는 대장장이를 현명한 사람이라고 지칭하면서 낙관적인 결론을 내렸다. 이방인은 왕이 없으며 스페인령 아메리카나 동양에서 그랬던 것처럼 사도의 시간을 주면 개종이 가능하다고 판단했다.

가브리엘 소아레스 지 소우자(Gabriel Soares de Souza)와 페르낭 카르징(Fernaão Cardim)은 식민화의 증상들이 나타났다고 보았다. 부족들이 식민 세력과 연대하면서 충성을 보이거나 자신들의 전략에 따라 기만적인 형태를 보이면서 원주민이 정치를 하고 있다고 평가했다. 16세기는 대부분 투피 부족을 중심으로 원주민 사회를 바라보고 이해했다. 그러면서도 투피남바의 식인 풍습을 가장 문명화된 원주민의 문화로 인식했다. 1500년에 카밍뉴(Caminho)는 베라크루스(Vera Cruz)에서 남자와 여자를 보았다고 한 것처럼 원주민을 인간으로 보았다. 식민사회의 거래는 브라질의 땅(Brasis)과 브라질 사람들(Brasileiros)이 했던 물물교환이 주를 이루었다. 그러면서 농장주(Engenhos)들은 실체가 없는 원주민인 이방인(Gentio)과 노동을 하는 땅의 흑인(Negro da Terra)을 구분했다. 브라질 정착에 실패한 프랑스인들은 원주민들을 야만인(Selvagens)으로 규정했다. 당시 프랑스인들은 원주민들을 긍정적으로 평가한 반면 이베리아인들은 원주민들을 노동력으로 활용할 수 없고 질병에 약하다며 부정적으로 바라보았다. 아마 브라질 식민화에 실패했던 프랑스는 원주민들을 관찰의 대상으로 파악하고, 이베리아인들은 식민화

가 결핵을 앓았고 이들과 접촉한 많은 원주민들이 사망했다.

대상으로 바라보았기 때문일 것으로 보인다.

유럽인들이 도착한 이후 원주민의 인구는 엄청나게 감소했다. 식민 초기에는 많은 원주민이 살고 있었으나 식민 과정에 많은 사람들이 희생되기도 했고, 유럽인들이 가지고 들어온 질병으로 사망하기도 했다. 이와 같이 기후를 비롯한 환경적 조건이 불리하게 될 때, 생물 집단의 크기가 급격히 감소하여 집단 소멸의 위험성에까지 도달되었다가 생육 조건이 호전됨에 따라 원래의 크기로 회복하는 경우를 병목현상(Efeito de gargalo de garrafa)이라고 한다. 이 과정에서 집단 크기의 감소로 인한 유전자 부동 현상도 일어나게 된다. 병목현상은 일정 기간이 지나면 인구가 어느 정도 회복되는 것을 전제로 하는데, 브라질 원주민 인구는 유럽인들이 도착한 이후 지속적으로 감소했다.

:: 포르투갈의 원주민 정책

포르투갈 왕실이 취한 브라질 원주민 정책은 모순적이고 모호하고, 위선적인 것이었다. 1852년 주앙 프란시스코 리스보아(João Francisco Lisboa)는 3세기 동안 포르투갈의 원주민 정책은 원주민을 무시하거나 비효율적인 것들이었다고 주장했다. 식민 기간 가장 격렬했던 문제는 원주민들에게 자유를 부여하는 것이었는데도 포르투갈은 스페인에서 촉발된 원주민 논쟁이 없었다. 스페인 식민지와 달리 포르투갈은 식민 과정에 필요했던 노동력을 원주민에서 아프리카 흑인으로 대체하면서 실질적인 논의의 대상으로 생각하지 않았다. 유럽인들이 아메리카에 도착한 정당성은 이방인들을 개종시키는 것이었지만, 실상은 자신들이 경작할 수 없는 지역에 원주민을 노동력으로 활용하려고 했다. 그래서 식민 기간 노동력 확보를 위해 원주민들 간의 전쟁, 유럽인과 원주민의 전쟁을 수수방관했다. 예수회는 원주민들의 자유를 보호하려 했지만, 식민자들은 절대적으로 원주민 노동력이 필요했고 노동력을 확보하기 위해 원주민들을 개화시키는 것을 원하지 않았다. 예수회는 종교적 · 도덕적인 원칙을 준수하고 원주민 마을을 유지했으며, 자신들의 관리에 있는 원주민 집단을 평화롭게 보호했다. 식민자들은 식민 본국인 포르투갈의 경제적 이익을 유지하는 데 노동력 유지가 필수 요소였기 때문에 아프리카 흑인 노예를 유입했다. 스페인의 신대륙 정복, 프랑스와 네덜란드 등 유럽 국가들의 동방 무역 진출로 포르투갈에게는 브라질이 가장 중요한 수익원이었다. 이런 상황에서 포르투갈 왕실은 자신들의 권익을 지키기 위해 모순적이고 모호하고 위선적인 원주민법을 만들었다. 사실 포르투갈은 원주민 정책에 대한 철학적인 논리가 없어서 스페인이 운영하고 있던 법령을 그대로 적용하는 수준이었다.

:: 식민 기간 원주민 법과 정책

식민 브라질은 기본적으로 포르투갈의 법률을 따랐기 때문에 독립적인 권리를 가질 수 없었다. 가장 중요한 법률은 총독법(Regimentos dos governadores gerais)과 왕령(Cartas Régias)이었다. 때에 따라서는 식민 문제를 해결하기 위해 허가서(Alvarás)와 왕령(Provisões Régias)을 발표할 때도 있었다. 허가서는 1532년에 설치된 질서와양심위원회(Mesa de consciência e ordens), 1603년에 설치된 인도위원회(Conselho da Índia) 그리고 1643년에 설치된 해외위원회(Conselho Ultramarino)에서 결정했다. 식민 총독은 왕정의 승인을 받아서 법령(Decretos), 허가서, 포고령(Bandos)등을 공표할 수 있었다. 또한, 지방의 특별한 문제를 해결하기 위해 식민 관리, 종교 지도자로 이루어진 위원회(Juntas)를 구성했다. 위원회 중에는 선교 위원회(Juntas das Missões)가 가장 중요했다. 왕령은 어떤 법령보다도 상위법으로 거의 모든 식민지에 적용되었다.

1609년, 1680년과 1755년에 원주민 노예 해방 관련 법령이 발표되었는데 원주민의 자유(Liberdade dos índios)와 원주민의 노예화(Escravização dos índios)라는 모순되는 내용이 포함되어 있었다.

식민 브라질 사회는 원주민을 세 부류로 구분했는데, 마을 정착 원주민, 포르투갈 동맹 원주민, 오지에 거주하는 적대적인 원주민이었다. 우호적인 원주민과 용감한 이방인의 차이는 원주민 법과 정책에 따라 나누어졌다. 자유법에는 동맹 원주민과 적대적인 원주민 간의 차이는 없었고, 두 정책이 중첩되었다. 정착 원주민과 동맹 원주민은 식민 기간 동안 자유가 보장되었다. 초기에 정착 원주민들은 자신의 땅을 가진 토지 소유주들이었으며, 식민 유지와 방어에도 참여했다. 평화로운 원주민(índios de pazes), 정착 원주민(índios das aldeias), 친구 원주민(índios amigos)을 위한 정책은 우선 마을 내로 거주지를 옮기고, 가톨릭으로 개종하거나 문명화되어야 하고, 유용한 신하(Vassalos Uteis)가 되어야 했다. 또한, 원자재 생산을 위한 노동력이나 식민자들의 대농장에서 노동력을 제공하는 등 거주자를 유지하는 활동을 해야 했다.

자유는 정착과 동맹 원주민들에게 보장되었지만, 적대적 원주민들은 노예화의 대상이었다. 그럼에도 이들을 노예로 만들 수 있는 정당한 이유와 방법은 기본적으로 정당한 전쟁(Guerra Justa)과 구출(Resgate) 작전이었다. 즉 전쟁만이 원주민을 정당하게 노예로 만드는 유일한 방법이었다.

16세기의 정당한 전쟁은 포르투갈 식민자들이 신앙이 없는 사람들을 대상으로 벌이는 것이었다. 따라서 정당한 전쟁이 적법하려면 포르투갈인에 맞서는 적대적인 원주민 집단이 있어야 하고, 포르투갈의 동맹 원주민 구출 작전, 개종을 거부하거나 신앙이 전파되지 않았다는 것을 입증해야 했다. 즉 원주민이 거칠고 잔인하며 야만성이 강해서 교화시키는 것이 불가능하다는 것을 보여 줘야 했다. 또한 전쟁 관련 서류에는 실체적인 적을 기술해야 했다. 그럼에도 식민자들은 자신들의 상업과 대농장에 노동력을 확보하려고 전쟁을 일으켰다. 왕정은 식민자들의 이런 악행을 원천적으로 막기 위해 원주민의 노예화와 전쟁을 금지시켰다.

왕령에도 불구하고 1690년 3월 4일에 총독은 허가서를 통해서 원주민들을 태워 죽이고 마을을 파괴할 것을 명령했다. 또한, 1707년 10월 25일에도 왕령은 마라냐옹의 코르수(Corço) 이방인들과의 전쟁을 명령했는데 관련된 모든 사람들을 체포하거나 죽여 그 이방인들을 제거하라는 것이었다. 1721년 6월 30일도 브라질 부왕령은 야만적인 이방인들을 완전히 전멸시키는 격렬한 전쟁을 요구했다. 원주민을 전멸시키는 전쟁은 17세기 말과 18세기 초에 집중되었다.

식민 기간 포르투갈의 원주민 정책은 정착 원주민, 동맹 원주민과 적대적이고 야만적인 원주민으로 나누어 선별적으로 적용했다. 포르투갈 왕정이 두 가지로 구분하여 대우한 것처럼 원주민들도 체제를 수용하는 원주민 집단과 저항하는 원주민 집단으로 구분되었다. 체제 순응적인 원주민 집단은 포르투갈뿐 아니라 다른 유럽인들과도 우호적인 관계를 유지하였고, 저항하는 원주민 집단은 역시 이들과 맞서 전멸할 때까지 싸웠다. 브라질 식민 사회는 인종적으로나 계층적으로 포르투갈인, 원주민과 흑인으로 구분되어 있었는데, 원주민들은 흑인들과 동일한 노동력으로만 인정받았고, 자신들의 권리나 문화를 보존하거나 유지할 수 없었다.

:: 브라질의 독립과 원주민 정책

19세기 브라질은 포르투갈의 식민, 독립과 왕정 체제 그리고 제1공화정을 차례로 경험한 변화의 시기였다. 지방 과두주의자들과 중앙 권력의 긴장이 높았고 브라질이 근대화되면서 특권층이 약간 이동한 시기였다. 이에 따라 식민 중심지는 쇠퇴하고 상파울루와 같은 새로운 지역이 부상하고, 아마존은 고무 산업으로 엄청나게 성장했다. 원주민 문제는 노동력 문제로 귀결되었다. 오래된 정착 지역에서는 정착 토지를 장악하는 것이 문제였고, 새롭게 성장하는 곳은 원주민의 노동력을 이용하고, 토지 장악, 도로와 정착민들의 안전을 확보하는 것이 문제였다. 원주민의 노동력은 기본적으로 새로운 기회에 따라 일시적이고 지역적인 대안으로 평가되었다. 예를 들어 아마존 서부에 북동부인들이 유입되기 전에 원주민들의 노동력이 고무 채취 산업에 동원되었다. 흑인들은 노예무역으로 시작해 노예무역 폐지, 노예 해방 그리고 대규모 자유 이민자들이 유입되는 것으로 끝을 맺었다.

19세기에는 원주민 정책과 논의는 거의 이루어지지 않았다. 1759년 폼발 후작이 예수회를 추방하면서 원주민에 관심이 있던 식민자, 예수회와 왕정에 변화가 생겼다. 1840년에 다시 선교지가 건설될 때까지 실질적으로 원주민 정책에 대한 논의들은 거의 없었다. 적대감에 찬 원주민들은 왕정과 법정에서 반란과 소송을 통해 자신들의 입장을 표현했다.

19세기에 원주민들은 사나운 원주민(Bravos), 교화인(domésticos) 혹은 유순한 원주민(Mansos)으로 구분됐다. 원주민 교화는 완화된 법의 테두리 하에서 마을에 정주하는 것을 말한다. 사나운 원주민은 왕정 국경에서 만나는 사람이나 전사 집단을 통칭해서 말하는데, 아라과이아(Araguaia), 마데이라(Madeira), 푸루스(Purus), 자우아페리(Jauaperi)와 아마존강 주변에 많이 거주했다. 19세기 말에는 상파울루 서부나 남부 지방의 독일인 정착지에도 있었다. 종족적으로 보면 투피와 과라니는 교화인에 속했고, 보토쿠두 부족은 사나운 원주민이었다.[11]

동 페드루 1세와 주제 보니파시우의 근대화 계획은 지방 과두주의자들의 저항으로 실패했다. 주제 보니파시우는 1822년 브라질 헌법에 "브라질 왕국의 사나운 원주민들의 문명화를 위한 약속"이라는 내용을 포함시켜 1823년 6월 18일에 승인받았다. 그리고 왕정은 각 지방 수장들에게 원주민들의 상황을 알리고 정착 마을의 토지 소유권을 인정해 줄

---

11 이후 투피 과라니는 브라질의 민족성을 나타내는 종족으로 성장하고, 토쿠두는 인종적 과학주의를 나타내는 과학적 자료로 활용되는 차이를 보였다.

것을 통보했다. 이와 더불어 원주민 문명화 계획이 수립되었으나 추진 되지는 못했다. 다시 1834년 동 페드루 1세가 강제 폐위된 이후 지방 입헌 의회가 구성되었다. 그 이후 많은 지방에서 반원주민 정책을 실시하게 되었다. 세아라(Ceará)에서는 지방 의회가 1835년과 1839년에 2개의 원주민 마을을 없앨 것을 종용했다. 고이아스(Goiás)에서는 1835년 과 1836년에 도지사(Presidente de Provincia)가 코노에이라(Canoeira), 세렌 치(Xerente) 원주민과 킬롬부에 대한 공격대를 조직하기도 했다. 원주민들이 평화적인 해결책을 받아들이면 농작물을 태우고 자신들의 땅에서 쫓겨나는 것으로 끝났지만, 받아들이지 않으면 감옥에 투옥되거나 죽임을 당했다.

1845년 7월 24일, 정착한 원주민들을 관리하기 위한 전반적인 지침과 행정을 위한 426호 법령인 "원주민의 종교교육과 문명화에 대한 규정"이 발표되었다. 그전까지는 폼발 후작이 1798년 5월 12일에 발표한 칙령인 "원주민지침(Diretório dos Índios)"이 유효했다. 리우 지방 수장은 새로운 법과 정책을 수립하기 위해 폼발의 지침에 따라 위원회를 설치했다. 어떤 근거에서 그랬는지 정확하게 알 수 없으나 18세기 말과 19세기 초에는 원주민들이 항해에 적합한 특성을 지녔다고 알려졌다. 그래서 1827년 9월 5일에 왕정이 해군을 보강하기 위해 원주민들을 모집한다는 공고문을 전국에 배포했다. 정착 마을 원주민들은 강제적으로 군대에 차출되기도 했는데 1850년에 에와반키(Ewbank) 부족은 히우그란지도노르치(Rio Grande do Norte)에 보낼 군인 리스트에 포함되어 리우데자네이루에 보내지기도 했다. 사실 원주민들은 전투에도 참전했는데, 코로아두스(Coroados) 부족의 경우에는 미나스제라이스 지방 푸리

(Puri) 원주민을 대량 살상하는 전쟁에도 동원되었다. 또한, 원주민들은 군대 시설과 상업 도로 건설에도 활용되었다. 원주민의 강제 노역은 금지되었지만, 민간에서는 암암리에 부적절한 방법으로 노동을 해야 했다.

1845년에 발표된 선교규정(Regimento das Missões)이 왕정의 유일한 원주민 법안이었다. 법 규정상 선교사는 행정 관료의 교육적 · 종교적 지원자에 불과했지만, 선교사들이 원주민 부족의 지도자인 경우가 많았다. 1854년에는 마라냐웅의 핀다레(Pindaré)와 메아링(Mearim), 1857년에는 파라나와 마토 그로수(Mato Grosso)의 8개 원주민 마을에서 선교사들이 지도자가 되었다. 1860년대에는 아마존에도 원주민 지도자들이 선교사로 대체되었다. 왕정은 정착 마을의 지도자들을 메우기 위해 이탈리아 카푸친 수도회 수도사들을 수용했다. 1872년 5월 25일에 아마존 지방 행정청이 지정한 거점에 선교지를 설치할 수 있도록 15개의 종교 단체와 임대 계약 체결을 허용하는 239호 법령을 선포했다.

그런 가운데 1870년대에 주제 비에이라 코우투 지 마칼량이스(José Vieira Couto de Magalhães)[12]가 아라과이아 강 계곡에서 큰 변화를 일으켰다. 그는 원주민 정착 마을과 집중화 정책을 포기하고, 원주민 어린이들을 위한 기숙학교를 만들고, 도구 교환을 통해 언어적 · 문화적 해석을 시도했으며, 부모들을 문명화하기 위해 선교지로 데려오게 했다. 그의 노력으로 정부는 예수회가 만든 오래된 언어인 네엔가투(Nheengatu) 교육 프로그램을 추진했다.

---

12 1837년 미나스제라이스 지아만치나에서 태어났으며 리우데자네이루의 군사 학교에서 수학했던 브라질의 정치가, 군인, 작가 및 민속학자이다.

원주민 교화 정책과 더불어 토지 문제가 부각되었다. 1808년 12월 2일에 동 주앙 6세(D. João VI)는 왕령으로 "정당한 전쟁 대상인 원주민이 정복한 땅들은 주인이 없는 것이다"라고 선포했다. 이것은 땅에 대한 원주민들의 이전 권리를 인정한 것을 의미하며, 정당한 전쟁이 선언되지 않은 땅에 대해서는 원주민이 권리를 가지고 있음을 의미한다. 땅에 대한 원주민의 우선권과 양도할 수 없는 권리는 자신들이 원래 거주하던 곳에서 떠나와 정착한 마을까지 확대되었다.

이런 해석에 따라 1815년에 바이아의 아라마리스지잉냥부페지시마(Aramaris de Inhambupe de Cima) 정착 원주민들은 자신들이 몇 백 년을 살아온 마을 토지가 약탈되는 것을 막기 위해 투쟁을 전개했다. 또한, 1821년과 1822년에는 가멜라지비아나(Gamela de Viana) 원주민들이 마라냐웅 사법부에 정착 마을 토지의 법적인 경계선을 획정해 줄 것을 요구해 쟁취했다. 그리고 1828년에는 알라고아스(Alagoas) 지방의 아탈라이아(Atalaia) 마을 청문관이 정착 마을 땅에 대한 침략과 폭력이 부당하다고 선언했었다.

이와 같이 19세기에 이르러 원주민들은 토지의 중요성을 인식하기 시작했다. 1819년에 왕정은 발렌샤(Valença) 정착 마을의 토지에 있는 미개간지(Sesmaria)를 양도하면서 정착 마을의 땅은 양도할 수 없으며, 소유권이 없는 땅으로 볼 수 없고 그 토지 내의 미개간지의 양도는 무효라는 기본적인 원칙을 재확인했다. 이런 원칙은 독립 왕정의 주제 보니파시우가 세운 계획에도 원주민은 합법적인 토지 소유주라는 것을 인정했다. 1850년에 발표된 토지법(Lei de Terra)도 "원주민의 땅은 소유자가 없다고 볼 수 없다"는 것을 명확히 했다. 원주민의 토지 소유는 고유 권리(Titulo Originario)다. 이미 19세기에 원주민의 토지 소유권은 포괄적으로 인정되었다. 그렇지만 실제 땅이 원주민 소유로 귀결된 경우는 극히 드물었다. 원주민들은 영토 분쟁을 세계적인 조류, 중앙집중화, 문명화된 정치 프로젝트의 일부로 이해하지는 못했다.

아이러니하게도 19세기 중반에 원주민이 인간인지 아닌지에 대한 16세기의 논쟁이 다시 나타났다. 진화론이 등장하면서 원주민을 인간과 유인원의 경계인으로 바라보는 시각이 나타났다. 형질인류학의 창시자 중의 한 명인 요한 프리드리히 블루멘바흐(Johann Friedrich Blumenbach)가 브라질 동부에 거주하는 보토쿠두 원주민의 두개골을 분석해서 원주민이 우랑우탄과 인간의 중간이라는 결론을 내렸다. 또한, 독일의 카를 프리드리히 마르티우스(Carl Friedrich Philipp von Martius)의 완전성(Perfectibilidade)를 받아들인 주제 보니파시우(José Bonifácio)가 원주민의 완전성을 인정하면서 원주민에 대한 논쟁을 확대했다(Manuela, 1992, 134).

단타스 디 바후스 레이치(Dantas de Barros Leite)는 원주민은 어둠 속에서만 살고 생산할 수 있는 동물인데, 불빛으로 데리고 나오면 원주민들은 죽거나 사라져 버린다고 주장했다. 또한, 많은 인종 중에 원주민은 문명과 양립할 수 없는 조직체를 가졌다고 평가했다. 이런 평가와 더불어 19세기 중반 이후에는 원주민들이 원시적(Primitivos)이라고 결론 내렸다. 이런 논의 때문에 1890년 1월에 공포된 실증주의 헌법은 다음과 같이 규정했다. "제1조 브라질연합공화국(República dos Estados Unidos do Brasil)은 브라질왕국의 배타적 경계 내에 있는 제한된 국민들의 자유로운 연방으로 구성된다. 연방 주들은 두 가지로 구성된다. 첫째 브라질의 서양 주들은 토착 아메리카 원주민과 아프리카인과 유럽인의 요소가 결합된 사람으로 규정한다. 둘째 브라질 아메리카 주들은 전국에 산재해 있는 배물숭배주의 집단으로 구성된다. 한편으로는 연방은 독특하고 동정적인 부족 간의 의무로 알려진 우호관계를 유지한다. 다른 한편으로는 사람에 대해서든 영토에 대해 가해지는 어떠한 폭력으로부터 연방 정부가 보호해 준다. 이러한 내용은 평화적으로 요청되거나 획득된 사전 합의 없이는 침해할 수 없다."

:: 현대 원주민 정책의 근간, 원주민보호청(SPI)

1910년 6월 20일에 농업, 산업과 무역부(MAIC) 산하에 비외국인 농촌 노동력의 시골 정착 업무를 위해 전국노동자배치와 원주민보호청(SPI)이 창설되었다. 또 다른 목적은 노동자의 기술 훈련과 소유권을 관리하고, 국가와 종교 분리에 따라 원주민의 가톨릭 교육을 몰아내는 것이었다. 사실 노예 해방 이후 농촌 지역에 노동력이 부족해지면서 1906년에 원주민들뿐만 아니라 전 국민이 부처를 만들어 줄 것을 요구했다. 기본적으로는 제1공화국의 행정 관료 조직을 구성하는 과정에 주요 산업인 농업을 보호하고 육성할 필요성이 있었기 때문이다. 채택된 원주민 정책은 그들을 문명화시키고 노동자로 전환시키는 것이었다. 이에 따라 원주민의 토지 보호, 위생 지원과 교육 지원 프로그램을 계획했다.

사실, 원주민 보호청이 만들어지기 전인 1908년에 칸디두 홍동(Cândido Mariano da Silva Rondon) 중령이 원주민보호청의 목표를 제시했는데, 첫째 원주민과 평화로운 공존, 둘째 원주민의 물리적 생존 보장,

셋째 원주민들의 점진적인 "문명화된" 습관 체득 장려, 넷째 원주민 생활에 대한 "우호적인 영향", 다섯째 원주민의 땅에 정착, 여섯째 브라질 내륙 정착 기여, 일곱째 원주민 땅에 경제적 재화의 생산과 접근의 용이성, 여덟째 농업 생산성을 높이기 위해 원주민 노동력 고용, 아홉째 원주민의 브라질 국민 정서와 시민의식 강화 등이라고 강조했다. 홍동의 목표가 모두 성취되지는 못했지만, 브라질 현대 원주민 정책의 큰 틀을 마련한 것이라 볼 수 있다.

원주민보호청 수장으로 홍동 중령을 임명했는데, 그것은 전신전화를 설치해야 하는 군사적인 이유와 부처를 만들어야 한다는 업무를 적절히 운영할 수 있는 전략적 선택이었다. 그는 아마존 분지에 전신전화를 확대하는 대규모 군사 작전을 전개했고, 원주민 집단이 현대 사회에 어떻게 통합될 것인가에 관심을 보였으며, 이들이 평화로운 방법으로 문명화된 삶을 살 수 있도록 노력했다. 그는 기독교 선교사들이 토착민들을 강제로 동화시키는 것보다 점진적이고 비폭력적으로 원주민들을 문명화된 세계로 이끄는 것이 최선의 방법이라고 믿었다. 홍동과 실증주의자들은 원주민 보호와 토지 보장을 주장했으며 원주민들은 인종적으로 열등한 것이 아니라 실증주의적 진화의 초기 단계에 있다고 보았다. 그는 1930년 혁명까지 원주민보호청을 이끌었으나 초기 주장들은 실현되지 못했다. 원주민보호청의 목표는 원주민들의 복리를 보호하는 것이었다. 원주민보호청의 많은 구성원들이 원주민들이 쏜 독화살에 죽었지만 원주민을 한 명도 죽이지 않았다. 그러나 홍동 사후에 그의 부정부패와 원주민들을 악용한 것들이 드러나 많은 비난을 받았다. 1967년에 원주민보호청은 해체되고 국립원주민재단이 설치되었다.

:: 원주민 인종 정치와 운동

원주민 지도자들이 정의하는 원주민 운동(Movimento indígena)은 원
주민 단체와 공동체가 집단적인 이익과 권리를 보호하기 위해 하는 전
략과 활동이다. 원주민 운동에 참여하기 위해서 원주민 마을이나 조
직에 소속될 필요는 없다. 원주민 지도자인 다니에우 문두루쿠(Daniel
Mundurucu)는 원주민 운동은 움직이는 원주민이어야 한다고 주장한다.
브라질에는 각 마을과 부족이 자신들의 운동을 발전시키고 있기 때문
에 많은 원주민 운동이 있다(Luciano, 2006, 58). 그러나 원주민 지도자들
은 공동체의 권익을 확보하기 위한 지역적 · 전국적 투쟁을 위해 다양
한 원주민 전략과 활동을 조정하려고 한다. 이런 과정에서 어떤 부족의
특수성이나 사회 · 문화적인 다양성을 약화시키지 않고 종족적 다수성
(Pluralidade)을 강화하려고 한다.

원주민 운동은 원주민들이 가진 유전학적인 특성을 수용하고 발전
시킨 1970년대에 시작되었다. 이것은 원주민이 브라질의 뿌리라는 가
치를 인정하는 정체성 운동의 결과라고 할 수 있는데, 그래서 원주민들
은 유전학적으로 동일한 형질을 지닌 친척(Parents)이라고 하는 동질감
을 지녔다는 인식으로 발전되었다. 친척 개념은 모든 원주민들이 서로
다르지 않고 동일하다는 것뿐 아니라 사회 · 문화적 자율성을 위한 투
쟁, 식민화의 역사, 집단적 권리와 같은 공통적인 가치를 공유하고 있다
는 것을 인식하게 했다. 원주민들은 각 집단의 종교적, 경제적, 문화적,
사회적 삶의 토대를 이루고 있는 자신들만의 우주론에 기초하여 단합
된 사회를 구성하고 있다. 이에 따라 원주민들의 부족, 문화, 문명, 종교

와 경제의 다양성이 나타난다. 원주민들의 유전학적인 개념은 긍정적인 가치를 부여하는 과정이었으며, 동시에 친척이라는 동질성으로 식민 지배자들이 부여한 열등성을 극복하고자 하는 의지를 담고 있다. 따라서 1970년대 원주민 운동은 많은 주에 분포하고 있는 원주민들을 연계하고, 그들에게 내재되어 있는 의식들을 변화시키는 것이었다. 이와 같은 원주민 운동의 개념들은 원주민들이 서로 경쟁하거나 전쟁을 통해 지배하려고 하는 경향이 있다는 식민자들의 오랜 인식을 극복하는 데 매우 중요했다. 여전히 정부 요직을 차지하고 있는 백인들은 원주민의 다양성과 경쟁 때문에 대표성을 가지거나 통합하는 것이 어렵다고 보고 있다. 사실 공공 정책 입안자나 정치 지도자들은 입안 중이거나 시행 중인 공공 정책이 실효성이 없거나 원주민들을 배제하려 할 때 이런 논리를 편다.

1980년대에 원주민 운동은 완전히 변화된 사회문화적인 환경에 맞닥뜨렸다. 특히, 그동안 브라질의 다른 인종 집단뿐 아니라 스스로 자신들의 전통과 문화를 부정했던 사람들이 자신의 언어와 전통을 유지시키고 발전시키는 모든 과정들이 사회 · 문화적 가치가 있는 것이라는 사실을 인식했다. 따라서 다시 원주민들의 삶의 방식이 주목받게 되었다. 예를 들어 바니와(Baniwa) 부족은 삶의 최고 가치로 자신들의 말을 하고 전통을 지키는 것이라 인식했다. 그들은 카보클루(Caboclo)가 되는 것을 자기 정체성을 부정하는 외부인 혹은 이상한 사람(Zé-ninguém)이 되는 것이라 여겼고, 네에가투(Nheegatu)[13]어로 아이라는 의미인 '와릭

---

13 네에가투 혹은 공용어(Língua geral)는 브라질 해안에 거주하던 많은 원주민들이

시(Warixí)'하고 불렀다. 그 때문에 네에가투를 말하는 바니와족 사람은 자연스럽게 집단 내에서 환영받지 못하고 차별받았으며, 그러면서 개인적·집단적 정체성의 위기에 직면했다. 이와 같은 종족적 정체성의 회복 과정은 식민 지배와 노예의 역사에서 잃어버린 원주민의 자존감을 회복하는 것이었다. 오늘날 원주민들은 자신의 출신과 체득한 문명, 특정한 조상의 후손이라는 것을 자랑스럽게 생각한다. 이러한 긍정적인 생각과 태도는 북동부 지방에서는 민족 집단 형성(Etnogênese) 현상이라고 부른다. 자기 정체성을 회복한 부활한(Resurgidos) 부족 혹은 저항(Resistentes) 부족들은 종족 경계와 지위를 확보하기 위한 원주민 운동에 가장 적극적으로 참여하고 있다. 이런 과정을 거치면서 식민 기간 유럽인들이 자신들의 이익을 위해 원주민 간의 전쟁을 부추겨 적대적인 관계를 형성하고 있던 경쟁 부족들이 친척이 되고 동료가 되며, 공동의 이익과 권리를 추구하는 동지로 바뀌었다.

이와 같이 범원주민(Pan-inígena) 정치 연대의 새로운 전략은 정치·사회·문화적인 동질성과 평등뿐만 아니라 공동의 이익과 권리를 보호하기 위한 원주민들의 정치적 단결과 비극적인 원주민 소멸 프로젝트를 극복하는 것이다. 이들의 목표는 조직 프로젝트를 지속시키고, 영토성(Territorialidade)를 확보하는 것이며, 차별받는 시민권을 회복하는 것이다.

이런 관점에서 정치·문화·인종민주주의가 구현되지 않는 현실을 수용할 수 없었다. 그래서 원주민들은 우선 유럽인들이 자신들에게 씌

사용하던 투피-과라니어의 일종인데, 1950년대부터 브라질 정부가 원주민 교화 사업의 일환으로 이를 공용어로 삼아 교육시켰다.

운 숲의 보호자, 순진함, 백인 세계에 대한 몰이해나 이해가 부족한 사람과 같은 오래된 낭만적인 시각을 바꾸려고 노력했다. 앞에서 살펴본 바와 같이 원주민들은 불쌍한 희생자들이라는 인식에서 원주민보호청(SPI)과 국립원주민재단(FUNAI)이 설치되었다.[14] 다음으로는 잔인하고 야만적이고 식인을 하고 야생이고 위험하며 기만적이라는 인식을 타파하려 했다. 역시 포르투갈인들이 도착한 이후 경제적 목적으로 원주민들의 토지를 뺏으려고 그들을 말살하는 과정에 만들어진 인식이기 때문이다. 셋째로 1988년 헌법 공포 이후 재민주화 과정에서 등장한 시민으로 보는 시각을 갖추려 했다. 민주화 이후 원주민뿐만 아니라 사회적 소수자와 소외 계층들에게 더 많은 권리가 보장되었다. 따라서 원주민들도 다른 문화에 다가갈 수 있는 권리를 포함하여 자신들의 가치, 문명, 문화와 생활방식들을 향유할 수 있는 권리를 가지고 있다는 인식이 보편화되었다.

따라서 새로운 원주민 세대는 근대성(Modernidade)를 요구한다. 원주민의 근대성은 자신의 출신이나 전통, 생활방식을 버리는 것이 아니라 동일한 가치를 지닌 다른 문화와 끊임없이 상호작용하는 것이다. 이전 세대들은 종족 정체성을 재형성하기 위해 투쟁하는 과정에서 열등하고 악마적이고 야만적이라는 인식 때문에 자신들의 문화, 전통, 가치와 지식들을 버릴 것을 강요당했다. 그래서 자녀들의 미래를 위한 한 가지 방법은 전통을 잊고 비원주민(Não-índigena) 세계로 숨어드는 것이었다. 사실 원주민은 상징적이고 정치적인 정체성으로 말하지만, 통칭적인 원주민은 없다. 대신에 좀 더 세분화된 원주민 집단이 있을 뿐이기 때문에 바니와, 과라니, 테레

---

14 여전히 국립원주민재단은 아버지와 어머니라는 인식을 가지고 있다.

나(Terena), 야노마미(Yanomami)와 같은 종족적 정체성을 지니고 있다.

이런 노력으로 1988년 연방헌법에 원주민의 권리들이 보장되었다. 원주민의 토지 구획과 규정이 생겨나면서 토지 권리가 존중되고 보호되었다. 또한, 원주민들을 위한 교육 정책이 바뀌면서 교육법이 수정되고, 차별화된 원주민 학교 교육이 실시되었다. 그리고 원주민특별보건구역(Distritos Sanitários Especiais Indígenas)이 설치되었다.

원주민 운동이 전국적인 네트워크를 구축하고 연대를 강화하고 있지만, 여전히 비원주민들은 전국에 산재해 있는 원주민들이 집단 이기주의 때문에 서로 싸우고 있다고 본다. 그래서 지방 및 연방 정부 관료와 비원주민들은 이들을 개별적으로 설득하거나 고립시키는 전략과 특정한 원주민 집단들에게만 정치·경제적 이익을 주면서 포섭하려고 한다. 오랜 기간 원주민사회법(Estatuto das Sociedade Indígenas)이 의회에 계류 중인데, 그 이유가 원주민들 간의 이해관계가 워낙에 첨예해서 조정하기 어렵기 때문이라고 설명한다.

사실 부족마다 자신들의 공동체를 유지하기 위해 원주민 단체를 결성하고 있다. 원주민 단체(Organização indígena)는 집단 생활, 투쟁, 작업을 위해 원주민이나 공동체가 만든 조직이다. 집단적인 필요성이 있는 곳에서는 자신들의 사회 조직을 갖추고 있다. 원주민 단체에서는 카시키(Cacique), 투샤우아(tuxaua),[15] 지도자, 주술사(Pajé), 교사, 보건 관리, 가부장 그리고 공동체의 구성원 중 누구나 지도자가 될 수 있다. 현재 원

---

15 브라질에서 널리 사용되는 투피어의 tuwi'xawa에서 파생된 것으로 '명령할 수 있는 사람이나 장', '임시 대장', '거주 지역에서 영향력 있는 사람', '용사(Indivíduo valentão)', '빅보스(Manda-chuva)' 등의 의미를 지니고 있다.

주민 단체는 전통 단체와 비전통 혹은 공식적인 단체로 나뉘어 있다. 원주민 마을이 전통 단체라면 지도자는 조상으로부터 전승된 전통에 따라 기능을 수행해야 한다. 카시키는 대부분 대가문이나 집단에 속하고, 아버지에서 아들로 이어지며, 보조 위원들도 집단의 사회 구조 논리에 따라 구성된다. 공식 원주민 단체는 법적이고 공식적인 조직인데 회칙, 총회, 투표권, 은행 계좌 등을 가지고 있다. 원주민단체는 단체가 정한 특수한 목적과 전략을 가지고 있고, 그 구성원들은 필요하다면 공동체의 결정에 따라야 한다.

1987년에 이샤나강 원주민공동체협회(ACIRI)와 네그루강 원주민조직연합(FOIRN)이 결성되었다. 네그루강 원주민조직연합은 가장 중요한 원주민 단체로 성장했고 아순상 두 이샤나 지방 원주민 공동체로 성장했다. 1989년에는 브라질원주민단체와 국민조정위원회(CAPOIB)가 원주민 조직의 활동을 계획하고 협력하기 위해 브라질리아에 설치되었다.

1990년대부터 브라질 전역에서 법적이고 제도화된 공식 원주민 단체들이 많이 생겨났다. 이런 단체들이 정부가 미치지 못하는 보건, 교육과 자립을 지원해 왔다. 그러면서 토지자기관리(Autogestão territorial)와 지속가능한 부족(Etno sustentável)과 같은 발전된 부족 담론(Discuro étnico)을 발전시켜 왔다.

2000년대 들어서면서 필요에 따라 다양한 성격의 원주민 단체들이 생겨났고, 정부 재원의 관리나 국제화와 같은 공적 영역으로 확대되었다. 또한 후견인제, 가부장제 같은 고전적인 정책에서 벗어나 교육, 보건 정책과 새로운 공공 정책들이 등장했다. 이런 정책의 변화로 부족적 발포성(Efervescência étnica) 현상, 자기 정체성 확보와 부족집단형성

(Etnogênese)현상 등이 나타났다. 그리고 국가와의 관계에도 변화가 생겼는데, 원주민 단체들이 국가 정책 집행자로 기능과 역할이 바뀌는 경우도 많았다. 아마존에서는 원주민 단체와 국립보건재단이 원주민 공동체의 기초 보건 활동을 수행한다는 업무 협약을 체결하기도 했다. 그럼에도 원주민은 다른 브라질인들에 비해 많은 부분에서 차별받고 있다.

:: 차별 극복을 위한 운동

브라질 원주민들은 자신들의 사법적, 경제적, 정치적, 사회적 시스템과 역사, 가치와 상징을 가지고 있으나, 다른 사회 집단들과 언어, 역사, 상징과 사회 구조를 공유하지 못하고 있고 사법적 · 정치적 지위를 누리지 못하고 있다. 심지어 국가에 속하지 않는 특수한 개념의 마을에 속해 국가에 반대하는 입장을 가지고 있다. 카를루스 프레데리쿠 마레스(Carlos Frederico Marés)는 원주민이 시민권리를 획득하기 위해서는 원주민의 정체성을 버려야만 한다고 지적했다(Luciano, 2006, 88). 원주민도 브라질 민족의 중요한 부분을 차지하고 있기 때문에 다른 사회 구성원들과 동일한 브라질인으로서의 정서를 가져야 한다는 것이다. 그러나 원주민이 원하는 것은 토지, 보건, 교육, 문화, 자립과 같은 권리를 주장하기 위한 법령을 확대하는 것이다. 원주민에게 신분증이나 개인소득세등록번호(CPF)가 필요한 것이 아니라 원주민이 살 수 있는 생존 공간을 확보해 주는 것이다. 브라질 원주민은 다른 아메리카 원주민들과 다르게 현대 사회와 괴리되어 있는 경우가 많기 때문에 다른 지역에서 당연히 누리는 권리들을 제도를 통해서만 확보하는 경우들이 많다.

브라질은 헌법과 법령을 통해서 문화적 다민족성을 인정하고 있으나 브라질 사회의 일상생활에서는 다문화성이 유지되지 못한다. 지적인 수준에서만 영토와 사회 공간에서 시민권과 민족의 논리가 공존하고 있다. 따라서 브라질의 원주민 관련법들은 식민 기간에 형성된 잘못된 인식을 변화시키고 현재의 차별적인 상황을 바꿀 수 있는 방향으로 진행되어야 한다. 브라질 시민권을 얻는다는 것은 사회가 제공하는 정보기술을 포함한 모든 혜택을 이용할 수 있는 권리를 가지는 것을 의미한다. 사실 원주민들은 기본적으로 세 가지 문제에 집중하고 있다. 첫째, 전통과 근대성 간의 부조화로 보는 오래된 이중적인 시각을 극복하는 것이다. 둘째, 집단 주체체(Sujeitos coletivos) 혹은 원주민을 주인공으로 생각하는 것이다. 셋째, 원주민이 기술적 재원들을 활용하여 자신들이 원하는 것을 실현하는 것이다. 원주민들이 기술을 활용하면 문화와 전통을 보존·발전시킬 수 있고 개인이나 집단의 생활 환경을 개선할 수 있다. 정보 기술 습득은 개인적인 생활 개선뿐 아니라 원주민들의 자율화 과정을 강화하고 회복하는데 활용될 수 있다.

공공 정책은 목적 지향적이고 차별 철폐적인 관점으로 발전시킬 필요가 있다. 그러나 가장 중요한 문제는 적절한 양질의 교육 없이 기술의 사회적 이용을 관리할 수 없다는 것이다. 사실 디지털과 기술과 장비에 대한 접근은 원주민 시민들을 포함한 시민의 기본권으로 다뤄야 한다. 원주민들은 첨단 기술에 접근할 수 있다면 자신의 땅에 대한 자치권을 회복할 가능성, 문화유산의 보존과 활성화, 지속 가능한 발전 정책 실시, 현재 정치 조직 과정을 공고화시키고 강화시킬 수 있다고 보고 있다.

:: 원주민 관련 법령

원주민법(Estatuto do Índio)는 1973년에 6001법으로 공표되었다. 이 법은 원주민과 국가의 관계를 규정하고 있는데, 1916년 제정된 브라질 민법(Código Civil Brasileiro)의 원칙을 따르고 있다. 민법의 내용은 "상대 적으로 무능한(Relativamente incapazes)" 원주민들이 브라질 사회나 국민 연합에 통합될 때까지 국가의 원주민 기구가 보호해야 한다는 것이다. 원주민 관련 정책이나 관리는 1910년에서 1967년까지는 원주민보호청 이 맡았고, 현재는 국립원주민재단이 맡고 있다.

브라질에는 "고립 원주민" 부족이 46개가 있으나 국립원주민재단은 12개만 확인했다. 46개 부족 중에 6개 부족은 자신들의 땅에 거주하고 있고, 15개 부족은 다른 원주민 부족의 땅에 정착하고 있으며, 6개 부족 은 알려지지 않은 원주민 땅에 거주하고 있다.

1988년에 민주 헌법에 원주민들의 권리가 보장되면서 원주민들의 운명이 완전히 바뀌었다. 전통적인 땅에 살고 있는 원주민의 원래 권리 를 인정해주고 이 권리 보호를 위한 법적 · 행정적 활동을 가능하게 하 였다. 헌법은 원주민 단체나 보호에 대해 언급하고 있지 않지만, 원주민 권리를 보호하고 집행하는 것이 연방의 책임이라고 규정하고 있다. 시 민 자격을 정확하게 규정하고 있지는 않았지만, 헌법 232조에 "원주민 공동체와 단체는 자신들의 이익과 권리를 보호하기 위해 법정에서 합 법성을 다툴 수 있다"고 절차적 자격을 보장하고 있다.

1992년 리우데자네이루에서 개최된 환경회의에서 원주민 운동을 포 함한 브라질 시민 단체들이 협력하여 활동했다. 원주민시위프로젝트

(PDPI)는 원주민의 땅 보호, 전통문화 가치 고양, 원주민 조직 강화, 지속 가능한 환경 활동을 위해 독일과 영국 정부의 재정적·기술적 지원을 받았다. 프로젝트 초기 단계에서는 일본 정부의 재정 지원도 받았는데, 지원 기간은 1999년에서 2001년까지 였다. 2002년에 공표된 신민법은 무능한 원주민에 대한 규정은 없애고 원주민의 자격은 특별법으로 정한다고 규정하였다. 신헌법이 공표된 이후 의회에서 원주민 권리와 관련된 보통법을 재평가하려는 것이었다. 1991년부터 행정부와 하원은 헌법 조항을 수정하고, 신헌법에 따라 낡은 법안들을 조정하려고 했다. 1994년에 원주민 사회법(Estatuto das Sociedades Indígena)이 하원 특별위원회를 통과했으나 그 절차가 중단되어 있다.

:: 원주민의 교육 정책과 환경

원주민의 교육 발전은 크게 세 시기로 구분된다. 첫째, 식민 기간 200년 동안 유지되었던 교리문답학교(A esclora de catequese)이다. 1549년에 예수회가 도착하면서 시작되어 포르투갈과 스페인 영토에서 축출된 1767년까지 계속되었다. 원주민의 다양성을 부정하고, 문화적 다양성을 소멸시켰으며, 식민 사회에 원주민 노동력을 병합시키려는 목적을 지니고 있었다.

둘째, 제1문자(Primeiras Letras)와 문화화프로젝트(Projecto Civilizador) 학교가 설립된 시기이다. 18세기 중반부터 20세기 중반까지인데, 이는 다시 두 시기로 구분된다. 첫째 시기는 18세기 중반부터 19세기 중반까지로 폼발정책기간(Fase Pombalian)인데, 1757-1798년 사이 원주민법 (Direório dod Índios)이 발효되면서 제도화되었다. 아마존에서 포르투갈 식민 상인들이 경제적 목적으로 이 정책을 수용했다. 둘째 시기는 19세 기 중반의 왕정과 제1공화정에서 20세기 중반까지의 시기이다. 1845년 에 426호법으로 교리문답 선교와 원주민 문명화 규칙이 발표되어 1889 년까지 유지되었다. 제1공화정에서는 1910년에 원주민보호청(Serviço de Proteção aos Índios)과 전국 노동자 배치(Localização de Trabalhaores Nacional) 조치가 발표되어 사회의 다른 집단과 원주민의 관계를 제도화 했다.

셋째, 1970년대부터 21세기까지로 변화의 이중언어교육과 대안적 인디헤니스무와 원주민 학교의 시기이다. 첫 번째 시기는 1967년에 원 주민보호청이 해체되고 국립원주민재단이 새로 만들어진 시기부터 1980년대까지로 여름언어학교와 변화의 이중언어교육(EBT)이 중요 한 부분을 차지했다. 국립원주민재단은 군부 정권에서 통합주의 입장 을 유지했고, 외국 자본의 지원을 받아들였으며 원주민 보호구역에서 여름언어학교의 활동을 인정했다. 두 번째 시기는 대안적 인디헤니스 모, 원주민 운동과 원주민 학교를 통한 원주민 교육의 대안적인 프로 젝트가 형성된 시기이다. 1970년 초반에 만들어진 선교사원주민위원회 (Conselho Indigenista Missionáro)와 함께 원주민 지원 단체가 만들어지고 동시에 원주민 운동이 태동하게 되었다. 이 시기에 브라질아마존원주 민단체연합(COIAB), 아마존원주민교사위원회(COPIAM), 호라이마원 주민교사단체(OPIR), 이중언어티쿠나교사단체(OGPTB), 네그루강원 주민단체연맹(FOIRN)과 같은 원주민 교육 관련 단체들이 만들어졌다

(Roberto Sanches Mubarac Sobrinho, 2017, 61-62).

많은 원주민들이 사회의 다른 계층과 상호문화적인 대화를 시도하고, 불평등을 줄이고, 권리를 확보하는 방향으로 학교 교육을 받고자 했다. 원주민은 엄격하게 학교 교육과 원주민 교육을 구분하고 있다. 원주민 교육은 자신들이 속한 원주민 집단의 전통, 관습과 공동체의 독특한 지식을 획득하는 것이다. 학교 교육은 전통적인 지식을 보완하고 비원주민 학교법에 접근하는 것이다. 그 외 시민의식 함양, 저항 전략 구성능력, 문화 장려와 비원주민 사회 구조의 활용, 원주민들의 삶을 개선하는 데 유용한 새로운 지식을 습득하고자 했다. 원주민들은 원주민 학교 교육의 근간이 되는 법령에 따라 이중언어 · 다중언어, 상호문화적, 차별화되고 특화된 학교 교육을 받을 권리가 있다. 1988년 헌법과 전국교육기초와지침법(Lei de Diretrizes e Bases da Educação Nacional)에 따라 교육부가 원주민 학교 교육 정책을 관할한다(Roberto Sanches Mubarac Sobrinho, 2017, 59-60 재인용).

2000년대에 들어서도 많은 변화가 있었다. 2001년에 전국교육계획(Plano Nacional de Educação)이 승인되었고, 2004년에는 교육부가 재편되면서 '지속적인 교육, 문맹퇴치와 다양성처(SECAD)'가 만들어졌다. 또한 2011년에는 SECAD와 특별교육처가 합쳐서 '지속적인 교육, 문맹퇴치와 다양성과 포용처(Secretria de Educação Continuada, Alfabetizaçã, Diversidade e Inclusão)'로 확대 · 개편되었다.

브라질은 1999년부터 원주민 학교 실태 조사를 실시하고 있다. 전국 원주민 학교의 통계를 조사하는 것으로 원주민 땅에 있는 학교의 상황을 파악하고 원주민 학생, 교사와 학교에 대한 전반적인 정보를 취합한다. 2005년에 정부가 원주민 실태 조사 결과를 발표했다. 조사를 살펴보면 피아우이(Piauí)와 히우그란지두노르치를 제외한 전국에 있는 원주민 학교는 2,323개였고, 시립학교 52.39%, 주립학교 46.66%, 사립학교 0.95%였다. 홍동니아(Rondônia), 호라이마(Roraima), 아마파(Amapá), 토칸티스(Tocantins), 마라냐웅(Maranhão), 세아라(Ceará), 페르남부쿠(Pernambuco), 알라고아스(Alagoas), 세르지페(Sergipe), 미나스제라이스(Minas Gerais), 상파울루(São Paulo), 산타카타리나(Santa Catarina), 리우그란지두술(Rio Grande do Sul)와 고이아스(Goiás) 주의 80~100%가 주립학교였고, 아마존(Amazonas), 파라(Pará), 바이아(Bahia), 이스피리투 산투(Espírito Santo), 파라나(Paraná), 마투그로수(Mato Grosso)와 마투그로수두술(Mato Grosso do Sul) 주는 80% 이상이 시립이었다. 중등학교는 72개에 불과했다. 따라서 초·중등학생들은 16만 4000명이었는데, 중등학교 진학률은 2.9%에 불과했다. 교사들은 총 9,100명이었고 88%가 원주민이었다. 2005년에 원주민 중에 대학생은 2,000명에 불과했다.

2018년에는 교육부가 기초교육학교 실태조사(Censo Escolar da Educação Básica) 결과를 발표했다. 학교는 1,022개가 증가한 3,345개 였고, 등록 학생은 25만 5888명이었으며, 교사는 22만 590명이었다. 각각 초등학생 17만 4422명, 중등학생 26만 878명, 유치원 27만 53명, 어린이집은 5365명이었고, 청소년 및 성인 교육생 2만 1,891명, 직업교육생 279명이었다. 특히, 청소년 및 성인 교육생이 10배 이상 증가했다. 그동안 원주민들이 자신들의 생활 환경 개선을 위해 더 많은 교육이 필요하다는 인식이 확대된 것이며, 동시에 좌파 정부가 원주민과 흑인 학생들에게 많은 인센티브를 제공해 준 결과였다. 정책의 변화는 원주민 학교의 성격도 변화시켰는데, 이전 조사에서는 시립학교가 많은 부분을 차지했다.

학교 건물은 2,316개였으며, 북부와 북동부의 학교 건물 사용률은 각각 65%와 69%로 가장 낮았고, 남동부는 94.59%로 가장 높았다. 남부와 남동부의 원주민 학교는 전력 공급이 100% 이루어지고 있었으나, 북부는 겨우 54%에 불과했다. 위생 하수구의 경우 남부와 남동부에서 98%와 90%까지 마련되어 있었으나, 북부는 39.61%만 설치되어 있었다. 또한, 1,970개 학교는 상수도 시설이 없었다. 대부분의 원주민 학교들은 과학, 컴퓨터, 언어 교육 시설이 부족했다. 과학실험실은 0.50%, 컴퓨터실은 6.84%, 도서관은 8.01%, 인터넷 접근은 14.73%에 불과하다. 그리고 2,417개 학교가 적절한 원주민 언어 정보가 없었으나 3,345개 학교 모두 원주민 언어를 활용하고 있었다. 고등교육을 받고자 하는 학생들은 교육 기관의 할인을 받기 위해 장학금 지원 인터넷 사이트에 접속해야 하는 어려움이 있음에도 2010년에 2,723명이었는데, 2017년에는 9.4배가 증가한 2만 5670명으로 늘었다.

교육부 산하의 특별교육동원처(Secretaria de Modalidades Especializadas de Educação)가 원주민들의 교육 접근을 개선하고 학교 교육의 질을 개선하기 위해 노력하고 있다. 베르나르두 고이타카지스(Bernardo Goytacazes) 처장은 "원주민들은 자신의 현실에 맞는 학교에 갈 권리를 가지고 있다. 또한, 각각의 공동체를 존중하면서 양질의 교육을 제공하고, 원주민들이 자신의 거주 지역에 잘 맞는 잘 훈련된 교사를 제공해 주어야 한다"고 강조하면서 원주민 교육권 보장이 필요함을 역설했다. 이러한 내용들은 원주민을 대상으로 하는 교육 현황이지, 브라질 학교 교육에서 원주민들에 대한 긍정적인 내용들이 얼마나 바뀌고 있는지에 대한 것은 아니다. 브라질 전체 사회가 바뀌어야 원주민들에 대한 차별적인 상황이 극복되고 함께 하는 사회가 될 것이다.

:: 풀어야 할 원주민 아젠다

근본적인 문제는 "원주민은 누구인가? 어떻게 원주민 공동체를 식별하는가?"이다. 원주민인지 아닌지에 대한 평가는 개인의 생물학적 특성에 대한 아이디어가 개입되어 있다. 연구자의 머릿속에 형성되어 있는 이상적인 원주민 형태는 외형적인 특성에 따라 결정된다. 1986년 카르네이루 다 쿤냐(Carneiro da Cunha)는 원주민들은 생물학적인 특성뿐 아니라 문화적 특성을 포함한다고 주장하면서, 특정한 집단의 정체성은 속한 사회의 정체성에 따라 종족적 정체성이 결정된다고 주장했다. 이러한 주장은 1957년 히베이루가 정의한 개념과 일치하며 브라질 인류학자들이 동의하는 개념이다(Manyel, 1998, 33)

역사적으로 원주민들은 비원주민들의 눈에 다양한 개념과 다층적인 이미지로 보여지긴 했지만, 선입견, 편견과 차별, 무시를 받는 경우가 많았다. 식민기의 포르투갈인들뿐 아니라 독립 이후 브라질의 엘리트들은 원주민이 육체적으로나 정신적으로 저능하다고 보았다. 어떤 유럽 종교인들은 원주민들은 영혼이 없다고 여기기도 하고, 원주민들에게 인간의 특성이 보이지 않는다며 그들을 정글의 동물로 보기도 했다. 이처럼 오랜 기간 백인들은 원주민에게는 문명이 없고, 문화도 없으며, 무능력하고, 야만적이고, 위험하며 기만적인 사람들로 보았다. 그나마 인간으로 보아 준 것이 다행이라고 할 정도로 원주민과 그들의 문화를 하찮은 것으로 여겼다. 다른 한편으로는 원주민을 숲의 보호자, 순진함의 상징과 전설과 신화의 대상인 낭만적인 존재로 보는 시각도 있었다.

이런 인식은 1920년대에 등장한 모더니즘에서 브라질 문화의 뿌리로서 원주민 문화를 인정하면서 달라지기 시작했다. 그러나 여전히 동화주의적인 관점에서 접근하고 통합 정책을 추진하고 있다. 1970년대 원주민 운동이 등장하면서 원주민 문화를 바라보는 시각에 변화가 생겼다. 민주화 이후 그 변화는 다문화주의 헌법을 제정하는 것으로 발전했고, 다양한 정치 스펙트럼의 정권이 창출되면서 원주민들에 대한 구체적인 정책이 실시되었다. 이런 변화는 상호문화성(Interculturalidade) 개념으로 이어졌다. 상호문화성은 문화와 정체성의 공존과 공생의 가능성을 제시하는 생활 패턴이다. 기본적으로 상이한 문화의 개인이나 사회 집단 간의 폭력과 불관용을 극복하기 위해 문화적 표현과 언어적인 다양성에 따른 차이를 대화로 해결하는 과정을 말한다(Luciano, 2006, 49-50). 상호문화성이 지적 수준이나 제도적인 수준에서 만들어졌다고 해도 일상생활에서 반영되는 데는 시간이 필요하다. 브라질 사회는 다양한 원주민 정책을 실시하고 있지만, 여전히 동화주의적인 입장을 견지하고 있다. 일상생활에서 상호문화성이 공존할 때 비로소 브라질이 완전체가 될 수 있을 것이다.

제7장

강제 실향민의 불평등 개선을 위한 노력[1]

차경미

:: 〈카르타헤나 선언문〉에서 〈브라질 행동강령〉까지

탈냉전 이후 세계적으로 국가 간 전쟁보다는 무력을 동반한 내전이
90%를 차지하였다. 그 결과 전 세계적으로 강제 실향민이 증가하였다.
지역별로 갈등의 주요 원인을 살펴보면, 아시아의 경우 종교와 민족 문
제가 정치적 이해관계와 얽혀 분쟁이 야기되었다. 동부 유럽에서는 유
대인 탄압과 추방을 주도했던 폭력 사건이 발생했다. 아프리카에서는
인종차별, 종교 문제 그리고 종족 간의 갈등으로 내전이 지속되고 있다.
라틴아메리카 지역에서는 민족과 종교적 갈등보다는 정치와 사회, 경

---

1 이글은 2010년 6월 30일 경희대학교 비교문화연구소에서 발행하는 학술지《비교
문화연구》59집에 게재된 논문을 재구성하여 작성함.

제적 불평등 심화로 폭력이 확산되었다.

유엔 난민위원회 통계 자료에 의하면 2015년 강제 실향민은 전년 대비 700만 명이 증가했으며, 세계 최대 실향민 배출국은 시리아로서 그 규모는 세계 실향민의 19.9%에 해당한다. 시리아는 9년 전 발생한 내전으로 현재 인구의 절반 이상이 넘는 1100만 명이 강제 실향민으로 살아가고 있다. 주변의 도움이 절실한 시리아 실향민의 70%는 여성과 아동이다(유엔 난민기구, 2020, 3). 2015년 기준 세계 주요 강제 실향민 배출국은 시리아, 콜롬비아, 이라크, 수단, 콩고, 파키스탄, 소말리아, 나이지리아, 터키 그리고 베네수엘라 등이다. 실향민은 자국에 머물며 국내를 떠돌아다니기도 하고, 국경을 넘어 타국으로 이동하는 난민으로, 그 규모를 정확하게 파악하는 것은 불가능한 실정이다.

라틴아메리카 지역은 1970년대와 1980년대 중앙아메리카를 중심으로 확산된 내전으로 강제 실향민이 급격하게 증가했다. 이를 계기로 지역 국가 정상들은 1984년 콜롬비아의 카리브해 연안 도시 카르타헤나(Cartagena)에서 개최된 미주기구(OEA) 정상회담을 통해 난민과 실향민에 관한 논의를 전개하였다. 그리고 난민에 관한 선언문을 채택하였다. 〈카르타헤나 선언문〉은 1951년 국제난민협약에서 정의한 난민 적용 범위를 확대하여 내전 및 대규모의 인권 침해 피해자까지 난민으로 해석하였다. 실향민도 난민으로 해석한 것이다. 〈카르타헤나 선언문〉은 실향민을 난민으로 해석한 최초의 국제 협약이었다. 이 선언문은 실향민 보호 규정에 규범으로 활용되고 있다.

카르타헤나 선언 이후 라틴아메리카 지역 정상들은 난민과 실향민 보호 방안을 모색했다. 1994년 코스타리카의 수도 산호세(San José)에서 개최된 정상회담에서 여성과 아동 실향민 문제에 관심을 기울이며 〈산호세 선언문〉을 발표하였다. 그리고 2004년 〈멕시코 선언과 행동강령〉을 통해 실향민의 인권 보호를 위한 다각적인 지원책을 모색하였다. 그럼에도 2000년 접어들어 라틴아메리카 지역의 강제 실향민 문제는 심화되었다. 콜롬비아와 멕시코를 중심으로 전개된 마약 테러로 폭력이 증가하면서 실향민이 양산되었다. 과테말라, 엘살바도르, 온두라스 및 베네수엘라의 경제와 정치적 위기는 실향민 배출과 함께 지역안보에 위협이 되었다. 브라질 역시 경제적 위기로 실향민이 증가하였고 특히 아마존 지역 개발을 둘러싸고 발생한 폭력으로 원주민의 실향도 지속되었다.

이러한 상황 아래 라틴아메리카 지역 정부는 2014년 12월 카르타헤나 선언 30주년을 맞아 선언문 이행에 대한 평가를 바탕으로 강제 실향민의 인권 및 재정착 지원을 위한 새로운 방안을 논의하였다. 그리고 향후 10년간 실향민 및 무국적자 보호를 위해 라틴아메리카 지역 정부가 공동으로 추진해야 할 〈브라질 행동강령〉을 채택하였다. 이 강령은 지난 30여 년간 라틴아메리카 지역 정부가 추진해 온 난민 보호 정책을 바탕으로 형성되었다. 이와 같이 라틴아메리카 지역 정부는 지난 30년 동안 그 어느 대륙보다 실향민의 인권 보호와 불평등 완화를 위해 지속적인 노력을 기울여 왔고 항구적인 난민 문제 해결을 위한 실천적 방안을 모색해 왔다. 이러한 노력은 초국가적인 네트워크가 강화되는 시대에 실향민 확산을 계기로 발생하는 지역 혹은 국가 간 갈등에 대한 공동 대응 방안 마련에 토대가 되고 있다.

:: 불평등과 강제 실향

라틴아메리카 지역은 1990년대 경제 위기를 겪은 이후 소득 감소에 따른 빈곤층의 확대 및 소득 격차로 인한 불평등이 심화되었다. 2000년 대 좌파 정권이 추진한 다양한 복지 정책은 불평등 개선 효과를 동반하지 못했고, 결국 2003년 이후 불평등과 빈곤이 악화되는 경향을 나타냈다. 이와 함께 실향민도 증가하였다. 실향민은 사실상 이주를 강요받은 사람들로서 난민과 유사한 상황에 놓인 사람들을 말한다. 실향민은 이주 자체가 강제성을 띠고 있기 때문에 자발적인 이주와는 성격을 달리한다. 따라서 이들을 강제 실향민이라고도 부른다. 실향민에는 국경을 넘은 사람들과 거주지를 떠나 자국 내에서 떠돌아다니는 국내 실향민이 포함된다.

라틴아메리카 지역의 강제 실향민은 불평등 지수가 높고 소득 분배율이 매우 낮은 지역에서 발생하였다. 이러한 지역은 주로 원주민과 아프리카에 뿌리를 두고 있는 인종이 거주하는 지역이다. 세계 주요 강제 실향민 배출국인 콜롬비아의 경우 대부분의 실향민은 전체 주민의 83%가 아프로-콜롬비아인으로 구성되어 있는 태평양 지역에서 배출되었다. 강제 실향민을 가장 많이 배출한 킵도(Quibdó), 리오하차(Riojacha), 플로렌시아(Florencia) 지역은 전형적인 아프리카계 콜롬비아인 밀집 지역이다. 또한 국내적으로도 빈곤 지수가 각각 47.9%, 46.9%, 그리고 33.7%로 매우 높은 지역이다. 원주민의 주요 거주지인 투마코(Tumaco) 와 다리엔(Darién) 역시 주요 실향민 배출 지역이다(Villa y Houghton, 2005, 144-149). 이러한 사실을 감안할 때 실향민은 불평등과 상관관계가 있음을 알 수 있다.

멕시코의 경우 국경을 넘지 않고 자국 내에서 유랑 생활을 하는 국내 실향민이 주류를 형성한다. 국내 실향민은 자국 내에 머물러 있지만 언제든 국경을 넘어 난민 대열에 합류할 수 있는 예비 난민이다. 따라서 난민위원회는 국내 실향민을 난민으로 분류하고 있다. 멕시코는 국내 실향민을 배출하는 동시에 역내 난민과 실향민이 유입되는 국가이기도 하다. 2009년부터 2017년까지 마약 카르텔에 의한 폭력으로 강제 실향 상태에 놓인 사람들은 1600만 명에 이른다. 멕시코 실향민 모니터 센터에 의하면 2018년 한 해 국내 실향민은 34만 명이다.

국내 실향민 주요 배출 지역은 게레로(Guerrero), 치와와(Chihuahua), 타마울리파스(Tamaulipas), 시날로아(Sinaloa), 미초아칸(Michoacán), 오악사카(Oaxaca)와 치아파스(Chiapas)이다. 멕시코 국내 실향민은 원주민에 뿌리를 둔 인종의 주요 거주지인 게레로와 치아파스주에서 지속적으로 확대되고 있다. 현재 그 규모는 국가 전체 국내 실향민의 29%에 해당한다. 시날로아와 미초아칸은 마약 범죄 조직에 의한 폭력으로 실향민이 양산되고 있다. 콜롬비아와 유사한 상황이 전개되고 있는 것이다. 두랑고(Durango)와 베라크루스(Veracruz)에서도 국내 실향민이 지속적으로 발생하고 있다. 2016년에는 멕시코 태평양 지역 게레로주에 위치한 레오나르도브라보(Leonardo Bravo) 마을에서 주로 실향민이 배출되었다. 시틀알라(Zitlala)와 인근 마을에서도 마약 테러로 강제 실향민이 증가했다. 2018년 1월 치치우알코(Chichihualco) 주민은 무장 조직의 공격으로 실향 상태에 놓였으며, 이들은 주정부를 향해 생존권 보장을 요구하는 시위를 전개하였다(Rojas, 2019.03.29).

베네수엘라의 위기는 국제적으로 라틴아메리카 지역의 난민과 실향민 문제의 심각성을 다시 한번 논의하는 계기가 되었다. 베네수엘라의 실향민이 국경을 넘어 역내 국가로 이동함에 따라 베네수엘라의 위기가 인근 지역 국가로 확대된 것이다. 2014-2018년 베네수엘라의 강제 실향민 규모는 300만 명 이상이며 일일 평균 5000명이 실향민 대열에 합류하였다. 2018년 약 46만 건의 난민 신청 중 절반 이상은 베네수엘라인의 신청이다(유엔 난민기구, 2018, 5-12). 베네수엘라의 실향민 대부분은 역내 국가로 이동하였다.

2017년 베네수엘라의 실향민을 가장 많이 수용한 국가는 콜롬비아로서 그 규모는 100만 명 이상에 이른다. 다음으로 페루 5000명, 에콰도르 13만 명, 칠레 10만 명, 파나마 9만 4000명 그리고 브라질은 8만 5000명의 베네수엘라인이 유입되었다. 2017년 1월과 6월 사이 브라질 북쪽 호라이마(Roraima)주에 베네수엘라 실향민이 급격하게 증가하였다. 남미공동시장 회원국으로서 베네수엘라인은 브라질에서 최고 2년 동안 임시거주권을 가진다. 이러한 권리는 베네수엘라 실향민이 브라질로 대거 이동하는 계기가 되고 있다. 브라질 호라이마주 당국은 급물살처럼 밀려오는 베네수엘라 실향민으로 몸살을 앓고 있다.

한편, 최근 보호자 없이 홀로 유랑 생활을 하는 아동 실향민이 증가하고 있다. 온두라스의 아동들은 폭력과 빈곤에서 벗어나기 위해 미국행을 택하고 있다. 유엔 난민기구의 자료에 따르면 2014년 한 해 동안 1만 4000명의 온두라스 아동들이 불법적인 방식으로 미국에 입국하였다. 온두라스는 2004-2014년 사이 298개의 중소 도시 중 20개 지역에서 17만 4000명의 실향민이 배출되었다. 이들 중 7800명이 아동이다

(Bolognes y Russel, 2015, 37-42). 세계 난민 중 18세 미만 아동이 차지하는 비율은 2009년 41%에서 2018년에는 50%로 증가했다.

세계적 수준에서 온두라스의 강제 실향민 규모는 크지 않다. 그러나 아동 실향민이 증가하고 있다는 점에서 온두라스의 실향 문제는 그 심각성을 더해 주고 있다. 새로운 현상인 아동 실향은 향후 라틴아메리카 지역의 경제가 정체하는 원인으로 작용할 것이다. 또한 마약 범죄와 폭력 증가 및 사회적 불평등 심화를 동반할 것이다. 글로벌 차원에서 난민 문제가 아프리카와 중동 지역을 중심으로 전개되고 있으나 향후 라틴아메리카 지역 역시 난민으로 인한 사회적 문제가 심각한 수준에 이를 것이다.

온두라스는 아동 실향민뿐 아니라 테구시갈파(Tegucigalpa), 산페드로술라(San Pedro Sula), 라세이바(La Ceiba)와 촐로마(Choloma)를 중심으로 국내 실향민이 증가하고 있다. 그동안 실향은 빈곤, 기회 박탈, 기본욕구 불충족 등 사회적 불평등이 주요 원인으로 작용했다. 그러나 지난 10년 동안 중미 지역에서 전개된 실향은 새로운 경향을 나타내고 있다. 사회적 불평등뿐 아니라 마약 테러가 실향의 원인으로 성장하고 있다. 중미 지역은 마약 유통의 교두보 역할을 담당하며 마약 조직 활동의 거점이 되고 있다. 경제적 이권이 집중되는 지역을 둘러싸고 전개된 마약 폭력은 무고한 시민의 희생과 농민 토지 강탈의 기회로 활용되었다. 마약 자금은 전쟁을 위한 재정적 지원뿐 아니라 정치적 부패 그리고 국가 안보에까지 영향을 미쳤다. 폭력은 자본 축적 및 권력 장악을 위한 수단으로 활용되었다. 이러한 과정 속에서 강제 실향민은 확대되었다.

:: 〈카르타헤나 선언문〉

1951년 발표된 유엔의 〈난민의 지위에 관한 협약〉은 난민에 대한 개념을 정의할 때 가장 널리 사용되는 문서이다. 이 협약에 의하면 난민이란 내전, 일반화된 폭력, 외세 침략, 대규모 인권 침해 또는 공공 질서를 침해하는 심각한 상황으로 인해 자신의 국가를 떠난 사람들이라고 요약할 수 있다.[2]

1969년 아프리카통합기구(OAU)는 이러한 난민 협약에 더하여 "출신국 및 국적국의 일부 또는 전부에서 외부 침략, 점령 및 외국 지배 그리고 공공 질서를 심각하게 해치는 사건으로 인해 강제로 자신의 나라를 떠나야 했던 사람"도 난민으로 규정하였다. 자국을 탈출하여 떠도는 사람들 중 생명과 자유에 대한 위협으로 자신의 나라로 돌아갈 수 없는 사람들을 난민으로 인정한 것이다.

유엔 난민기구는 1951년 난민 협약 및 1969년 아프리카통합기구가

---

2 1951년 〈난민 지위에 관한 협약〉은 최초의 국제 난민법으로 난민에 대한 일반적인 개념을 정의하였다. 제33조 1항에 개인이 고문 및 비인도적 또는 굴욕적 처우나 형벌의 위험에 노출되는 경우 강제 송환 금지를 명시하였다. 33조는 비호국 내 혹은 국경에 있는 비호 신청인에게도 난민 지위가 결정되기 전까지 적용된다. 현재 유엔 난민기구의 보호 대상은 다음과 같이 요약된다. 인종, 종교, 국적, 정치 의견, 특정 사회 집단 구성원을 이유로 박해의 위험으로부터 자신의 나라를 떠나 국경을 넘은 사람, 혹은 분쟁 혹은 일반화된 폭력 사태로 인해 고국을 떠나 돌아갈 수 없는 난민; 보호가 필요하다는 최종 결정이 나올 때까지 기다리는 난민 지위(비호) 신청자; 자국 내에 머물러 있지만 난민과 유사한 상황에 놓인 국내 실향민; 어떤 나라에서도 국적을 인정받지 못하는 무국적자; 고향 또는 자국으로 돌아간 난민 및 국내 실향민을 지칭하는 귀환민; 어느 분류에는 포함되지 않지만 유엔 난민기구의 보호가 필요한 기타 보호 대상자.

선언한 난민 협약 조건에 해당하는 사람들을 난민으로 정의한다. 그리고 난민은 자신의 생명 보호와 자유 보전을 위해 자국을 탈출하여 타국의 보호를 받을 수 있는 사람들로 규정한다. 난민 규모에는 국내 실향민도 포함된다. 1977년 유엔 난민기구는 난민과 유사한 상황 아래 국경은 넘었지만 난민 지위를 얻지 못한 사람들을 실향민으로 정의하며 이들에 대한 관심을 기울이기 시작했다. 유엔 실향민인권위원회 사무총장 월터 칼린은 현재 세계 도처에 흩어져 있는 2500만 명 이상의 실향민을 위한 국제 협약도 없고, 유엔 기구도 존재하지 않는다고 비난했다. 그리고 실향민에 대한 국제 사회의 관심과 지원을 촉구하였다(Walter, 2011, 30-31).

한편, 국내 실향민은 1951년 유엔 난민 협약과 1969년 난민 협약에는 그 개념이 명시되어 있지 않다. 국내 실향민은 난민과 유사한 상황에 놓여 있지만 국경을 넘지 않은 사람들을 말한다. 이들은 국제 사회가 적극적으로 지원할 수 없다. 왜냐하면 국내 실향민은 국경을 넘지 않고 자국에 머물러 있기 때문에 국제 사회가 이들을 지원한다면 국내 문제 불간섭 원칙에 위배되기 때문이다. 하지만 이들은 언제든 국경을 넘어 난민 대열에 합류할 수 있는 예비 난민이다. 따라서 유엔 난민기구는 난민 발생 예방차원에서 국내 실향민 문제의 중요성을 강조해 왔다.

라틴아메리카 지역은 1970과 1980년대 니카라과, 엘살바도르 그리고 과테말라에서 발생한 내전으로 대규모 강제 실향민이 발생했다. 당시 니카라과는 농촌 지역에서 최단 기간 25만 명의 국내 실향민이 배출되었다. 중미내전은 전례 없는 라틴아메리카 지역 난민 팽창의 원인으로 작용했다. 이를 계기로 지역 차원에서 난민 및 강제 실향민 문제에 관한 논의의 필요성이 대두되었다.

1984년 콜롬비아의 카르타헤나에서 개최된 미주기구 정상회담에서 각국 대표들은 내전 또는 대규모의 인권 침해를 사유로 거주지를 떠날 수밖에 없는 사람들까지 난민으로 확대 해석하는 〈카르타헤나 선언문〉을 채택하였다. 〈카르타헤나 선언문〉은 "보편화된 폭력, 국내 소요, 대량의 인권 침해, 외부 침략 또는 공공 질서를 해치는 상황으로 인해 자국을 떠날 수밖에 없는 사람"도 난민으로 인정하였다. 다시 말해 특정 사회 집단 소속, 종교, 인종, 국적 또는 정치적 견해와 같은 기존의 난민 적용 범위 결정 요인에 더하여 전쟁 또는 내전 및 대규모 인권 침해까지 난민 적용 사유로 해석한 것이다.

이와 같이 〈카르타헤나 선언문〉은 자국의 공공 질서를 심각하게 해치는 사건으로 인해 조국을 탈출해야만 했던 모든 사람들을 난민으로 규정한다. 실향민을 난민으로 해석한 최초의 국제 협약이다. 그리고 국내 실향민 권리에 대한 논리적 기준을 제시한 최초의 협약이다. 〈카르타헤나 선언문〉은 이행에 관한 법적 구속력은 없다. 그러나 라틴아메리카 지역의 난민과 실향민 보호 규정의 규범으로 활용되었다. 또한 〈카르타헤나 선언문〉은 중미 지역 내전 종식과 평화 정착 및 지속을 위한 정책 방향을 제시하였다. 1989년 5월 과테말라에서 개최된 중미난민국제회담에 참석한 지역 정상들은 실향민과 무국적자 그리고 난민 보호를 위한 공동 대응 방안을 적극적으로 논의하기 시작하였다.

:: 〈산호세 선언문〉

카르타헤나 선언을 계기로 라틴아메리카 지역 정상들은 인권 보호, 평화 구축 및 경제와 사회 발전에 대한 공동 방안을 강구하였다. 국내 경제 침체에도 불구하고 그동안 각국 대표들은 실향민의 인권 및 생존권 보호를 위한 노력을 경주했다. 정상들은 1992년 3월 베네수엘라의 수도 카라카스(Caracas), 1993년 5월 우루과이 수도 몬테비데오(Montevideo) 그리고 1994년 3월 멕시코의 코코욕(Cocoyoc)에서 강제 실향민의 권리 및 인권에 관한 논의를 전개했다. 이러한 예비 모임을 거쳐 난민 문제 공동 협력 방안을 모색했다. 그리고 국가별 차별성을 유지해 온 실향민에 대한 행정 및 법적 절차 통합을 추진하였다.

1994년 5월 코스타리카에서 제24회 미주기구총회가 개최되었다. 회의에 참석한 정상들은 카르타헤나 선언 10주년을 맞아 실향민의 노동과 인권 보호를 위한 지역 국가 협력을 강조했다. 그리고 대륙 차원에서 추진하고 있는 국제인도주의법, 국제인권법 및 국제난민법에 대한 지역 정부의 적극적인 수용을 촉구하였다. 참석자들은 날로 문제의 심각성을 더해 가는 국내 실향민 증가에 대한 공동 책임을 확인하며 인권 유린 근절을 위한 〈산호세 선언문〉을 채택하였다.

회의 참가 정상들은 난민과 실향민 발생 예방의 최선은 인권 보호와 민주 체제 강화라고 강조했다. 따라서 난민 문제는 무엇보다도 인도주의적 차원에서 해결해야 한다고 언급했다. 그리고 난민 및 무국적자 사회 복귀 프로그램 강화에 대한 방안을 모색하였다. 실향민과 무국적자는 지역의 긴장과 새로운 사회 불안 요인으로 작용할 수 있다는 인식하에 이들에 관한 이민 규정을 심도 있게 논의하였다.

〈산호세 선언문〉의 기본 방향은 유엔 난민기구의 목표를 추구하는 것이다. 유엔 난민기구는 1949년 12월 유엔 총회에서 난민을 보호하고 조정할 목적으로 창설되었다. 제2차 세계대전 이후 정치적 이유로 자국으로 귀환할 수 없거나 또는 돌아갈 의사가 없는 난민과 강제 추방자를 위해 유엔 산하 임시 국제 조직인 국제난민기구가 창설되었다. 이를 계기로 정치, 군사 그리고 종교 및 이념적 이유로 자국 귀환을 원하지 않는 난민의 귀환 중지가 인정되었다. 국제난민기구가 형성됨에 따라 국제법의 보호 아래 난민에 대한 실질적인 구호와 재정 지원 및 본국 귀환 관련 모든 절차가 집행되었다. 이후 국제난민기구는 유엔 난민기구로 대체되어 운영될 때까지 수용소의 난민 보호 및 직업 훈련과 재정착 교육 등의 업무를 수행하였다.

그러나 당시 난민 문제는 국제 사회가 지속적인 해결을 모색해야 하는 문제로 여기지 않았다. 그뿐 아니라 난민 문제와 직접적인 이해관계가 있는 국가는 난민 처리에 비협조적인 태도를 유지하였다. 이러한 상황 아래 난민 문제가 확산되자 1949년 유엔 총회에서 난민을 보호하고 조정할 유엔 난민기구가 창설되었다. 유엔 난민기구는 인도주의에 입각한 난민에 대한 법적 및 물질적 지원을 담당하며 난민의 귀국, 재정착 그리고 난민 문제의 항구적 해결을 위한 국제 협력을 도모한다. 이러한 유엔 난민기구의 목표는 〈산호세 선언문〉의 토대를 형성하고 있다. 한편, 〈산호세 선언문〉은 1992년 2월 과테말라에서 논의된 여성 난민, 무국적자 및 실향 문제에 관심을 모았다. 그리고 건강과 안보, 노동과 교육 부문에서 사각지대에 놓인 여성 난민 및 실향민에 대한 보호를 촉구하였다. 젠더를 중심으로 난민과 실향민 문제를 논의한 최초의 국제 선언인 것이다. 지역 정상들은 각 정부의 난민 및 실향민을 위한 프로그램 수행과 계획 과정에서 원주민 여성의 참여를 장려하였다. 그리고 젠더와 인종적 편견에서 벗어난 난민 보호 방안의 필요성을 강조하였다.

〈산호세 선언문〉은 1989년 아동 권리에 관한 국제 협정을 재정립하였다. 또 아동 난민 및 아동 실향의 심각성을 경고하였다. 원주민 실향의 특수성에 대해서도 강조하였다. 원주민의 인권 및 개별 종족의 특수한 문화적 특징을 고려한 지원 프로그램 개발의 중요성을 언급하였다. 그리고 원주민의 실향 예방을 위한 지속 가능한 프로그램 실천을 촉구하였다.

마지막으로 〈산호세 선언문〉은 자국 귀환을 원하지 않는 난민의 인권과 이들에 대한 국제인도주의법 적용을 유지하고 있다. 그리고 난민 자격 신청 과정에서 정치성을 배제하고 실향민의 특수 상황이 고려되어야 함을 강조하였다. 실향민의 이동, 토지 소유의 자유, 재산 추구권, 자율적 귀환 의지 존중 등 실향 상황에서도 인권은 존중되어야 한다는 점을 분명히 제시하였다(ACNUR, 1994, 55-57).

:: 〈멕시코 선언과 행동강령〉

2004년 11월 카르타헤나 선언 20주년을 계기로 멕시코시티에 모인 라틴아메리카 지역 정상들은 난민과 실향민 그리고 무국적자에 대한 지역 정부의 노력을 평가하였다. 이미 이들은 코스타리카, 브라질 그리고 콜롬비아에서 네 차례에 걸친 예비 모임을 통해 실향민 및 무국적자 보호 강화 방안을 모색했다. 예비 모임에서 참석자들은 실향민의 건강, 위생, 교육 그리고 기초 서비스 제공을 위한 현실적 어려움에 대해 토론했다. 그리고 실향민과 지역민 사이에서 발생할 수 있는 갈등 해소를 위해 지역 주민의 요구를 반영한 대책을 논의하였다. 이와 함께 실향민 보호는 젠더와 연령을 고려하여 추진해야 한다는 점도 명확히하였다. 다양한 논의를 진행한 끝에 11월 실향민 보호 강화를 위한 〈멕시코 선언과 행동강령〉이 채택되었다.

각국 대표들은 2002-2006년 콜롬비아를 중심으로 안데스 지역에서에서 발생한 강제 실향민 확산의 교훈을 돌아보았다. 그리고 인권에 관한 우수한 법률적 전통을 토대로 〈멕시코 선언과 행동강령〉을 완성하였다. 이 선언문은 지난 20여 년간 라틴아메리카 지역 정부가 논의한 난민 보호 정책을 반영하여 난민에 대한 국제 보호 강화에 역점을 두었다. 기본 방향은 난민의 재정착 및 교육 그리고 국경 지역 협력 강화이다.

라틴아메리카 지역은 인권과 관련된 우수한 법률적 전통을 지니고 있다. 1994년 카르타헤나 선언, 1948년 〈인간의 의무와 권리에 관한 아메리카 선언〉 그리고 1969년 〈인권에 관한 아메리카 협정〉 등 다양한 규정을 통해 오랜 기간 동안 인권 보호를 위해 노력해왔다. 농르풀망 원칙(Non-refoulement)에 따라 박해가 우려되는 국가로 송환해서는 안 된다는 강제 송환 금지 원칙도 유지하였다. 농르풀망은 '다시 밟지 않는다'는 뜻의 프랑스어로 1951년 7월 제네바에서 체결된 〈난민의 지위에 관한 조약〉의 내용이다(UNHCR, 2007, 1-19). 또한 인권에 관한 아메리카협정의 고문 및 잔인한 형벌 금지, 비인간적이며 굴욕적 행동 금지 및 보호

받을 권리가 있는 사람들을 위한 국경 개방에 관한 합의 등 라틴아메리카 지역은 그 어느 대륙보다도 일찍이 인권 보호에 관한 법적 규정을 마련하였다. 이러한 전통은 〈멕시코 선언과 행동강령〉의 근간을 형성하고 있다.

각국 대표들은 그동안 국제 난민 협약을 바탕으로 형성된 국내 난민 정책 추진의 현실적 어려움을 논의했다. 이들은 자국의 인적·기술적·재정적 부족으로 난민과 실향민에 관한 제도가 여전히 초보적인 수준에 머물러 있다고 언급했다. 실향민과 난민 권리 보호를 위해 노력했으나 현실적으로 국내 행정과 국제법 사이에 이해가 상충하고 양측 입장의 균열이 있음을 지적했다. 각국의 정치적 상황과 국제적 이익 그리고 국내법의 영향에 따라 난민과 실향민 문제는 국가 간 대립의 원인이 되기도 하였다.

또한 대표들은 난민 수용과 난민 자격 신청을 효과적으로 처리하기 위해 기존 방식을 수정하고 보완할 필요성을 인정하였다. 일부 국가에서는 여전히 열악한 국내 여건으로 인해 난민 결정 처리 업무가 지연되는 사례가 발생한다. 라틴아메리카 지역 정부는 이러한 문제 해결을 위한 유엔 난민기구의 지원과 역할을 촉구했다. 그리고 신원 확인과 개인정보 등록 전산화를 통한 효과적인 업무 처리 시스템 도입이 시급한 현안이라고 언급했다(ACNUR, 2010, 19). 난민 등록과 신원 확인은 난민 보호와 지원을 위해 필수조건이다. 개인정보는 난민의 생계 보조 지원 및 필요 서비스 제공과 지원 프로그램 계획 수립에 기초가 되기 때문이다.

한편, 〈멕시코 선언과 행동강령〉은 국경 지역 대도시로 유입되는 강제 실향민 증가에 주목하여 국경 도시 통합 강화를 주장했다. 그리고 국경 도시 경제 자립을 위한 프로그램 개발의 중요성도 설명하였다. 2004년 8월 브라질 정부는 라틴아메리카 난민을 위한 재정착 프로그램 마련을 제안하였다. 이를 계기로 난민 문제 해결을 위한 공동 책임과 국제 연대 강화를 위한 규정 마련이 부각되었다. 지역 정상들은 브라질과 칠레 정부가 강제 실향민 재정착을 위해 마련한 긴급 프로그램 운영 경험을 언급하며 강제 실향민의 재정착을 위한 협력 강화 방안을 논의하였다. 특히 국경 지역 연대 강화는 2004년 9월 콜롬비아 카르타헤나에서 개최된 제3차 예비 모임을 통해 중요하게 언급되었다. 국경 지역 도시로 유입된 다양한 국적의 강제 실향민은 사회 불안 요소로 성장할 가능성이 높다는 인식 아래 회의 참가자들은 국경 도시 안보를 위한 지역 연대 강화에 동의하였다

국경 도시 연대 강화는 2002-2006년 단기간 세계 최대 강제 실향민을 배출한 콜롬비아의 위기를 계기로 더욱 중요하게 논의되었다. 당시 콜롬비아 정부는 게릴라에 대한 강경책을 중심으로 국가 안보 정책을 추진하였다. 그러나 정부의 안보 정책은 다양한 성과에도 불구하고 정부와 게릴라 간 무력 충돌 확산으로 인한 농촌 지역 주민 이탈의 근본적인 원인으로 작용하였다. 무력 분쟁 지역 농민들은 거주지를 이탈하여 접경을 형성하고 있는 베네수엘라, 에콰도르, 파나마 그리고 브라질 국경 도시로 이동하였다. 그 결과 콜롬비아는 강제 실향민 문제를 놓고 인근 국가와 외교적 갈등에 휩싸였다(차경미, 2011, 119-124). 이러한 경험은 접경을 형성하고 있는 국가 간 국경 협력 강화를 위한 방안 모색의 계기가 되었다.

난민 문제는 난민 발생국에만 국한되지 않는다. 난민은 생존권 확보

를 위해 이차 혹은 삼차적으로 국경을 넘어 이동할 수 있는 사람들로서 난민이 유입되거나 통과하는 모든 국가에 직접적인 영향을 미친다. 따라서 난민 양산국은 일차적으로 난민의 안정적인 귀환을 위한 국내적 조건을 마련해야 한다. 그리고 난민 수용국은 자국의 지배적인 사회·경제적 조건을 토대로 다양한 환경에 처한 실향민의 상황을 고려한 보호 방안을 모색해야만 한다(김용철, 2019, 28-32). 이러한 차원에서 〈멕시코 선언과 행동강령〉은 지역 협력의 중요성을 강조하였다. 또한 국경 지역뿐 아니라 주요 도시 지역의 실향민을 통합 관리하기 위한 새로운 전략 수립의 필요성을 언급하였다.

이러한 과정을 거쳐 난민에 관한 통합적 보호 체계가 마련되었다. 〈멕시코 선언과 행동강령〉은 다문화주의와 지역 연대를 바탕으로 난민에 관한 보호 정책 수립을 촉구하였다. 그리고 난민 보호는 젠더와 연령, 종족과 소수자 및 장애인 등 난민 각 개인이 처한 환경을 반영하여 실행되어야 한다고 제시하였다. 또한 난민은 난민 자격 신청이 가능한 자와 신원 보증법 적용을 통한 특수한 처리가 요구되는 자로 분류될 수 있음을 언급하며 신원 보호 사각지대에 놓인 실향민에 대한 국제 협력 강화를 주장했다.

참가국 대표들은 난민 보호에 있어서 시민단체와 비정부 조직 활동의 공헌을 강조했다. 그리고 지속 가능한 난민 보호 정책 개발을 위해 이러한 조직의 참여는 필수적이라고 설명했다. 미주기구 인권위원회 그리고 유엔 난민고등위원회의 협력 강화도 논의하였다. 동시에 국제 난민 권리, 국제인권법 그리고 국제인도주의법에 대한 각국 정부의 수용과 실천을 촉구하였다. 난민의 자발적 본국 귀환을 보장하기 위한 각국 정부의 역할도 강조하였다. 끝으로 회의 참가자들은 브라질이 제안한 난민의 안정적 정착 지원 프로그램 운영에 대한 구체적 방안을 논의하기 시작하였다.

:: 〈브라질 행동강령〉

2014년 12월 2일 카르타헤나 선언 30주년을 맞아 라틴아메리카 지역 정상들은 〈카르타헤나 선언문〉 이행에 대한 평가와 함께 난민과 실향민 정착 지원을 논의하였다. 우선 참가국 대표들은 유엔 난민위원회 창설 60주년, 1951년 유엔 난민협정 60주년 그리고 1961년 무국적자 감소를 위한 국제협정 50주년을 기념하였다. 그리고 난민과 실향민에 대한 새로운 협력 방안을 논의하였다. 논의의 중심은 실향민의 안정적 정착에 관한 과제였다(Sarmiento 외, 2014, 15-18).

회의 참가자들은 역내 무국적자와 실향민의 안정적 귀환을 지원하기 위한 국제적 수준의 보호 규정이 시급하다고 언급하였다. 그리고 카르타헤나 선언 목표 달성을 위한 10년 계획을 작성하였다. 향후 10년 계획은 실향민 및 난민 보호 강화와 이들에 대한 지속가능한 해결 방안 추진이다. 지역 대표자들은 이러한 계획 실현을 목적으로 지역 정부가 공동으로 수행해야 할 〈브라질 행동강령〉을 채택하였다.

〈브라질 행동강령〉은 1984년 카르타헤나 선언을 재인용하여 작성되었다. 행동강령은 난민 및 실향민의 인권 보호를 위해 활동해 온 지역 조직, 중앙 및 지방정부, 국제기구, 지역기구, 학계 대표 그리고 비정부기구(NGO)의 공동 참여로 완성되었다. 〈브라질 행동강령〉은 라틴아메리카 지역 정부가 난민과 실향민 보호를 위해 노력해 온 지난 30년의 결과물이라고 볼 수 있다. 회의 참석자들은 날로 확대되어 가는 역내 무국적자, 난민 및 국내 실향민 문제의 심각성에 대해 공감하며 공동 해결 의지를 다짐하였다. 31개국의 참여로 채택된 행동강령은 난민 지위 부여 방식 개선과 안전 지역 및 통합 보호 지역으로서 국경 보호 강화에 관심을 기울였다. 그리고 난민의 권리 보장을 위한 지역 연대를 촉구했다. 행동강령이 추구하는 근본 목표는 차별대우 개선 및 무국적자 근절이다.

그동안 지역 대표들은 1948년 선포된 〈인간의 의무와 권리에 관한 아메리카 선언〉 그리고 1969년 〈인간권리에 대한 아메리카 협정〉을 토대로 난민의 귀환과 정착 지원에 관한 논의를 전개하였다. 라틴아메리카 난민 보호 정책은 기본적으로 차별 금지 그리고 국경에서 징계나 거절 및 본국 송환을 금지한 국제난민법 준수를 바탕으로 추진되었다. 또한 어떠한 상황에서도 인권은 존중되어야 한다는 법률 전통을 계승하였다. 이를 토대로 난민 보호는 젠더, 연령, 인종 및 종교 등 난민 개인이 처한 다양성을 반영하고 원주민과 아프리카계 후손에 대한 차별 금지와 인권 보호 강화를 중심으로 운영되었다(Acero 외, 2018, 17-47).

〈브라질 행동강령〉 채택에 앞서 회의 참석자들은 국내법 적용을 확대하여 난민 인권 보호에 앞장서 온 역내 국가의 모범 사례를 발표하였다. 어려운 국내 경제 상황에도 불구하고 국제 사회와 공조 체제를 유지하며 난민 보호에 앞장서 온 사례국의 공로를 치하했다. 그리고 이러한 노력은 역내 난민 및 실향민의 불평등 완화에 의미 있는 결과를 동반했다고 평가했다. 또한 지역 정상들은 최근 아르헨티나, 브라질, 칠레 삼국 정부가 난민 재정착 지원을 목적으로 공동으로 추진한 혁신적인 지역 연대 프로그램 운영 사례에 관심을 모았다. 이를 통해 난민에 대한 지역 공동 책임을 강조했다. 그리고 초국가 네트워크를 통해 확대되어 가는 이민자 및 불법 체류자 문제 해결을 위한 지역 연대의 필요성을 언급했다.

〈브라질 행동강령〉은 산호세 선언을 재정립하며 폭력의 대상인 실향민 혹은 동반자가 없는 어린이 보호를 위한 실질적인 지원 방향을 논의하였다. 그리고 사회적 약자의 이민과 이산 혹은 동반자 없는 어린의 실향과 폭력 희생자 보호를 위한 각국의 역할도 촉구하였다. 이러한 과정을 거쳐 〈브라질 행동강령〉이 완성되었다.

이와 같이 〈브라질 행동강령〉은 카르타헤나 선언을 바탕으로 그동안 지역에서 다양하게 논의된 쟁점들을 재정립하여 실향민 및 난민의 차별대우 개선과 근절을 목표로 하였다. 우선, 국경 지역 협력 강화와 난민 재정착 프로그램 운영을 강조한 〈멕시코 선언과 행동강령〉을 재구성하였다. 이를 통해 난민의 재정착을 위한 국경 지역 연대 프로그램 활성화를 강조하였다. 그리고 〈멕시코 선언과 행동강령〉을 실천하는 과정에서 습득한 교훈과 우수 실천 사례에 주목하여 현실을 반영한 난민 보호 활동을 강조하였다. 또한 난민과 실향민 신원 보증에 대한 중요성과 실향민의 권리를 재확인하였다. 지난 30여 년간 라틴아메리카 지역의 난민과 실향민 발생 원인에 주목하며 무엇보다도 실향민 발생 예방책 마련에 대한 지역 정부의 적극적인 역할을 촉구하였다.

[표 1] 〈브라질 행동강령〉 참여 주요 지역 조직

국가	참여 지역 조직
아르헨티나	Comisión Argentina para los Refugiados y Migrantes(CAREF)
볼리비아	Pastoral de Movilidad Humana CEB-ACNUR.
브라질	Caritas Arquidiocesana do Rio de Janeiro, Caritas Arquidiocesana do Sãn Paulo, Instituto Migrações e Direitos Humanos(IMDH).
칠레	Clínica de Migrantes y Refugiados de la Universidad Diego Portales.
콜롬비아	Consejería en Proyectos Colombia(PCS-Colombia), Consultoría para los Derechos Humanos y el Desplazamiento(CODHES), Comosión de Exilio y Reconciliación.
코스타리카	Asociación de Consultores y Asesores Internacionales(ACAI), Centro Internacional para los Derechos Humanos de los Migrantes(CIDEHUM).
에콰도르	Asylum Acces Ecuador(AAE), Consultoría para los Derechos Humanos y el Desplazamiento(CODHES), Comité Permanente por la Defensa de los Derechos Humanos(CDH). Fundación Esperanza, Hebrew Inmigrant Aid Society(HIAS-Ecuador), Servicio Jesuita a Refugiados(SJR).
엘살바도르	Fundación Cristosal, Grupo de Monitoreo Independiente de El Salvador(GMIES).
과테말라	Cobsejería en Proyectos Centroamérica y México(PCS-CAMEX).
온두라스	Asociación para una Vida Mejor Honduras(APUVIMEH), Centro de Investigación y Promoción de los Derechos(CIPRODEH), Centro de Prevención, Tratamiento y Rehabilitación de las Víctimas de la Tortura y sus Familiares(CPTRT).
멕시코	Asylum Access Méico(AAMX), Centro de Derechos Humanos Fray Matías de Córdova A.C(CDH Fray Matías), Comisión Mexicana de Defensa y Promoción de Derechos Humanos(CMDPDH), Casa del Migrante de Saltillo-Frontera con Justicia A.C., Programa Casa refugiados A C., Sin Fronteras I.A.P., SMR, Scalabrinianas: Misión con Migrantes y Refugiados
니카라과	Nicasmigrante
파나마	Asylum Access Panamá(AAP), Consejo Noruego de Refugiados(NRC)
도미니카공화국	Centro de Formación y Acción Social y Agraria(CEFASA)
트리니다드 토바고	Living Water Comunity, Refugee Program(LWC)
우루과이	Servicio Ecuménico para la Dignidad Humana(SEDHU)
라티아메리카 지역 조직	Asylum Access América Latina(AALA), Center for Justice and International Law(CEJIL), Consejería en Proyectos para Refugiados Latinoamericanos(PCS) 외

출처: Acero 외, 2018, 9-11, 재구성.

〈브라질 행동강령〉 채택 후 실천에 관한 구체적인 방식이 논의되었다. 시민사회 조직과 멕시코, 과테말라, 엘살바도르, 온두라스, 니카라과의 정부 대표는 행동강령 실천을 위한 규범을 마련하였다. 행동강령의 지속과 실천 동력은 지역 운영 조직이다. 지역 운영 조직은 30여 개 이상의 크고 작은 시민단체의 참여로 구성되었다. 난민 전문가, 난민 관련 시민사회 활동가들은 지역 운영 조직의 기본 방향으로서 "이니시아티바 카르타헤나 플러스 30(Iniciativa Cartagena +30)"를 완성하였다. 지역 운영 조직의 목적은 국제 사회와의 협력을 도모함으로써 〈브라질 행동강령〉의 목표를 달성하는 것이다. 그리고 효율적 실천을 위해 국가와 지역 정부 그리고 국제 기구의 중간 연결 역할을 수행한다. 또한 난민에 대한 국제 보호 활동에 주도적 역할을 담당한다(Sarmiento, 2014, 15-18). 이와 같이 〈브라질 행동강령〉은 지역 운영 조직을 기반으로 실천되었다.

〈브라질 행동강령〉은 난민의 기본 욕구 충족을 위한 재교육과 사회 참여 기회 부여도 강조한다. 그리고 안보 확보를 통한 완전한 사회 조직 편입을 지원한다. 이를 위해 중장년층의 통합적인 건강 서비스, 노년 삶의 질 개선 및 신체적, 사회적 그리고 문화적 권리 보장을 위한 지역 정부의 노력을 촉구한다. 동시에 동반자 없는 어린이 보호를 위한 제도 도입을 적극적으로 추진한다.

한편, 〈브라질 행동강령〉은 라틴아메리카 지역 난민 기구 창설을 추진한다. 그리고 난민 문제와 관련하여 지역 협력에 동참하지 않는 국가들의 참여를 독려한다. 또한 무국적자 감소와 보호를 위한 지역 협력 강화를 재확인한다. 역내 국가의 무국적자 출생 신고를 제한하는 국내법 개정을 위해 규정을 강화할 것을 강조한다. 뿐만 아니라 〈브라질 행동강령〉은 협동, 존중, 인내, 그리고 다문화주의의 가치를 존중한다. 난민과 실향 문제는 정치성을 배제하고 인류애를 기반으로 운영되어야 한다고 언급한다. 그리고 난민의 권리와 의무를 재인식하며 사회에서 이들의 긍정적 공헌도 인정할 것을 주장한다.

이와 같이 〈브라질 행동강령〉은 1984년 카르타헤나 선언 이후 지난 30년 동안 라틴아메리카 지역 정부가 난민 및 실향민 보호를 위한 채택한 다양한 선언을 기반으로 형성되었다. 그리고 국내법과 국제법 허용 범위 내에서 무국적자와 실향민에 대한 최대한의 인권 존중을 원칙으로 작성되었다. 그동안 라틴아메리카 지역 정상들은 난민과 실향민 문제가 지역 평화 정착의 근본 과제라고 인식했다. 난민을 위한 국제 기구의 역할과 방향을 지지하며 국제법을 준수해 왔다. 또한 우수한 법률적 전통 위에 난민과 실향민 차별 근절을 위한 다양한 방안을 논의하였다. 이를 통해 난민 정책의 지속성을 유지해 오고 있다.

:: 강제 실향민과 라틴아메리카

냉전 종식 이후 내전 및 지역적 갈등을 통해 세계 도처에서 난민과 강제 실향민 규모가 확대되고 있다. 2018년 기준 세계 강제 실향민 수는 총 7080만 명에 이른다. 이들 중 4130만 명은 국내 실향민에 해당한다. 한 해 동안 발생한 신규 강제 실향민은 1360만 명이다. 매일 3만 7000명의 강제 실향민이 발생한 셈이다. 2018년 최대 신규 난민 신청 접수국은 미국으로 25만 4300명이 서류를 제출했으며, 페루는 19만 2500명이 신청하여 2위를 차지하였다(〈유엔 난민기구 연례 보고서〉, 2018, 4-5). 난민의 80%는 출신국 주변에서 체류한다는 사실을 고려하면 페루의 난민 대부분은 베네수엘라로부터 유입되었다고 추정해 볼 수 있다.

난민과 실향민의 이동은 개인뿐 아니라 난민 배출국과 유입국에 부정적인 영향을 미치고 있다. 또한 국제 질서를 저해하고 있다. 국가 간 상호 의존성이 증대됨에 세계 각국은 난민 정책에 민감하게 반응하고 있다. 난민과 실향민 문제는 발생 국가와 수용 국가 상호간의 문제만이 아니다. 글로벌 차원의 협력이 요구되는 공동 책임의 문제인 것이다. 난민과 실향민의 이동 경로에 있는 제3국의 안보도 직간접적으로 연결되어 있기 때문이다.

초국가적인 네트워크가 강화되는 시대에 난민 문제는 더 이상 개인과 난민 발생 개별 국가만의 과제가 아니다. 2000년대에 접어들어 라틴 아메리카 지역의 강제 실향민은 증가하고 있다. 빈곤 및 사회적 불평등과 함께 마약 범죄 조직에 의한 폭력은 실향민 증가에 원인으로 작용하였다. 콜롬비아와 멕시코 그리고 마약 유통지로 활용되는 온두라스와 엘살바도르에서 강제 실향민이 확대되었다. 마약 범죄 조직은 경제적 이해가 상충하는 지역 통제를 위해 무력을 동원하였다. 폭력은 이윤 축적을 위해 활용되었다. 농촌 지역을 중심으로 전개된 무력 분쟁으로 농민의 빈곤은 심화되었다. 그리고 신변의 위협을 느껴 상주하던 곳을 탈출하는 농촌 지역 주민의 이탈은 가속화되었다.

라틴아메리카 지역은 지난 30여 년간 인도주의에 입각하여 난민과 강제 실향민 보호를 위한 노력을 경주하였다. 카르타헤나 선언을 통해 세계 최초로 실향민 권리에 대한 논리적 기준을 제시하였다. 이후 강제 실향민의 인종 및 젠더 그리고 소수자라는 특수한 상황을 반영하여 지속가능한 인권 보호 방안을 제시했다. 또한 항구적인 난민 문제 해결을 위해 지역 공동 책임과 협력을 강조하였다.

난민과 실향민 문제는 지역의 평화 정착과 민주주의 강화를 위한 선결 조건이라는 인식하에 실향민의 안정적인 사회 동화를 추진하였다. 난민 기금을 마련하고 난민과 실향민 배출국의 네트워크를 강화하였다. 그리고 난민 재정착 긴급 프로그램 및 인간 개발 프로그램을 운영하여 정착과 귀환을 지원하였다.

한편, 국경을 통과하여 대거 유입되는 실향민에 대한 폭력 예방을 위해 국경 지역 연대를 강화하였다. 그리고 난민과 실향민에 대한 부정적 인식 및 태도에서 비롯될 수 있는 갈등을 예방하기 위해 다양한 정책적 노력을 기울여 왔다. 국경 지역 협력 강화는 국제법과 국내법의 충돌 그리고 개별 국가 간 관습의 차이로 쉽게 진척되지 못했다. 그러나 각국 정부의 이해가 대립하고 난민과 강제 실향민 유입에 따른 지역민의 반감을 해소하기 위해 실천 가능한 대책을 강구하였다. 이러한 과정 속에서 난민 지원 프로그램은 수정되고 보완되어 발전하였다. 라틴아메리카 지역은 카르타헤나 선언에서부터 〈브라질 행동강령〉까지 난민 및 강제 실향민 보호에 대한 국제 규범의 틀을 제공하고 있다.

제8장

콜롬비아 정부의 평화협정 이행과 농촌 개발 정책

차경미

:: 빈곤 감소＝불평등 개선?

인류 역사가 시작한 이후 빈곤과 불평등에 대한 논의는 다양한 분야에서 끊임없이 이어져 왔다. 최근 〈세계 경제 보고서〉에 의하면 소득과 부의 불평등 정도가 세계적인 수준에서 심화되었다. 빈곤을 엄격하게 개념적으로 정의하는 것은 쉽지 않다. 왜냐하면 빈곤은 항상 상호 연관된 의미를 내포하고 있으며, 또한 빈곤이 발생하는 사회의 관행에 의해 정의되기 때문이다.

빈곤의 개념을 정의할 때 가장 널리 활용되는 것이 사전이다. 사전적 의미로 빈곤은 "기본 욕구를 충족시킬 수 없는 상태"이다. 여기에서 우리가 주목해야 하는 것은 선진국에도 빈곤은 존재한다는 사실이다. 기본 욕구를 충족하는 생활 수단이 부족하지 않은 곳에서도 빈곤은 발생한다. 이것은 빈곤이 분배의 불평등과 밀접한 관련을 맺고 있음을 시사한다.

1990년대 경제 위기를 겪은 이후 라틴아메리카 지역은 사회·경제적인 변화를 겪었다. 소득 감소에 따른 빈곤층이 증가하였으며, 동시에 소득 격차 확대로 인한 불평등이 심화되었다. 빈부 격차와 계층간 소득 불균형 정도를 나타내는 지니계수를 살펴보면 1998년 이후 라틴아메리카 지역은 아프리카 일부 지역과 아시아 신흥 경제국들의 평균치보다 높게 나타난다. 좌파 정권의 등장과 함께 대부분의 남미 지역 정부는 적극적인 시장 개입 정책을 추진하였다. 정부 정책에 힘입어 노동자의 실질 임금은 인상되었고 소득 불평등 상황은 개선되는 듯하였다. 그러나 좌파 정권 후반기에 접어들어 불평등은 다시 악화되었다. 좌파 정부의 사회복지 정책은 실질적인 불평등 완화 효과를 동반하지 못했다. 2005년 과테말라, 브라질, 파라과이는 남아프리카공화국보다 지니계수가 더 높은 국가로 평가되었다. 라틴아메리카 지역의 소득 불평등 정도가 매우 심하다는 것을 알 수 있다.

1998-2013년 좌파 정권 집권 당시 주요 국가의 빈곤은 악화되었다. 칠레는 해당 기간 동안 역내 최저 수준의 빈곤율을 유지하였다. 아르헨티나는 2000년까지 칠레의 뒤를 이었으나 2001-2003년 빈곤율이 급격히 상승하였다. 베네수엘라는 2003년 역내 최고의 빈곤국으로 등장했다. 이후 정부의 복지 정책에 힘입어 2007년부터 빈곤이 감소하는 경향을 나타냈다.

라틴아메리카 지역의 빈곤은 지난 10년과 비교해 볼 때 평균적으로 소폭 하락한 경향을 나타낸다. 2016년 온두라스는 빈곤율 67.4%로 역내 최고의 빈곤국이었다. 그 뒤를 이어 니카라과 58.3%, 과테말라 54.8%, 파라과이 49.6%, 엘살바도르 46.6%, 볼리비아 42.4%, 도미니카공화국 42.4%, 에콰도르 42.4%, 멕시코 36.3% 그리고 콜롬비아 34.2% 순으로 나타났다(CEPAL, 2017). 그러나 빈곤 감소가 불평등 개선까지는 의미하지 않았다.

라틴아메리카 지역 전문가들은 여러 기준과 데이터를 활용하여 라틴아메리카 사회의 불평등을 이해하려고 노력하였다. 그러나 통계만으로는 장기적인 빈곤과 불평등의 변화 추이를 관찰하기 어려웠다. 또한 빈곤과 불평등 지수는 특정 목적에 따라 계산되는 방식을 선택함에 따라 다면적으로 분석하기도 쉽지 않았다. 그 결과 불평등은 통계만으로는 설명될 수 없다는 결론에 도달했다. 그리고 불평등은 발생 국가의 역사와 문화 등 다양한 측면에서 관찰해야 한다는 사실에 동의하였다. 불평등은 해당 지역의 역사와 문화 그리고 전통 등 다양한 조건들이 중첩되어 발생하기 때문이다.

:: **불평등과 폭력의 고리**

최근 경제협력개발기구(OECD) 정식 회원국 지위를 획득한 콜롬비아는 새로운 도약을 시도하고 있다. 콜롬비아 정부는 국내 최대 게릴라와 평화협정을 체결한 후 경제협력개발기구 가입을 우선순위에 두고 정책적 노력을 기울여 왔다. 멕시코와 칠레에 이어 라틴아메리카 지역

세 번째 경제협력개발기구 회원국이 된 것이다. 그러나 역내 경제 모범 국인 칠레를 시작으로 남미 전역에서 소득 불평등에 항의하는 시위가 확산되었다. 2019년 11월 콜롬비아에서도 노조의 임금 인상 및 공공 교육 확대 그리고 평화협정 이행을 촉구는 범국민 평화시위가 전국에서 동시다발적으로 발생했다. 콜롬비아는 역내 다른 국가와는 달리 지난 60여 년간 정치 폭력과 게릴라 및 마약 조직에 의한 무력 분쟁이라는 역사적 경험으로 인해 농촌 지역의 경제가 붕괴되었다.

콜롬비아의 장기 내전은 농촌 지역을 중심으로 전개되었다. 지난 반세기 이상 지속되어 온 내전으로 붕괴된 농촌 경제는 매우 심각한 수준이었다. 농촌은 내전의 최대 희생물이었다. 게릴라들은 마약 범죄 집단과 공생 관계를 유지하며 농민들에게 불법 작물 재배를 장려하였다. 이러한 방식으로 범죄 조직은 막대한 경제적 이윤을 누려 왔다. 남부 지역 농민들은 게릴라의 보호 아래 불법 작물 재배를 통해 수입을 창출하였다. 평화협정 체결 이후에도 국내 최대 게릴라 조직인 콜롬비아 무장혁명군(FARC)이 과거 활동하던 거점에서는 수많은 농가가 여전히 불법 작물을 포기하지 못하고 있다. 마약 경제는 석유보다 더 많은 경제적 이윤을 안겨주기 때문이다. 2002년 정부의 대대적인 게릴라 소탕 작전으로 무력 분쟁은 증가하였고, 그 결과 농촌의 경제 기반은 파괴되었다. 더욱이 불법 작물 근절을 목적으로 정부가 공중에서 살포한 제초제는 토지의 황폐화를 초래하였다. 그리고 장기 무력 분쟁으로 농촌 지역의 가족 해체는 가속화되었다. 이러한 과정에서 농촌의 빈곤과 불평등은 더욱 심화되었다(Ibáñez, 2008, 37-38).

농촌의 교육 기관은 붕괴되었고, 청소년은 교육의 기회마저 상실하였다. 이러한 상황 아래 농촌 지역 청소년들은 정부군보다 더 많은 월급을 제공하는 게릴라 조직에 가담하기 시작했다. 이러한 사실은 국내외적으로 많은 우려를 낳았다. 정부가 마약 거래의 주요 루트였던 아마존 지역을 폐쇄하자 태평양 지역으로 이동한 콜롬비아 무장혁명군은 조직원 확보를 위해 아동 및 청소년을 모집하였다. 2002년 파악된 콜롬비아 무장혁명군의 아동 및 청소년 불법 징집 사건은 1,715건이고, 희생자는 총 2,259명에 달한다. 희생 아동 중 여자아이는 33%에 해당하는 728명이며, 남자아이는 1,458명으로 전체 아동 희생자의 67%에 해당한다. 연령별 강제 징집 아동 현황을 살펴보면, 11-16세 여자아이는 395명, 그리고 남자아이는 537명으로 가장 높은 비율을 차지한다. 그 뒤를 이어 6-10세 여자아이는 17명, 그리고 남자아이는 62명이다(Unicef Colombia, 2002, 42-44).

콜롬비아에서 태평양 지역은 소외와 배제의 대상인 흑인과 원주민이 집중적으로 거주하는 곳이다. 야자와 바나나 및 사탕수수 등 열대 작물을 기반으로 하는 전형적인 농촌 지역이다. 게릴라는 정부군의 소탕을 피해 태평양 지역으로 이동하였고 이 지역은 새로운 무력 분쟁의 중심지가 되었다. 특히 태평양 지역의 중심지인 킵도(Quibdo)는 이전과 다른 형태의 폭력이 일상화되었다.

콜롬비아 정부 통계 자료에 따르면 킵도는 국내적으로 빈곤과 불평등이 가장 심각한 도시이다. 2010년부터 최고 53%, 최저 46.7%의 빈곤율을 유지하고 있다. 2016년 킵도는 빈곤율 49.2%로 국내 최대 빈곤 도시로 기록되었다. 상대적으로 내전의 피해가 적은 부카라망가(Bucaramanga)의 경우 평균 빈곤율이 10.6%로 나타났다. 킵도는 부카라망가보다 4배나 더 빈곤한 도시임을 알 수 있다. 콜롬비아 국내 주요 도시별 빈곤 지수를 정리하면 아래 표와 같다.

[표 1] 콜롬비아 주요 도시별 빈곤 지수

순위	도시	빈곤율(%)
1	킵도(Quibdó)	49.2
2	리오하차(Riojacha)	45.5
3	바제두파르(Valledupar)	35.5
4	산타마르타(Santa Marta)	35.1
5	플로렌시아(Florencia)	34.0
6	칼리(Cali)	15.4
7	마니살레스(Manizales)	14.6
8	메데진(Medellín)	14.1
9	보고타(Bogotá)	11.6
10	부카라망가(Bucaramanga)	10.6

출처: DANE, 2016, 재구성.

빈곤 지수가 최고인 킵도, 리오하차, 바제두파르, 산타마르타 그리고 플로렌시아 지역은 흑인과 원주민의 주요 거주 지역이다. 빈곤율도 높지만 불평등의 대리변수로 활용되는 소득과 소비 부문에서도 가장 저조한 곳이다. 지난 10년 동안 콜롬비아의 절대 빈곤은 다소 감소했다. 그러나 빈곤 감소가 불평등 개선까지는 의미하지 않았다. 불평등의 전형적인 대상인 흑인과 원주민은 여전히 자원 통제권에서 벗어난 경향을 유지하고 있다.

∷ 평화협정과 농촌 개혁

2016년 6월 23일 콜롬비아 정부는 라틴아메리카 최대 게릴라 조직인 콜롬비아 무장혁명군과 역사적인 평화협정을 체결하였다. 그동안 콜롬비아 사회는 좌익 게릴라와 정부군 그리고 게릴라 소탕을 목적으로 정부가 조직한 우익 무장 조직의 상호 대립 속에 경제적 위기가 심화되었다. 반세기 이상 지속되어 온 무력 갈등으로 콜롬비아 경제 발전의 근간인 국가 하부 구조는 파괴되었다. 특히 지방 중소 도시 및 농촌 지역의 통신, 에너지, 도로, 항만 및 공항은 제대로 기능을 발휘하지 못했다. 또한 생산비와 운송비 상승으로 투자는 위축되었다. 국내 시장은 마비되었다. 군사비 증가로 기회비용 역시 축소되었다. 생산 활동도 감소하였다. 1990년대부터 2000년대 초반까지 10년 동안 콜롬비아의 국가 방위비와 안보비는 134%로 팽창하였다. 군사 비용이 국민총생산의 2.8%를 차지한 것이다(Prada, 2016, 49-51). 콜롬비아의 역대 정권들은 정파에 관계없이 사회적 안정을 위해 노력하였다. 게릴라에 대한 사면 조치와 비무장 지대 및 마약 재배지를 완충 지역으로 조성하여 게릴라와의 협상도 추진하였다. 그럼에도 불구하고 게릴라 조직은 정부와의 협상을 중지한 채 매번 무력 분쟁으로 세력을 과시했다. 이러한 상황 아래 2002년 무소속으로 출마한 보수 성향의 우리베(Álvaro Uribe, 2002-2010)가 대통령에 당선되었다. 우리베 대통령은 미국의 군사적 지원 아래 힘에 의한 국가 안보 정책을 추진하였다. 우리베 정부는 게릴라와의 전면전을 선포하였다. 그리고 역대 정권들보다 더 강력한 게릴라 소탕 작전을 전개하였다. 그 결과 주요 4대 도시를 중심으로 범죄와 무력 폭력이 감소되었다.

[표 2] 2004-2006년 콜롬비아 주요 도시 범죄율(살인)

도시명	살인			변화율(%)	
	2004	2005	2006	2004-2005	2005-2006
칼리	2,163	1,583	1,532	-27.23	-3
메데진	1,074	755	683	-29.70	-10
보고타	1,571	1,669	1,369	5.35	-18
바랑키아	423	367	3990	-13.24	6
4대 도시 합계	5,231	4,374	3,974	-16.82	-9
국내 총 합계	20,212	1,811	17,179	-10.76	-5

출처: 차경미, 2009, 427, 재인용.

이러한 가시적인 성과에 힘입어 2006년 우리베 대통령은 재집권에 성공하였다. 그러나 집권 2기에 접어들어 힘에 의한 국가 안보 정책의 부정적 결과들이 표면화되었다. 정부군과 게릴라의 무력 분쟁이 확산되었다. 공권력의 이름으로 활동하던 민병대는 정부의 이름으로 양민 학살을 주저하지 않았다. 마약 생산 및 거래량도 오히려 증가하였다. 그

뿐 아니라 농촌 지역의 경제와 사회적 기반은 붕괴되었다. 또한 신변의 위협을 느끼고 지역을 이탈하는 농민의 수가 급속도로 증가함에 따라 콜롬비아는 단기간 세계 최대 실향민을 배출하였다.

한편, 게릴라 조직은 정부의 공격을 피해 국경 지역으로 이동하였다. 콜롬비아와 국경을 형성하고 있는 베네수엘라, 에콰도르, 파나마, 페루 그리고 브라질은 월경한 콜롬비아 게릴라로 인해 국경 수비를 강화하였다. 그러나 접경 지역을 위협하는 게릴라와 콜롬비아 정부군의 무력 충돌은 지속되었다. 결국 콜롬비아 정부의 힘에 의한 국가 안보 정책은 인근 국가와의 외교적 마찰의 원인으로 작용했다.

우리베 대통령은 민병대에 의한 양민학살과 강제 실향민 그리고 국경 지역 안보 문제로 국내외적인 비난 여론에 휩싸였다. 이러한 혼돈의 정국 속에 2010년 장기 내전 종식을 선언한 산토스(Juan Manuel Santos, 2010-2016) 대통령이 등장하였다. 산토스는 우리베 집권 당시 국방부 장관을 역임하며 전면에서 게릴라와의 전쟁을 지휘한 인물이다. 그러나 그는 집권과 동시에 우리베 전 대통령과 정치적 거리를 유지하며 우선적으로 국내 양대 좌익 게릴라와 평화 협상을 전개하였다. 정부는 콜롬비아 무장혁명군과 적극적인 협상을 진행하는 동시에 협상에 미온적인 태도로 일관하는 제2의 게릴라 조직인 민족해방군(ELN)의 수뇌부를 회유하며 평화 논의를 시도하였다. 그러나 정부와 논의를 진행하는 과정에서도 민족해방군은 정부 요인 및 외국인 납치와 살해를 자행하였다. 산토스 정부는 민족해방군과의 협상을 보류하고 콜롬비아 무장혁명군 지도부와 수차례 회동하며 이견을 좁혀 나아갔다. 이러한 노력 끝에 콜롬비아 정부와 콜롬비아 무장혁명군 사이에 〈평화협정〉이 체결되었다.

〈평화협정〉은 콜롬비아 정부가 이전부터 추진해 온 농업개혁법과 무력 분쟁 희생자 법을 골자로 진행되었다. 협상 진행 과정에서 정부와 게릴라 양측의 이해가 수 차례 충돌하여 난항을 거듭하였다. 그러나 4년에 걸친 논의 끝에 301페이지에 달하는 5개 항목에 대해 결국 쌍방은 합의에 도달했다. 예상보다 3개월 늦은 2016년 6월 정부와 콜롬비아 무장혁명군 수뇌부는 협정문에 서명하였다. 〈평화협정〉의 주요 내용은 농촌 개발 및 토지 개혁, 정치 참여 보장, 무력 분쟁 종식, 마약 생산 및 밀매 퇴치 그리고 내전 희생자 보상 등이다.

협정의 쟁점은 주로 농업 개혁 및 농촌 개발과 밀접한 관련을 맺고 있다. 콜롬비아 정부는 장기 내전의 최대 피해 지역인 농촌 지역 경제 복구를 위한 농촌 개발에 관심을 기울였다. 내전 희생자 권리 회복과 빈곤 감소를 위한 다양한 제도도 마련하였다. 통합적 보상 및 농민 토지 반환법을 통해 〈평화협정〉을 이행해 나아갔다. 또한 무력 분쟁으로 거주지를 떠나 강제 실향 상태에 놓인 주민의 안정적인 귀환과 정착을 지원하였다. 농업 개혁 및 농촌 개발은 빈곤 감소와 실향민의 안정적인 귀환 그리고 마약 생산 퇴치를 위한 당면 과제였다.

∷ 농촌 개혁을 위한 토지 개혁

〈평화협정〉 체결과 함께 콜롬비아 정부는 2016년 토지 개혁을 중심으로 종합적인 농촌 개발 계획인 ZIDRES법을 수립했다. ZIDRES법은

1776년 토지법을 토대로 형성되었으며 농촌 경제와 사회 개발 대상 지역을 중심으로 추진되는 토지 개혁법이다. 토지의 생산성 향상을 위한 생산 질서 재정립과 토지 실명제를 통한 토지 소유의 투명성을 목적으로 한다. 따라서 ZIDRES법은 개발 대상 지역의 토지 집중 현상 방지 및 토지 수용 과정에서 발생하는 부정적 효과를 통제하기 위해 마련한 법이라고 볼 수 있다. 토지 실명제를 통해 농민의 토지 소유를 현실화하여 토지 집중 현상을 방지한다는 것이다.

ZIDRES법은 토지의 효율적 운영을 위해 토지 사용을 광역화하고 이를 바탕으로 종합적인 농촌 개발을 추진한다. 토지 개혁 대상 지역은 과거 불법 작물 재배 지역인 메타(Meta) 32%, 비차다(Vichada) 33%, 코르도바(Córdoba) 6%, 막달레나(Magdalena) 6%, 카사나레(Cadanare) 6% 그리고 그 외 지역 17%이다(La República, 2018.02.27). 이곳들은 도시 중심으로부터 고립된 토지로서 기후나 지형으로 인해 생산성이 저조한 곳이다. 또한 생산 및 운송에서 고비용이 요구되는 지역이다. 인구밀도가 낮고 빈곤지수가 높은 지역도 개혁 대상의 토지이다. 마지막으로 농산품의 상업화와 운송을 위한 하부 구조가 취약한 지역이다(Ruiz, 2017, 1-5).

그러나 ZIDRES법을 통한 정부의 종합적인 농촌 개발 정책은 국내적으로 격렬한 논쟁을 불러왔다. 정부의 보호 아래 국내 대기업과 해외 기업은 농촌 개발이라는 미명하에 불모지를 합법적으로 매입할 가능성이 더욱 높아졌다. ZIDRES법에서 정부는 세계화에 부응하여 공존과 상호 협력을 내세워 국가가 관리하던 토지에 대한 개방 가능성을 언급하고 있다. 물론 소농들도 단결하여 정부의 농촌 개발 사업 프로젝트에 참여할 수 있다. 그러나 이들은 법이 요구하는 모든 조건과 형식을 현실적으로 갖추지 못한 사람들이다. 더욱이 자본 융통 능력도 없다. 정부는 법을 앞세워 소농들의 토지 진입을 철저하게 봉쇄하고 있는 셈이다. 농민들은 토지 상업화의 희생자가 되어 가고 있다.

콜롬비아 정부는 ZIDRES법이 불모지를 대상으로 경제적 이윤 창출을 추구하는 것이 아니라고 강조한다. 비생산적 토지 개발을 통한 농촌 개발이 목적이라고 주장한다. 그럼에도 정부는 법을 통해 국가가 관리하던 토지에 대하여 이전과 달리 다양한 가능성을 열어 놓았다는 의구심을 피하기 어려웠다. ZIDRES법에서 불모지와 관련하여 대여 혹은 양도할 수 있으며, 합법적으로 획득할 수 있다는 조항이 명시되어 있기 때문이다(Londoño 외, 2016, 187-192). 토지개혁법은 출발부터 갈등의 불씨를 안고 있었다. 농촌 개발을 위한 개혁 대상 토지인 불모지는 오랜 기간 농민과 원주민이 공동체를 형성하며 경제 활동을 통해 삶을 유지해 온 곳이다. 따라서 단기간에 개혁할 수 있는 상황이 아니며, 헌법재판소의 판결로 분쟁을 말끔히 종결할 수 있는 곳도 아니다.

콜롬비아 정부는 ZIDRES법을 통해 토지 실명제를 추진하고 있지만 이와 관련하여 실제적으로 구체적인 규정을 제시하지 못하고 있다. 토지 실명제에 성공한 일부 국가의 사례를 도입하여 적용했는데, 국내 현실을 제대로 반영하지 못해 정부의 유연한 규제 아래 거대 농업 기업의 토지 시장 접근을 용이하게 할 뿐이라는 비판의 목소리가 흘러나오고 있다.

한편, ZIDRES법에는 농촌 개발을 추진하는 과정에서 파생할 수 있는 농민과의 갈등을 예방할 적절한 방안이 마련되어 있지 않다. 원주민 보호 지역도 개발 대상에 포함된다. 특별생태보호구역 및 환경보호지역도 개발 대상에서 제외되지 않는다. 카사나레와 같은 국내 주요 습지와 수자원 보호 지역도 개발 대상이다. 더욱이 불법 작물 재배 농가를 위한 농민보호구역 건설은 장시간의 과정이 요구됨에도 개발 과정에서 이해 당사자 간 발생할 수 있는 갈등 해결 방안은 찾아보기 어렵다. 결국 농촌 개발을 위한 토지개혁법은 토지의 시장경제로의 편입을 가속화하고 있다는 비난을 면하지 못하고 있다.

내전 피해 지역의 토지는 빠른 속도로 국내외 거대 자본의 농업 기업으로 이전되고 있다. 내전으로 실향민이 된 농민의 강탈된 토지는 주인에게 반환될 가능성이 점점 희박해지고 있다. 국내적으로 토지 개혁은 정부의 도박이며 거대 농업 기업이 펼친 로비의 결과물이라는 불신이 팽배하다. 국내외 거대 자본의 농업 기업과 생산자들은 과거 불법 작물 재배 지역 토지를 놓고 경쟁하고 있다. 이러한 상황 아래 농민은 재배 작물 선택과 가격 결정 및 판매 과정에서 점점 더 소외되고 있다. 농촌 개발을 위한 토지 개혁은 과연 누구를 위한 것일까? ZIDRES법은 농업 기업 팽창에 토대가 되고 있으며 새로운 분쟁의 불씨로 작용하고 있다.

:: 대체 작물 보급 지원 정책

〈평화협정〉 체결 이후 콜롬비아 정부는 사회 통합을 위한 방안을 적극적으로 마련하였다. 그리고 희생자에 대한 통합적 보상 및 토지반환법을 통해 평화로의 이행을 추진하였다. 무엇보다도 정부는 빈곤 감소를 위해 농업과 농촌 개발에 역점을 두었다. 농업 개혁 및 농촌 개발은 실향민의 안정적인 귀환과 마약 생산 퇴치를 위한 당면 과제였다. 정부는 우선 무력 분쟁으로 거주지를 떠나 강제 실향 상태에 놓인 주민의 안정적인 귀환과 정착을 위한 지원책을 모색하였다. 또한 내전 희생자의 권리 회복과 빈곤 감소를 위해 다양한 제도를 시도하였다. 특히 무력 분쟁의 중심지로 변한 태평양 지역과 남부 마약 재배지에 대한 경제 회복에 관심을 기울였다.

한편, 콜롬비아 정부는 농촌 지역의 전기, 도로, 수도에 대한 보수 및 건설을 통해 사회 하부 구조 재건에 몰두했다. 그리고 농촌 공공 인프라 건설 기업에 인센티브를 제공하며 농촌 경제 회복에 주력하였다. 이와 함께 불법 작물 재배 근절을 위해 남부 지역 농가에 대체 작물 보급 및 재배 기술, 금전을 지원하였다. 인프라 복구를 통해 농산물 유통과 판매에 대한 정책적 고려도 아끼지 않았다. 그러나 농촌 개발 투자 기금 조성을 위한 정부 예산은 매우 부족하였다. 산토는 정부는 국제 사회의 지원을 호소하며 부족한 재원을 충당해 나아갔다.

정부의 지원책으로 불법 작물 재배 농가는 야자와 커피를 재배하기 시작하였다. 그러나 대다수 농가들은 대체 작물에 대한 기술과 자금부족으로 어려움을 겪었다. 이러한 상황은 불법 작물 재배로 경제적 이윤을 누린 경험이 있는 농민들에게 다시 과거로 회귀할 가능성을 높여주고 있다. 과거 불법 작물 재배 농가에 대한 정부의 지속적인 지원이 이루어지지 않는다면 농민들은 어떠한 대안도 찾기 어려운 실정이다. 게다가 2018년 정권 교체와 함께 산토스 정부가 추진해 온 다양한 개혁들은 지속성을 유지하기 어려워졌다.

한편, 과거 불법 작물 재배지를 중심으로 추진된 정부의 농촌 개발로 국내외 농업 기업 진출은 활발해졌다. 특히 야자 산업은 영토를 지속적으로 확장해 나아갔다. ZIDRES법을 통해 이미 야자 산업은 5500만 헥타르 면적 토지의 75.7%를 차지하고 있다. 농업 부문에 대한 정부의 특혜로 2019년 야자 생산은 2016년 대비 42% 증가하였다. 그 결과 콜롬비아는 역내에서 야자유 생산 1위 그리고 야자유 수출 세계 4위 국가의 자리를 차지하였다. 그러나 야자 산업은 변화의 길목에 놓여 있다. 콜롬비아에서 생산된 야자유의 75%는 유럽으로 수출된다(González, 2018.07.11). 그러나 2021년 이후 유럽연합은 야자유 연료 사용을 금지할 예정이다.

농업 확장을 목적으로 콜롬비아 정부가 추진한 토지 개혁은 이번이 처음은 아니다. 1994년 삼페르(Ernesto Samper Pizano, 1994-1998) 정부는 기업 개발 지역을 설정하여 농업 기업에 대한 특혜를 부여했다. 토지 면적에서 관계없이 정부는 농업 기업이 개발된 토지를 쉽게 활용할 수 있도록 정책적 배려를 아끼지 않았다. 이러한 사실을 근거로 현 대통령 두케(Iván Duque Márquez, 2018-2022)는 토지개혁법에 대한 국내 비판 여론에 맞서 ZIDRES법 적용 대상 토지는 전 국토의 6%일 뿐이라고 강조하였다. 동시에 토지 개혁은 토지 질서의 재편을 통해 생산지를 두 배로 증가시킬 것이라고 주장하였다.

〈평화협정〉은 체결되었으나 콜롬비아 정부는 여전히 해결해야 할 사회적 갈등 요소를 안고 있다. 농촌 지역 경제 복구와 빈곤 감소는 사회적 안정 지속 여부를 결정하는 근본적인 전제조건이다. 전 지구적으로 전개되는 기후변화로 인해 농촌 지역의 자연재해 피해 빈도는 증가하였다. 그 결과 농촌 지역의 안정적인 식량 공급은 더욱 어려워지고 있다. 콜롬비아 정부는 이러한 위기에 효과적으로 대처할 수 있는 농업 기술과 작물 개발이 더욱 절실한 상황이다. 콜롬비아의 안보는 농촌개발과 농업 혁신을 통한 안정적인 식량 확보 여하에 따라 변할 수 있다. 브라질 출신의 유엔 식량농업기구(FAO) 전 사무총장 시우바(José Graziano da Silva)는 콜롬비아의 농촌 개발 정책이 유사한 내전 상황에 놓여 있는 국가들에게 새로운 교훈이 될 수 있다고 강조했다(FAO, 2017.07.05).

:: 농업 개혁과 경제 성장

〈평화협정〉은 콜롬비아 경제 전반에 긍정적인 영향을 미쳤다. 석유와 광업 부문에 편중되어 있던 외국인 직접 투자는 다양한 부문에서 증가하였다. 정부의 인프라 재건과 구축 및 국내 산업 기반 강화에 대한 적극적인 노력으로 외국인 투자와 연계된 설비 투자도 증가하였다. 이와 함께 제조 및 생산업, 건설업, 정보통신 분야에 대한 투자 역시 확대되었다. 사회적 안정은 내수 경기 신장에 기여하였다. 그리고 사회 전반의 구매력 상승을 통한 사회 여건 개선에도 영향을 미쳤다.

콜롬비아 정부는 농업 혁신의 일환으로 생산 방식의 변화를 시도하였다. 신선한 농산물 관리를 위해 동식물 검역관리 전담 기구인 동식물 보건기구를 조직하여 농산물 수출 확대 방안을 모색하였다. 이러한 정책에 힘입어 2017년 콜롬비아의 농축산업은 국내총생산 성장에서 주요한 역할을 담당하였다. 콜롬비아 국립통계청에 의하면 2017년 상반기 농축산업 생산은 7.7%로 성장하여 전년 대비 7.2%로 증가했다. 같은 시기 국내총생산이 상반기 1.3%, 하반기 1.2% 성장한 것과 비교해 볼 때 매우 의미 있는 결과이다. 2018년에도 농축산 부문의 성장은 전년과 같은 리듬을 유지하였다(Revista Semana, 2017.08.11).

농업 생산 증가는 주로 커피가 주도했다. 그러나 이전과 달리 카카오, 야자 그리고 쌀과 같은 농작물이 두드러진 생산 성장을 기록했다. 전통적인 작물인 커피에서 벗어나 농산물 생산은 다양화되고 있다. 2017년 콜롬비아 국내총생산 증가에 대한 부문별 공헌 정도를 살펴보면 공업, 광업 그리고 건설업이 각각 0.6%, 2.0%, 2.0% 하락한 반면, 농축산업은 7.7%로 생산 성장을 주도하였다(Revista Semana, 2018.02.16). 〈평화협정〉 체결 이후 국가 지원 정책으로 농업은 경제 성장의 동력으로 작용하고 있다.

정부가 추진한 농촌 개발 정책의 미흡한 효과 및 토지 실명제 실패에도 불구하고 농업 부문에 대한 해외 투자는 꾸준히 증가하였다. 광업과 에너지 부문에 편중되어 있던 외국인 직접 투자도 다변화되고 있다. 2006년부터 2013년까지 외국인 투자는 주로 석유를 비롯한 광업 부문에 치중된 경향이 있다. 그러나 2014년부터 광업 부문에서 벗어나기 시작하여 2015년부터 2017년까지 새로운 부문이 국내 경제 성장에 발판이 되었다.

ZIDRES법 도입을 통해 정부가 농업 기업에 대한 혜택을 부여함으로써 농업 기업의 콜롬비아 진출은 활발해졌다. 공식 통계에 따르면 2017년 1사분기 농축산업 부문에 대한 외국인 투자는 33억 5900만 달러에 달했다. 주요 투자국은 미국, 독일, 일본 그리고 칠레, 페루와 멕시코 등이다. 한국 기업 랜스(Rans)도 콜롬비아에 진출하여 일본과 한국에 화훼와 과일을 수출하고 있다. 랜스는 아보카도와 특수 열대과일 생산에 주력하고 있다.

〈평화협정〉체결 이후 콜롬비아의 농업은 국가 경쟁력의 동력이 되고 있다. 대표적인 설탕생산 기업인 리오파일라카스티야(Riopaila Castilla)는 농산품 생산의 다양성을 시도하였다. 이 기업은 계열사 벵갈라(Bengala)를 통해 사탕수수 재배 지역인 바제데카우카(Valle de Cauca)와 리오하차(Riojacha)의 토지를 확보하여 파인애플과 파파야를 재배하였다. 그리고 수출 및 판매망 확대에 성공하였다. 카사루커(CasaLuker) 기업 역시 커피 판매 중심에서 벗어나 카카오 경작을 시작하였다. 그동안 카사나레 지역의 카카오생산협회로부터 농산품을 구입해 온 이 기업은 막대한 자금을 투자하여 경작지를 확대하며 카카오를 직접 생산하고 있다.

미국의 시프(Seaf)는 이미 콜롬비아 농업 기업 인수 의사를 밝히며 초기 투자금을 투입했다. 팜폴리오(Farmfolio)도 코르도바에서 야자 경작지를 확장하며 유기농 코코넛을 생산하고 있다. 이탈리아 기업 폴리그로우(Poligrow)는 게릴라 활동의 거점 지역이었던 메타와 마피리판(Mapiripán) 지역에서 역시 야자 경작지를 확보해 나아갔다. 그리고 현대적 공법을 통한 코코넛 오일 생산 공장 가동을 위해 하부 구조 건설에 막대한 자금을 투자하고 있다(Andrea, 2019.05.20).

[표 3] 2018년 콜롬비아 10대 농업 기업(금액 단위: 백만 페소)

순위	기업명	2018년 수입액
1	Adivesa Mac Pollo S.A.	1,135,184
2	Incauca	900,380
3	Riopaila Castilla	862,332
4	Café & CIA.S.C.A.	805,045
5	C.I Acepalma S.A.	785,593
6	Industria Colombiana de Café S.A S.	780,650
7	Pollo El Bucanero S.A.	775,912
8	Expocafé S.A.	770,577
9	Team Foods Colombia S.A.	705,070
10	Ingenio Providencial S.A.	699,972

출처: Andrea, La República, 2019.05.20.

:: 콜롬비아 농촌 개혁과 한국 농업

최근 농업 부문에서 한국과 콜롬비아의 협력이 활발해지고 있다. 콜롬비아는 한국과 중남미 농식품 기술협력협의체(KOLFACI)에 가입하면서 한국과 본격적인 기술 협력을 시작하였다. 그동안 콜롬비아 정부의 요청에 따라 한국은 농업 기술 보급 담당 공무원 및 전문가를 초청하여 농업 관련 연수를 실시하고 있다. 초청 연수는 농기계 및 영농 기술 전수와 교육 훈련을 중심으로 진행되고 있다.

한국은 콜롬비아 영농 지도자 및 농가를 대상으로 맞춤식 영농 교육

프로그램도 지원하고 있다. 이를 통해 한국은 콜롬비아의 농촌 개발 및 농업 기술 보급 역량을 배양하고 있다. 또한 콜롬비아 현지의 요구를 반영하여 한국이 세계적으로 경쟁력을 확보하고 있는 농업 생산 및 수확 후 관리에 대한 기술 이전도 하고 있다. 한국형 영농 모델은 콜롬비아 농업 혁신의 토대가 되고 있다.

한국의 농업은 지난 20여 년간 급격한 변화를 겪었다. 자유무역 (FTA) 체결 및 인구의 고령화 그리고 기후 변화로 인한 농작물 피해와 값싼 농산물의 해외 유입은 국내 농업의 위기를 동반했다. 더욱이 WTO 체제에서 개도국 지위를 유지하며 농업 분야에서 혜택을 받아온 한국은 선진국들로부터 개도국 우대 정책의 근본 취지를 훼손하고 있다는 비난에 직면했다. 이러한 현실은 한국 농업에 직접적인 영향을 미치고 있다. 국제 사회가 경제적 위상에 맞는 역할을 요구함에 따라 한국은 농업 부문에서 새로운 성장 동력을 모색해야 할 시점에 와 있다.

그동안 한국 농업의 해외 진출은 주로 지리적으로 인접하고 생산 농산물의 국내 유입이 수월한 동남아시아와 극동아시아 지역을 중심으로 전개되었다. 콜롬비아의 경우 좁혀지지 않는 지리와 심리적 거리 그리고 현지의 불안정한 정치 상황으로 인해 농업 부문에 대한 진출이 쉽지 않은 게 현실이다. 그러나 세계적으로 경쟁력 있는 한국의 우수한 농업 기술력과 경험은 콜롬비아와의 경제 관계 확대에 있어서 재고해야 할 요소로 작용하고 있다.

현재 콜롬비아 정부의 농촌 개발 정책으로 농업 부문에 대한 해외 투자가 증가하고 있다. 라틴아메리카 지역은 자원 및 재생에너지 분야에서 우리에게 매우 중요한 협력 대상이다. 특히 라틴아메리카 유일의 한

국전쟁 참전국인 콜롬비아는 우리의 중요한 경제적 파트너이기도 하다. 양국은 다양한 분야에 걸쳐 광범위한 협력 관계를 구축해 왔다. 〈평화협정〉 체결 이후 콜롬비아 정부는 그 무엇보다도 한국 농업에 특별한 관심을 표명했다. 농촌 개혁을 통해 단기간에 빈곤을 극복한 한국의 사례가 콜롬비아 농업 개혁의 방향을 제시해 줄 것으로 기대하고 있다.

한국은 콜롬비아 정부의 요청을 수용하여 콜롬비아 공무원을 대상으로 농업 생산성 향상을 위한 초청 연수 및 기술 교육을 실시하고 있다. 또한 공적개발원조(ODA) 사업 중점 협력국인 콜롬비아의 농작물 생산량 증대를 위한 시설 및 기술도 지원해 오고 있다. 이것은 콜롬비아 농촌 혁신의 정책적 기반이 되고 있다. 농촌 경제 혁신을 통해 경제 성장의 발판을 마련한 한국의 경험은 양국의 경제 관계 확대 가능성을 열어 주고 있다.

[표 4] 한국의 대 콜롬비아 수출입 현황(금액 단위: 백만 달러, 증가율:%)

연도	수출		수입		수지
	금액	증가율	금액	증가율	금액
2010	1,389	74.2	432	245.9	956
2011	1,614	16.2	380	−12.1	1,234
2012	1,468	−9.1	415	9.1	1,053
2013	1,342	−8.5	207	−50.2	1,136
2014	1,509	12.4	608	194.1	901
2015	1,128	−25	323	−46	805
2016	853	−24	432	33.7	421
2017	813	−4.63	651	50.5	162
2018.4	265	−7.2	242	−3.2	23

출처: KOTRA, 2019. 21 재구성.

한국은 기계, 철강 제품 그리고 자동차 부품을 중심으로 콜롬비아와 경제 관계를 유지해 오고 있다. 최근 국내외적인 요인에 의해 양국의 무역수지는 악화되었다. 현재 콜롬비아 정부의 〈평화협정〉 이행에 따른 농촌 개발 정책은 농업 부문에 대한 해외 기업의 투자를 활성화시키고 있다. 이러한 점에 주목하여 우리는 중장기적 관점에서 콜롬비아와의 경제 관계 다변화와 함께 농업 부문 진출 확대에 관심을 기울여야 할 것이다.

:: 농촌 개발 정책의 변화

콜롬비아의 〈평화협정〉이 체결된 지 4년이 지났다. 그러나 현재 협정 이행은 매우 느리게 진행되고 있다. 〈평화협정〉의 주요 쟁점은 지난 50년 이상 지속되어 온 내전의 근본적인 원인이자 사회적 갈등의 핵심 요소였다. 이러한 갈등 요인을 정부가 협정 이행을 통해 단기간에 해결하기는 쉽지 않을 것이다. 최근 정권 교체와 함께 〈평화협정〉 이행 과정에서 정부가 추진해 온 개혁은 새로운 사회 갈등을 유발하고 있다. 콜롬비아의 농촌 지역은 도로 및 항만 시설이 열악하고 농업 부문의 인프라가 전반적으로 취약한 상태이다. 장기간에 걸친 무력 분쟁으로 농촌 지역의 경제 기반은 붕괴되었고, 이러한 상황 아래 불법 작물 재배 농가에 대한 국가 지원 정책은 어려움에 직면해 있다.

2016년 6월 23일 산토스 대통령은 장기 내전 종식과 함께 종합적인 국가발전계획을 수립하였다. 국가발전계획에서 농촌 경제 회복과 실향민의 안정적인 귀환 그리고 불법 작물 재배 근절은 시급한 과제였다. 농촌 개발은 단지 농업 생산성 향상만을 목표로 하는 것은 아니다. 내전 피해 지역 주민의 건강과 교육 그리고 주택 건설 등 농촌 지역을 토대로 지역 사회 개발을 도모하고자 하는 종합적인 국가발전계획이다.

2017년 정부는 우선 13개 주에 해당하는 53개 마을의 불법 작물 재배 농가에 대한 지원책을 마련하였다. 그리고 10월까지 2만 5000헥타르 면적에 이르는 불법 작물 재배 농가의 자발적인 참여를 유도하며 단계적으로 작물 근절을 목표로 하였다. 그러나 2018년 정권 교체와 함께 이반 두케 정부가 등장하였다. 신정부는 산토스 대통령과 정견을 달리하는 〈평화협정〉 반대 보수 세력의 지원을 받아 정권을 장악했다. 정권이 교체됨에 따라 산토스 정부가 추진해 온 국가발전계획은 일부 수정되었다.

두케 정권은 균형 있는 국가 발전의 추진 동력이 농촌 개발과 농업 혁신이라고 판단했다. 농촌 경제 회복의 중요성에 대해서는 전 정권과 동일한 입장을 유지하였다. 그러나 신정부는 불법 작물과 관련하여 산토스 대통령과 견해 차이를 유지했다. 전통적으로 불법 작물은 콜롬비아 국가 안보의 주요 이슈였다. 역대 정권들은 게릴라가 통제하고 있는 불법 작물 재배와 거래 근절을 목표로 국가 안보 정책을 운영하였다. 그러나 신정부는 불법 작물을 국가 안보가 아닌 공공 건강 문제로 평가하였다. 불법 작물에 대한 정부의 입장이 안보에서 건강 문제로 전환됨에 따라 이전 정부가 불법 작물 재배 근절을 목표로 추진해 온 농가 지원책도 농촌 개발 정책도 축소되어 운영되었다.

평화협정 체결 이후 산토스 정부의 지원 아래 약 9만 8000여 농가의 참여로 농촌 개발은 추진되었다. 참여 농가 중 약 7000여 가구는 정부의 대체 작물 보급 및 영농 기술 지원을 통해 안정적인 농업 활동을 기대했다. 이와는 달리 3만 농가는 정부 지원으로 농업을 포기하고 새로운 경제활동으로의 전환을 시도하였다.

그러나 신정부가 농촌 개발 정책을 축소하여 운영함에 따라 농가에 대한 지원이 제대로 이루어지지 않았다. 대체 작물 보급 지원금이 집행되지 않았을 뿐 아니라 새로운 경제 활동으로 전환을 시도하는 농가 지원 국가 사업도 중단되었다. 이러한 정부의 정책 변화는 국가 시책에 동참한 농가의 고통을 수반하였다. 이러한 상황은 불법 작물 재배를 통해 경제적 이윤을 누렸던 농민들이 다시 과거로 돌아갈 가능성을 더욱 높여 주고 있다. 또한 〈평화협정〉 체결 이후 농촌 개혁을 주도한 관련 인사들과 토지 개혁에 반대했던 원주민들이 연이어 암살당하는 사건이 발생했다. 신정부의 〈평화협정〉 이행에 대한 미온적 태도는 새로운 폭력과 갈등을 증폭시키고 있다.

:: 전 국민 평화시위

〈평화협정〉 체결로 세계인의 관심을 끌었던 콜롬비아가 최근 다시 세계 언론의 주목을 받고 있다. 〈평화협정〉이 체결된 지 3년이 지난 2019년 11월, 수도 보고타를 비롯한 메데진, 칼리 그리고 카르타헤나 등 주요 도시를 중심으로 전국에서 동시다발적인 대국민 평화시위가 시작되었다. 시위에는 노동자와 학생뿐 아니라 원주민, 지식인, 종교 지도자, 기업인 등 다양한 계층이 폭넓게 참여하였다. 이번 시위는 노조의 임금 인상 및 연금 수령 연령 상향 조정 문제로 출발했다. 이후 학생들이

공공교육 확대를 주장하며 시위에 참여하였다. 그리고 〈평화협정〉이
행 과정에서 발생한 갈등 및 폭력에 대한 정부의 대책을 촉구하는 시민
들의 참여로 시위는 확대되었다.

〈평화협정〉이후 지난 몇 달간 협정을 주도했던 인물 120여 명이 살
해당하는 사건이 발생했다. 이러한 사건은 〈평화협정〉을 반대했던 전
게릴라대원과 민병대원에 의해 자행되었다. 연이어 불미스러운 사건이
발생하자 국민들은 대통령의 능력을 의심하기 시작했다. 정부가 이러
한 상황에 대해 뚜렷한 대책을 선보이지 못하자 시위는 확대되었다.
당선과 동시에 두케 대통령은 산토스 대통령이 추진했던 국가 개발
정책을 축소하여 운영하였다. 정부의 정책 변화로 〈평화협정〉을 주도
했던 인사들에 대한 살해 사건이 발생했다. 이러한 사건은 정부의 〈평화
협정〉불이행에 따른 또 다른 내전 발생에 대한 국민적 우려를 낳았다.
거리는 정부의 〈평화협정〉이행을 촉구하는 국민들의 목소리로 채워지
기 시작했다.

전국에서 동시다발적으로 평화적인 분위기 속에서 진행된 시위에는
예술가들이 대거 참여하여 마치 축제와도 같았다. 콜롬비아 사회에서
가장 보수적인 집단인 종교계도 평화 시위에 대한 적극적인 지지를 표
명하였다. 시위 도중 18세 소년이 경찰이 살포한 최루탄에 의해 사망하
는 안타까운 사건도 발생했다(El Tiempo, 2019.11.27). 그러나 최근 칠레,
볼리비아, 에콰도르 그리고 베네수엘라 등 인근 국가에서 발생한 시위
와 비교해 볼 때 최소 희생의 평화 시위라고 평가할 수 있다.

좌파 정권의 강세 속에서도 남미에서 유일하게 콜롬비아는 우파 정
권이 지속되었다. 장기 내전은 콜롬비아 국민의 보수화를 촉진하였다.

역대 정권들은 그 무엇보다도 사회적 안정을 우선순위에 두었다. 게릴라에 대한 사면 조치와 비무장지대 및 마약 재배지를 완충 지역으로 조성하며 게릴라와 협상을 추진해 왔다. 그러나 정부의 노력은 매번 실패로 돌아갔다. 이러한 상황에서 2002년 등장한 우리베 정권은 마약 퇴치 및 힘에 의한 대 게릴라 정책을 추진하였다. 그러나 강력한 국가 안보 정책은 마약 생산과 거래 감소를 동반하지 않았다. 오히려 무력 분쟁 확산으로 인한 다양한 문제를 양산하였다.

이후 정권을 장악한 산토스 대통령은 게릴라와 평화 협상을 진행하며 장기 내전 종식을 선언하였다. 그리고 〈평화협정〉이행을 위한 다양한 개혁을 시도하였다. 2018년 〈평화협정〉 반대시위를 주도했던 우리베 전 대통령의 지원으로 두케 현 대통령이 당선되었다. 그는 정치적 경험이 전무하고 미국 워싱턴에서 다국적 기업과 금융업계에 종사하던 인물이다. 〈평화협정〉 폐기를 주장하는 강경 보수 세력의 정치적 전략에 의해 만들어진 대통령이었다. 두케 대통령의 이러한 정치적 배경은 현 정부가 〈평화협정〉 반대를 주도했던 우리베 전 대통령과 같은 정치 노선을 유지하는 토대가 되었다.

이번 대국민 평화 시위는 콜롬비아 역사상 전례를 찾아볼 수 없는 사건이다. 라틴아메리카 지역에서도 보수 성향이 강한 콜롬비아에서 시위 참여율은 매우 저조했다. 시위는 주로 노조가 주도하고 경찰 진압으로 하루 만에 끝나는 게 일반적이었다. 파업이나 시위가 발생하면 정부는 임시 공휴일로 지정해 버리기 때문에 사람들에게 파업은 휴일과도 같다. 그러나 이번 시위는 참여 인원뿐 아니라 진행 과정에서도 새로운 역사가 만들어졌다. 정부는 시위대 대표들과 대화를 시도하였다. 시위대의 요구를 반영한 정부의 구체적인 대안은 발표되지 않았다. 그러나 정부는 시위의 원인이 되었던 일부 사안을 수용할 수밖에 없는 상황이다. 시위대 역시 폭력은 피해야 한다는 원칙 아래 정부와의 대화에 적극적으로 참여하고 있다. 〈평화협정〉 체결 이후 새로운 갈등과 폭력이 발생하고 있지만, 평화적 해결을 위한 콜롬비아 국민의 노력이 폭력 없는 시위라는 새로운 역사의 출발이 되고 있다.

참고문헌

1장 라틴아메리카 원주민과 불평등 문제

김달관(2010), 「에콰도르 원주민 운동의 등장배경과 변천과정: 국민국가형성부터 현재까지」, 『이베로아메리카연구』, 제21권 2호.

＿＿＿(2013), 「식민시대 볼리비아 사회와 노동체계의 특징」, 『이베로아메리카연구』, 34권 2호.

문남권(2006), 「멕시코 정치와 원주민」, 『멕시코의 인디오』, 서울: 상지사.

바르톨로메 데 라스 카사스(2007), 『인디아스 파괴에 관한 간략한 보고서』, 서울: 북스페인.

박설호(2008), 『라스카사스의 혀를 빌려 고백하다』, 서울: 도서출판 울력.

부사령관 마르코스(2002), 『우리의 말이 우리의 무기입니다』, 서울: 해냄.

엔리케 두셀(2011), 『1492년 타자의 은폐: '근대성 신화'의 기원을 찾아서』, 서울: 그린비.

옥스팜(2018), 「라틴아메리카의 불평등, 절정을 향해 달리다」, 『옥스팜』, 2018. 01. 19.

월터 미뇰로(2010), 『라틴아메리카 만들어진 대륙』, 서울: 그린비.

정경원 외(2009), 『질문으로 풀어주는 멕시코』, 서울: 한국외국어대학교출판부.

조영현(2014), 「로베르 리카르의 '영혼의 정복'」, 『트랜스라틴』, 30호.

조영현 외(2019), 『수막 카우사이: 안데스의 우주관을 찾아서』, 부산외국어대학교 인문테마로드 다큐멘터리.

Acosta, Alberto(2010). *El Buen Vivir en el camino del post-desarrollo. Una lectura desde la Costitución de Montecristi.* Quito: Friedrichi Ebert Stiftung.

CODENPE(2011), *Plurinacionaldiad,* Quito: CODENPE.

Quijano, Anibal(2000), "La colonialidad del poder, eurocentrismo y America Latina", Edgar Lander(comp.), *La colonialidad del saber: Eurocentrismo, y ciencias sociales, Perspectivas,* Buenos Aires: CLACSO.

2장 다인종 사회, 브라질의 인종 인식

김영철(2009), 「브라질의 탈식민화, '킬롬부': 아메리카와 아프리카 식민성의 만남」, 『이베로아메리카』 11권 2호.

김영철(2010), 「브라질의 인종 아비투스와 상징적 폭력」, 『포르투갈-브라질연구』, 7권 1호.

김영철(2011), 『브라질의 역사』, 서울: 이담북스.

김영철(2019), 「브라질 좌파정부의 인종차별철폐 정책의 성과와 함의: 교육과 보건 정책을 중심으로」, 『국제지역연구』, 33권 4호.

김혜명(2018), 「흑인의 과학적 인종주의에 관한 고찰: 보아스 학파를 중심으로」, 『통합유럽연구』, 9권 20호.

다르씨 히베이루(2016), 『브라질 민족: 브라질의 형성과 의미(O Povo braileiro: a formaçáo e o sentido do Brasil)』, 이광윤 역, 한국문화사.

조종혁(2007), 「미디어 아비투스와 상징적 폭력」, 『커뮤니케이션학연구』 15권 1호.

제레드 다이아몬드(2013), 『총,균,쇠』, 김진준 역, 서울: 문학사상.

피에르 부르디외(2006), 『구별짓기』, 최종철 역, 서울: 새물결.

Da Fonseca, Igor Ferraz(2015), "Inclusão Política e Racismo Institucional: Reflexões Sobre O Programa De Combate Ao Racismo Institucional E O Conselho Nacional De Promoção Da Igualdade Racial". *Planejamento e Políticas Públicas.* No. 45, 329~345.

Dalcastagnè, Regina(2008), "Entre silêncios e estereótipos: relações raciais na literatura brasileira contemporânea".

Fitzgibon, Vanessa(2006), "Entre a paródia e a história: A identidade racial negra em Viva o povo brasileiro, de João Ubaldo Ribeiro", Belo Horizonte: Editora UFMG, *Afro-Hispanic Review,* Vol.30 No.1, 101-116.

GOUVEA, Maria Cristina Soares de(2005), "Imagens do negro na literatura infantil brasileira: Análise historiográfica", *Educ. Pesqui,* Vol.31 No.1, 79-91.

Guimarães, Antonio Sérgio Alfredo(2006), "Depois da Democracia Racial", *Tempo Social, Revista de Aociologia da USP,* Vol.18 No.2, 269-287.

Kalckmann, Suzana, dos Santos, Claudete Gomes, Batista, Luís Eduardo, da Cruz, Vanessa Martins.(2007), "Racismo Institucional: um desafio para a eqüidade no SUS?". *Saúde e Sociedad.,* Vol.16 No., 146-155.

Klein, Ana Maria, Cláudia Maria Ceneviva Nigro, Monica Abrantes Galindo(2017), *Cultura afro-brasileira e racismo: reflexões e práticas a partir dos direitos humanos, literatura e questões de gênero, Curibita,* PR: Appris editoria.

Leite, Ilka Boaventura(2000), "Os quilombos no brasil: questões conceituais e Normativas", *Etnográfica,* Vol.4. No.2, 333-354.

Lima, Márcia.(2010), "Desigualdades raciais e políticas públicas: ações afirmativas no governo Lula". Novos estudos CEBRAP, No.87.

López, Laura Cecilia(2012), "O conceito de racismo institucional: aplicações no campo da saúde". *Interface – Comunicação, Saúde, Educação.* Vol.16 No.40, 121-34.

Nascimento Abdias(1980), "Quilombismo An Afro Brazilian Political Alternative Abdias do Nascimento", *Journal of Black Studies,* Vol.11 No.2, pp.141-178.

Silva, Dalva Aparecida Marques(2010), "A Formação Das Teorias Raciais No Brasil", O Professor PDE e Os Desafios da Ecscola Públicaa Paranense, Vol 1, pp.2-18

Skidmore, Thomas E.(2009), *Brazil: Five Centuries of Change*, Oxford University Press.

Telles, Edward E.(2004), "Race in Another America: The Significance of Skin Color in Brazil", Princeton University Press.

André Nogueira(2019), "Toca do Boqueirão da Pedra Furada: uma chave para passado do Brasil", https://aventurasnahistoria.uol.com.br/noticias/reportagem/toca-do-boqueirao-da-pedra-furada-uma-chave-para-passado-do-brasil.phtml(2020.02.24)

Brito, Debora(2018), "Cotas foram revolução silenciosa no Brasil, afirma especialista", http://agenciabrasil.ebc.com.br/educacao/noticia/2018-05/cotas-foram-revolucao-silenciosa-no-brasil-afirma-especialista(2020.02.02.)

"Cunhadismo indígena e teorias igualitárias", Projecto Quem, http://projetoquem.com.br/index.php?lang=pt-br&menu=2&submenu=6&detalhe=Txt3 (2010.01.30.)

Movimento Pardo-Mestiço Brasileiro(2010), "O Livro do Mestiço - Mestiço Brasileiro, Nosso Povo, Nossa Etnia", Nação Mestiça, https://nacaomestica.org/blog4/wp-content/uploads/2010/02/o_livro_do_mestico_ATUALIZADO_20180816.pdf

Silva de Souza, Wagner(2019), "O Perverso Reflexo Do Racismo Na Literatura Brasileira", https://biblioo.cartacapital.com.br/o-perverso-reflexo-do-racismo-na-literatura-brasileira/(2020.02.15.)

3장 라틴아메리카 도시에 투영된 사회의 불평등

Kaplan, D., Holloway, S. and Wheeler, J.(2014), *Urban Geography(3rd)*, Wiley, New York.

Kubler, G.(1946), "Mexican Urbanism in the Sixteenth Century", *The Art Bulletin*, Vol. 24 No.2, 160-171.

Hays-Mitchell, M. and Godfrey, B.(2012), Cities of South America in Brunn, S.,

Hays-Mitchell, M. and Ziegler, D.(eds.), *Cities of the World: World Regional Urban Development(5th ed.)*, Rowman and Littlefield, Lanham, MD.

Perlman, J.(2010), *Favela: Four Decades of Living on the Edge in Rio de Janeiro*, Oxford University Press, New York.

CIA, The world fact book

(https://www.cia.gov/library/publications/resources/the-world-factbook/)

4장 라틴아메리카 촌락의 불평등

김희순(2019), 「라틴아메리카 사회에서의 송금의 영향력 분석」, 『한국도시지리학회지』, 22권 2호.

Durand, J., Parrado, E. and Massey, D.(1996), "Migradollars and development: A reconsideration of the Mexican case", *International Migration Reviews*, Vol.30 No.2, 423-444.

Eckstein, S.(2004), "Dollarization and Its Discontents: Remittances and the Remaking of Cuba in the Post-Soviet Era", *Comparative Politics*, Vol.36 No.3, 313-330.

Funkhouser, E..(1995), "Remittances from International Migration: A Comparison of El Salvador and Nicaragua", *The Review of Economics and Statistics*, Vol.77 No.1, 137-146.

Garip, F.(2012), "Repeat Migration and Remittances and Mechanisms for Wealth Inequality in 119 Communities From the Mexican Migration Project Data", *Demography*, Vol.49 No.4, 1335-1360.

Gootenberg, P.(2018), "Introduction: Orphans of development: the unanticipated rise of illicit coca in the Amazon Andes, 1950-1990", in Gootenberg, P. and Dávalos, L.(eds), *The Origins of Cocaine: Colonization and Failed Development in the Amazon Andies*, Routledge, New York.

INEGI(2006), *Indice de Marginación*.

Joseph, G. and Henderson, T.(2002), "The Mexico Reader: History, Culture, Politics", Duke University Press, Durham.

Niimi, Y. and Özden, Ç.(2008), "Migrations and Remittances in Latin America: Patterns and Determinants", in Fajnzylber, P. and López, J. (eds), *Remittances and Development: Lessons from Latin America, World Bank,* Washington, D.C., 51-86.

Perlman, J.(2010), *Favela: Four Decades of Living on the Edge in Rio de Janeiro,* Oxford University Press, New York.

Stark, O., Taylor, J. and Yitzhaki, S.(1986), "Remittances and inequality", *The Economic Journal,* 96, 722-740.

World Bank(2019), *Migration and Development Brief* 31.

한국농어민신문, 2013년 5월 23일자, "나프타 시행 20년, 멕시코 농업은."(http://www.agrinet.co.kr/news/articleView.html?idxno=119047)

UN 세계 식량 농업 기구(http://www.fao.org/home/)

5장 라틴아메리카 원주민의 인종적 불평등 극복 문제를 다루는 두 가지 시각

김달관(2010), 「에콰도르 원주민 운동의 등장배경과 변천과정: 국민국가형성부터 현재까지」, 『이베로아메리카연구』, 제21권 2호.

김달관 · 조영현(2012), 「에콰도르 탈식민적 국가개혁으로서 수막 카우사이: 실천적 측면을 중심으로」, 『이베로아메리카』, 제141권 1호.

김윤경(2010), 「1980-1990년대 에콰도르 원주민 운동: CONAIE의 '상호문화성'과 '복수국민'」, 『서양사론』, 제107호.

김은중(2011), 「권력의 식민성과 탈식민성」, 『이베로아메리카연구』, 제22권 2호.

라몬 그로스포겔(2008), 「횡단근대성, 경제적 사유, 전지구적 식민성」, 『목소리없는 사람들의 목소리: 대중의 소수화』, 서울: 그린비.

조영현(2020), 「안데스 삶의 철학이자 방식인 수막 카우사이(Sumak Kawsay)」, 『대학지성』, http://www.unipress.co.kr/news/articleView.html?idxno=724(검색일

2020.03.05.)

조영현 · 김달관(2012), 「에콰도르 원주민 사상과 세계관의 복원: 수막 카우사이 (Sumak Kawsay)에 대한 이론적 고찰」, 『이베로아메리카연구』, 제31권 2호.

Bautista S., Rafael(2014), *La descolonización de la política. Introduccion a una política comunitaria,* La Paz: AGRUCO.

CODENPE(2011), *Plurinacionalidad,* Quito: CONDENPE.

Dussel, Enrique(2001), *Hacia una filosofía política crítica,* Bilbao: Editores Desclée.

Escobar, Artiro(2003), "Mundos y conocimientos de otro modo", *Tabla Rasa,* No. 1, 51-58.

Huanacuni Mamani, Fernando(2010), *Buen vivir/Vivir bien. Filosofía, políticas, estrategias y experiencias regionales andinas,* Quito: CAOI.

Macas, Luis(2011), "El Sumak Kawsay". in Weber Gabriela(coord). *Debates sobre cooperación y modelos de desarrollo. Perspectivas desde la sociedad civil en el Ecuador,* Quito: CIUDAD.

Quijano, Aníbal(2000), "Colonialidad del poder, eurocentrismo y América Latina", http://ecaths1.s3.amazonaws.com/antropologiaslatinoamericanos/1161337413. Anibal-Quijano.pdf.

Prada, Raúl(2011), "El vivir bien como alternativa civilizatoria: Modelo de Estado y modelo económico", in Lang, Miriam y Dunia Mokrani(coop.), *Más allá del desarrollo,* Quito: Abya-Yala.

Rocha, Vitor Taveira(2010), *De la cosmovisión indígena a las Constitucones: La reconstrucción del Buen Vivir en el siglo XXI,* Barcelona: Universidad de Barcelona.

SENPLADES(2009), *Plan Nacional para el Buen Vivir 2009-2013,* Quito: SENPLADES.

Sousa Santos, Boaventura(2010), *Refundación del Estado en América Latina: Perspectivas desde una epistemología del Sur,* Quito: Abya-Yala.

_____(2009). "Las paradojas de nuestro tiempo y la Plurinacionalidad", in Acosta, Alberto y Esperanza Martínez. *Plurinacionalidad. Democracia en la diversidad,* Quito: Abya-Yala.

Walsh, Catherine(2009a), *Interculturalidad, Estado, Sociedad. Luchas (de)coloniales de muestra época,* Quito: Abya-Yala.

____(2009b), "Estado plurinacionalidad e intercultural. Complementariedad y complicidad hacia el Buen Vivir", in Acosta, Alberto y Esperanza Martínez. *Plurinacionalidad. Democracia en la diversidad,* Quito: Abya-Yala.

6장 되살아나는 원주민과 권리

김영철(2011),『브라질의 역사』, 서울: 이담북스.

다르씨 히베이루(2016),『브라질 민족: 브라질의 형성과 의미(*O Povo braileiro:a formação e o sentido do Brasil)*』, 이광윤 역, 한국문화사.

Luciano, Gerem dos Santos(2006), *O Índio Brasileiro: o que você precisa saber sobre os povos indígena no Brasil,* Brasília: Edições MEC/Unesco.

Manuela Carneiro Da Cunha(1994), "Imagens de índios do Brasil: O Século XVI", *Estudos Avançados,* Vol.4 No.10,

Manuela Carneiro Da Cunha(1992), *História dos Índios no Brasil,* São Paulo: Companhia das Letras. https://www.researchgate.net/publication/240971800_ Imagens_de_indios_do_Brasil_o_seculo_XVI/fulltext/03972cf00cf24b 7e6f572c8d/240971800_Imagens_de_indios_do_Brasil_o_seculo_XVI. pdf?origin=publication_detail

Rafaela Sousa(2016), "População indígena no Brasil", https://mundoeducacao.bol. uol.com.br/geografia/a-populacao-indigena-no-brasil.htm(2020.03.01.)

Sexta-feira(2019), "MEC trabalha por avanços na educação escolar indígena", http://portal.mec.gov.br/busca-geral/206-noticias/1084311476/75261-mec- trabalha-por-avancos-na-educacao-escolar-indigena(2020.02.28.)

Correlo do povo(2019), "Realidade escolar indígena requer atenção no Brasil", https://www.correiodopovo.com.br/not%C3%ADcias/ensino/realidade- escolar-ind%C3%ADgena-requer-aten%C3%A7%C3%A3o-no-brasil-1.333956 (2020.02.29)

Roberto Sanches Mubarac Sobrinho(2017), "A Educação Escolar Indígena no Brasil", *Unisul, Tubarão,* Vol.11, No.19, 58-75.

7장 강제 실향민의 불평등 개선을 위한 노력

김용철(2019), 「국제난민레짐의 제도변화에 관한 연구」,『Journal of Digital Convergence』, Vol.17. 서울.

유엔 난민기구(2018),『UNHCR Global Report: 2018 연례보고서』, 서울: 유엔 난민 기구.

_____(2020),『With You, Spring』, 통권 36호, 서울: 유엔 난민기구.

차경미(2011), 「콜롬비아 국경지역 난민증가의 원인: 베네수엘라, 파나마 그리고 에 콰도르 접경지역 강제 실향민을 중심으로」,『국제지역연구』, 서울: 한국외국어 대학교 국제지역연구센터.

ACNUR(1994), "Declaración de San José sobre Refugiados y Personas Desplazadas: el Coloquio Internacional:10 Años de la Declaración de Cartagena sobre Refugiados".

_____(2010), *El Plan de Acción de México para Fortalecer la Protección Internacional de los Refugiados en América Latina Principales Aavances y Desafíos durante el Período 2005-2010.*

_____(2014), "UN Marco de Cooperación y Solidaridad Regional para Fortalecer la Protección Internacional de las Personas Refugiadas, Desplazadas y Apátridas en América Latina y el Caribe" *Cartagena +30,* Brasilia.

Acero Jorge(2018), *Plan de Acción de Brazil: Evaluación del Grupo Articulación Regional del Plan de Acción de Brazil: 2014-2017,* Ciudad de México: Comersia Impresiones, SA de CV.

Bolognes Paola y Garay Russel(2015), "Historial de Migración entre 2004-2014, Comisión Interinstitucional para la Protección de Personas por la Violencia",

Caracterización de Desplazamiento Interno en Honduras. Tegucigalpa Honduras: Comisión Interinstitucional para la Protección de Personas Desplazadas por la Violencia.

Gabriela Ana Rojas, "Los Desplazados de Guerrero que Acampaban en el Zócalo por la Violencia en México Llegan a un Acuerdo con el Gobierno" *Corresponsal BBC News en México,* https://www.bbc.com/mundo/noticias-america-latina-47713980

Kälin Walter (2011), "Walter Kälin y su Perspectiva del Desplazamiento Interno", *Revista Migarciones Forzadas, No.37,* Alcante España:Universidad de Alicante, Instituto Interuniversitario de Desarrollo Social y Paz.

Sarmiento Karina 외(2014), *Iniciativa Cartagena+30: La Protección Internacional y la Efectiva Internacional: Recomendación de la Sociedad Civil frente a las Dimenciones Actuales Asilo y la Apatrida en América Latina y el Caribe,* Asylum Access.

UNHCR(2007), *Advisory Opinion on the Extraterritorial Application of Non-Refoulement Obligations under the 1951 Convention relating to the Status of Refugees and its 1967 Protocol,* 2007.

Villa Willam y Houghton Juan(2005), *Violencia Política contra los Pueblos Inígenas en Colombia 1974-2004,* Medellín Colombia: Centro de Cooperacón al Indígena, Organización Indigena de Antioquia.

8장 콜롬비아 정부의 평화협정 이행과 농촌 개발 정책

차경미(2012), 「콜롬비아 우리베 정권의 국가안보정책의 한계」, 『국제지역연구』, 서울: 한국외국어대학교 국제지역연구센터.

KOTRA(2019), 『국가별 진출전략 콜롬비아』, 서울: KOTRA.

Andrea Paola, V. Rubio(2019), "La Agroindustria Tuvo 81 Compañías dentro de las que más Facturaron", La República, https://www.larepublica.co/empresas/la-agroindustria-tuvo-81-companias-dentro-de-las-que-masfacturaron-2864936(22, 05,2019).

CEPAL(2017), "La Pobreza Aumentó en 2016 en América Latina y Alcanzó al 30,7% de su Población, Porcentaje que se Mantendría Estable en 2017", https://www.cepal.org/es/comunicados/la-pobreza-aumento-2016-america-latina-alcanzo-al-307-su-poblacion-porcentaje-que-se

DANE(2016), "Pobreza Monetaria y Multidimensional en Colombia 2016", https://www.dane.gov.co/index.php/estadisticas-por-tema/pobreza-y-condiciones-de-vida/pobreza-y-desigualdad/pobreza-monetaria-y-multidimensional-en-colombia-2016(2016).

FAO(2017), "Rural development as a path to peace in Colombia is an example for the world", http://www.fao.org/news/story/en/item/903256/icode/ (2017.07.05).

González Ximena(2018), "Las Exportaciones de Palma de Aceite Aumentaron 80% el Año Pasado", *Agronegocios*.

Ibáñez Ana Maria(2008), *El Desplazamiento Forzoso en Colombia: un Camino sin Retorno hacia la Pobreza,* Bogotá: Universidad Los Andes.

Londoño Rocío 외(2016), *Tierras y Conflictos Rurales: Historia, Políticas Agrarias y Protagonistas,* Bogotá, Colombia: Centro Nacional de Memoria Histórica.

Mejia Daniel y Ortega Daniel Karen(2008), "Homicidios en las Cuatro Ciudades como Proporción de Total Homocidios en Colombia", *Revista Crimionaildad y Series de Población Un análisis de la Criminalidad Urbana en Colombia,* Bogotá, Colombia.

Revista Semana(2017), "El Agro: de Cenicienta a Líder", https://www.semana.com/economia/articulo/crece-actividad-economica-del-sector-agropecuario-en-colombia/547670 (2017.11.18).

_____(2018), "¿Por qué crecimos 1,77por ciento en 2017?" https://www.semana.com/economia/...../por-que-colombia-..177-ciento-en-/60(2018.02.16).

Ruiz Velásquez, M.A(2017), "La Tenencia Colectiva de la Tierra en Colombia: Antecedentes y Estado Actual", *CIFOR,* no.199.

Tiempo(2019), "Siga las Marchas del Paro en Bogotá y en las Principales

Capitales ", https://www.eltiempo.com/paro-nacional-siga--las-marchas-en-bogota-43782427, (2019.11.27).

https://www.cifor.org/knowledge/publication/6684/(2017.12).

Unicef Colombia(2002), "Niños y Niñas Participantes en el Conflicto Armado ", *La Niñez Colombiana en Cifras,* Bogotá:Unicef-Colombia.

필자 소개

조영현

멕시코국립자치대학교(UNAM) 중남미 지역학(정치사회학) 박사. 현재 부산외대 중남미지역원 교수로 재직 중에 있다. 주요 저서로는 『Sacerdotes y transformación social en Perú(1968-1975/UNAM)』, 『라틴아메리카 명저산책』(공저), 『디코딩 라틴아메리카——20개 코드』(공저) 등이 있다. 논문으로는 「2012년 멕시코 대선과 트위터, 그리고 Yosoy132운동과의 상관성 연구」 등 다수의 연구물이 있다.

김영철

한국외국어대학교 국제관계학과 국제관계학 박사. 현재 부산외대 중남미지역원 교수로 재직 중이다. 주요 저서로는 『브라질의 역사』, 『라틴아메리카, 세계화를 다시 묻다』(공저) 등이 있다. 논문으로는 「2018년 브라질 대선·총선 결과와 의미」, 「브라질 보우소나루 대통령 집권과 민주주의 퇴락」, 「브라질 좌파 정부의 인종차별철폐 정책의 성과와 함의: 교육과 보건 정책을 중심으로」 등 다수의 연구물이 있다.

김희순

고려대학교 지리교육과를 졸업하고 동 대학원 지리학과에서 신자유주의 정책 도입 이후 멕시코의 지역격차 변화에 관한 연구로 박사학위를 받았다. 2009년 부터 2015년까지 서울대 라틴아메리카연구소에서 HK 연구교수로 재직하였으며 이후 고려대 스페인·라틴아메리카연구소의 연구교수로 재직 중이다. 멕시코 지역연구자로서 지역 격차의 원인에 대해 식민시대부터 현대에 이르기까지 관심을 갖고 연구를 지속해 왔다. 식민시기 스페인의 도시 및 경제 체제에 관한 연구와 현대 멕시코의 산업 및 인구와 관련된 지역 격차 문제를 연구하였으며,『빈곤의 연대기——제국주의, 세계화 그리고 불평등한 세계』(2015)를 저술하였다.『현대지리학』(2013),『라틴아메리카와 카리브해——주제별 분석과 지역적 접근』(2013),『세계의 도시』(2013),『세계 지리——세계화와 다양성』(2017) 등을 번역하였다.

차경미

콜롬비아 국립대학교(La Universidad Nacional de Colombia) 역사학과 석사, 한국외국어대학교 국제관계학과 박사. 현재 부산외대 중남미지역원에 재직 중이다. 주요 저서로는『한국전쟁 그리고 콜롬비아』,『라틴아메리카 흑인 만들기』,『라틴아메리카, 세계화를 다시 묻다』(공저) 등이 있다. 논문으로는「콜롬비아 국경지역 난민증가의 원인」,「21세기 라틴아메리카의 폭력과 평화」외 다수가 있다.

인종과 불평등

1판 1쇄 발행 2020년 6월 30일

지음 | 조영현, 김영철, 김희순, 차경미
디자인 | 김서이
펴낸이 | 조영남
펴낸곳 | 알렙

출판등록 | 2009년 11월 19일 제313-2010-132호
주소 | 경기도 고양시 일산서구 중앙로1455 대우시티프라자715호

전자우편 | alephbook@naver.com

전화 | 031-913-2018, 팩스 | 02-913-2019

ISBN 979-11-89333-25-6 93950

* 이 저서는 2018년 대한민국 교육부와 한국연구재단의 지원을 받아 수행된 연구임.
  (NRF-2018S1A6A3A02081030)